JN055305

交通事故民事裁判例集

不法行為法研究会編

第53巻　索引・解説号

（令和2年1月〜12月）

株式会社 ぎょうせい 発行

||||||||||**編 集 代 表**||||||||||

立教大学名誉教授
淡 路 剛 久

弁護士
大 嶋 芳 樹

日本大学大学院講師
藤 村 和 夫

||||||||||**本号の執筆者**||||||||||

淡 路 剛 久

大 嶋 芳 樹

藤 村 和 夫

名古屋大学名誉教授
伊 藤 高 義

弁護士
西 村 孝 一

弁護士
武 田 昌 邦

中央大学法学部教授
小 賀 野 晶 一

弁護士
須 嵜 由 紀

駒澤大学法科大学院教授
青 野 博 之

凡　例

1　本号は、第53巻第1号から第6号までに登載した判決を対象にする。

2　本号は、解説編及び索引編に大別する。索引編は、「事項索引」、「被害者類型索引」、「判決月日・要旨索引」、「裁判所別索引」及び「後遺障害の部位・等級別索引」から成る。

(1)　事項索引

すべての判決を事項ごとに分類して体系的に配列する。各事項の中における判決の列挙の順序は、原則として判決月日の順による。この場合、例えば、「**名古屋地判**　令2・1・14（吉田彩・谷地・谷）【①〔4〕57頁】」とあるのは、裁判所名・判決月日・（裁判官名）・【登載号数・登載整理番号・登載頁】を示す。

(2)　被害者類型索引

傷害事故と死亡事故とに分け、それぞれの被害者を、幼児・児童等（中学校まで）、高校生・大学生等、主婦（主夫）、給与所得者、事業所得者、その他に分類する。なお、被害者の年齢及び職業等で判決文から明らかでないものについては、不明と表示する。

(3)　判決月日・要旨索引

判決月日順に、各判決の要旨を列挙する。

判決月日が同一である場合には、次の基準による。

(ア)　まず、最高裁・高裁・地裁の順に配列し、次に、高裁及び地裁のそれぞれの順序については、「下級裁判所の設立及び管轄区域に関する法律（昭和22年法律第63号）」第一表及び第二表の配列に従う。

(イ)　同一裁判所の判例は、事件番号の順に配列する。

(4)　裁判所別索引

最高裁・高裁・地裁の順に配列し、地裁については、東京地裁、横浜地裁、さいたま地裁、大阪地裁、京都地裁、神戸地裁、名古屋地裁、金沢地域、岡山地域、札幌地裁の裁判所に分け、判決月日の順に配列する。

(5)　後遺障害の部位・等級別索引

被害者の後遺障害を、部位別と等級別に分ける。部位別は、「頭・顔面部」から「精神・神経系統」まで8種類に、等級別は、1級から14級までにそれぞれ分類する。

総 目 次

解 説 編 ………………………………………………………… 3

索 引 編

事項索引 ……………………………………………………… 63

被害者類型索引 …………………………………………… 157

判決月日・要旨索引 ……………………………………… 167

裁判所別索引 ……………………………………………… 273

後遺障害の部位・等級別索引 ………………………… 279

解 説 編

目　次

1　自動車を保管する法人（株式会社Ａ）の民法709条責任が問題となっ
　た事案において、Ａ社の「過失」につき具体的に検討したうえで法人で
　あるＡ社の「自動車保管上の過失」を否定した最高裁判決—この最高裁
　判決は「法人の民法709条責任」肯定説を前提としたものか？

　　　　　　　　　　　　　　　　　弁護士　柄 澤 昌 樹 ……… 4

2　被用者から使用者への求償（いわゆる逆求償）を認めた事例

　　　　　　　　　　大阪経済大学経営学部准教授　三 木 千 穂 ……13

3　後遺障害逸失利益損害に対する定期金賠償の可否及び定期金賠償の終期

　　　　　　　　　　　　福岡大学名誉教授　佐 野　　誠 ………20

4　意識喪失の状態で事故を発生させた者について民法713条ただし書の
　過失を認めなかった事例

　　　　　　　　　　　日本大学法学部教授　加 藤 雅 之 ………28

5　自由診療の診療報酬額につき１点の単価が争われた事例

　　　　　　　　　　　　　　　　　弁護士　國 貞 美 和 ………35

6　自賠責保険の被害者請求をしていないことをもって弁護士費用を減額
　することは相当でないとした事例

　　　　　　　　　　　　　　　　　弁護士　尾 関 信 也 ………43

7　交通事故の被害者が事故により休業を余儀なくされ、生活保護を受け
　た場合でも、休業損害を認めた事例

　　　　　　　　　　　　　　　　　弁護士　髙 木 宏 行 ………49

8　既存障害がある場合の後遺障害逸失利益と後遺障害慰謝料

　　　　　　　　　　甲南大学法学部教授　金 丸 義 衡 ………56

1　自動車を保管する法人（株式会社A）の民法709条責任が問題となった事案において、A社の「過失」につき具体的に検討したうえで法人であるA社の「自動車保管上の過失」を否定した最高裁判決─この最高裁判決は「法人の民法709条責任」肯定説を前提としたものか？

最高裁（3小）　令和2年1月21日判決（以下「令和2年最判」という。）　平成30年（受）第1711号
上告人　株式会社A　被上告人　B損害保険会社、株式会社C、D株式会社（いずれも仮名）
裁判官　林景一　戸倉三郎　宮崎裕子　宇賀克也
一審：東京地裁平成30年1月29日判決　平成29年（ワ）第17478号・第29853号
　　　　裁判官　影山智彦　交通民集51巻1号99頁
二審：東京高裁平成30年7月12日判決　平成30年（ネ）第988号
　　　　裁判官　阿部潤　岡野典章　武笠圭志　交通民集53巻1号4頁
交通民集53巻1号1頁

━━━━━　事件の概要　━━━━━

Ⅰ　事実関係

　A社はその従業員に通勤のため自動車（E車）を使用させていた。A社の従業員Fは、E車のドアを施錠せず鍵（エンジンキー）を運転席上部の日よけに挟んだ状態でA社の駐車場に駐車させていた。そうしたところGがE車を窃取し運転中に交通事故を起こし、C・Dの自動車を損傷させた。

　C・Dらは、A社に対し、事故はA社の自動車保管上の過失により生じたものである等と主張し民法709条に基づき損害賠償を求めた。

Ⅱ　判決の概要

1　一審（東京地裁）判決

　一審判決（東京地判平成30年1月29日交通民集51巻1号99頁）は、以下のとおり判示し、法人であるA社の「管理上の過失」を認めた。

　「本件駐車場は、その南側すべてが公道に面しており、公道から本件敷地内への進入を妨げるような壁や柵等はなく、無関係な第三者の自由な立入を禁止するような構造や管理状況にあったとは認められず、このような本件駐車場の状況に照らせば、第三者が公道から本件駐車場に出入りすることは可能であったのであるから、A社としては、その管理する車両を本件駐車場に保管する場合、車両を施錠した上でその鍵を第三者が使用できないように管理するべき注意義務があったといえる。しかしながら、Fは、E車のドアを施錠することもなく、かつE車の運転席の上部にある日よけにE車の鍵を

はさんだままにして一定時間放置していたのであるから、Ａ社には上記注意義務に違
反した管理上の過失がある。」

　もっとも、一審判決は、Ａ社の「管理上の過失」と損害との相当因果関係を否定し、
結論としてはＣ・Ｄらの請求を棄却した。

2　二審（東京高裁）判決

　二審判決（東京高判平成30年7月12日交通民集53巻1号4頁）は、以下のとおり
判示し、法人であるＡ社の「管理上の過失」を認めた。そして、二審判決は、一審判
決とは異なり、Ａ社の「管理上の過失」と損害との相当因果関係も肯定し、Ｃ・Ｄらの
請求を認容した。

　「Ａ社は、車両の鍵は食堂に保管するよう内規を定めて車両管理を行っており、Ａ社
の従業員がＥ車に施錠せずに鍵を車内の日よけに挟んだまま駐車させていたとしても、
直ちに管理上の過失が認められるものではない…と主張する。しかし、Ｅ車の保管状況
が、比較的発見されやすい運転席上部の日よけに鍵を挟んだままにしておくという第三
者に窃取されるおそれのある態様であったこと、本件駐車場が公道からの第三者の出入
りが可能な状態であったことは前記で認定するとおりであり、Ａ社が内規を遵守させ
るべく鍵の保管について格別の注意を払っていた事実も本件証拠上認められないのであ
るから、Ａ社に管理上の過失があることは明らかであって、Ａ社の主張は採用できな
い。」

3　最高裁判決（令和2年最判）

　令和2年最判は、以下のとおり判示し、法人であるＡ社の「自動車保管上の過失」
を否定し、二審判決を破棄してＣ・Ｄらの請求を棄却した。

　「前記事実関係によれば、Ａ社は、Ｅ車を本件独身寮に居住する従業員の通勤のため
に使用させていたものであるが、第三者の自由な立入りが予定されていない本件独身寮
内の食堂にエンジンキーを保管する場所を設けた上、従業員がＥ車を本件駐車場に駐
車する際はドアを施錠し、エンジンキーを上記の保管場所に保管する旨の本件内規を定
めていた。そして、本件駐車場は第三者が公道から出入りすることが可能な状態であっ
たものの、近隣において自動車窃盗が発生していたなどの事情も認められないのであっ
て、Ａ社は、本件内規を定めることにより、Ｅ車が窃取されることを防止するための措
置を講じていたといえる。

　Ｆは、以前にも、ドアを施錠せず、エンジンキーを運転席上部の日よけに挟んだ状態
でＥ車を本件駐車場に駐車したことが何度かあったものの、Ａ社がそのことを把握し
ていたとの事情も認められない。

　以上によれば、本件事故について、Ａ社に自動車保管上の過失があるということは
できない。」

　「なお、Ｃ及びＢは、当審において、Ａ社には民法715条1項に基づく損害賠償責任

がある旨主張するところ、これは請求の原因を追加するものとして訴えの変更に当たり、当審におけるこのような訴えの変更は不適法であるから、その変更を許さない。」

╳╳╳╳╳╳╳╳╳╳╳╳╳╳╳╳　解　説　╳╳╳╳╳╳╳╳╳╳╳╳╳╳╳╳

I　「法人の民法709条責任」という視点からの判決の分析

　上記Ⅱの各判決について「窃取された車両による交通事故（物損）と車両所有者の不法行為責任（民法 709 条・715 条）」という視点からの解説は、既になされている[注1]。そこで、本稿では「法人の民法 709 条責任」という視点から解説したい。まず、一審判決、二審判決、令和 2 年最判の順で判決を分析する。

　1　一審判決は、「E 車のドアを施錠することもなく、かつ E 車の運転席の上部にある日よけに E 車の鍵をはさんだままにして一定時間放置していた」という従業員 F の行為（「窃取」を容易にさせる行為）をもって、「車両」とその「鍵」の「管理」に関する法人である A 社の「管理上の過失」（＝民法 709 条の「過失」）に該当する、と判断している。

　この点、「企業体にあっては、企業主も被用者も一体であるから、企業主体は、715条をまつまでもなく、被用者の行為については企業自身の行為として責任を負うという解釈」[注2]もある。一審判決の上記の判断は、この解釈に近いと思われる。

　2　次に、二審判決は、A 社が「内規」を理由に「過失」を否定する主張をしたのに対し、⑴「比較的発見されやすい運転席上部の日よけに鍵を挟んだままにしておくという第三者に窃取されるおそれのある態様であった」、「本件駐車場が公道からの第三者の出入りが可能な状態であった」という客観的な「E 車の保管状況」と、⑵「A 社が内規を遵守させるべく鍵の保管について格別の注意を払っていた事実も…認められない」という A 社の行為態様とを併せ考慮することにより、法人である A 社に「管理上の過失」（＝民法 709 条の「過失」）がある、と判断している。

　この二審判決の判断は、「窃取」という結果を発生させるような問題のある「E 車の保管状況」が客観的に存在する（上記⑴）のであれば、「A 社が内規を遵守させるべく鍵の保管について格別の注意を払っていた事実」が「認められない」（上記⑵）限り、法人である A 社には問題のある「E 車の保管状況」を「格別の注意を払う」ことなく放置していた注意義務違反（過失）がある、というものであろう[注3]。

　3　これに対して、令和 2 年最判は、①「本件内規を定めることにより、E 車が窃取されることを防止するための措置を講じていた」という A 社（法人）の行為が本件では認められること、他方で、②従業員 F（個人）が「以前にも、ドアを施錠せず、エンジンキーを運転席上部の日よけに挟んだ状態で E 車を本件駐車場に駐車したことが何度かあった」こと（＝「そのこと」）を A 社（法人）が「把握していたとの事情」が本

件では「認められない」こと[注4]の2点に着目して、二審判決とは反対に、A社（法人）の「自動車保管上の過失」（＝民法709条の「過失」）を否定している。

　このうち上記①のA社（法人）の行為は、E車の「窃取」という結果を回避する「措置」＝「本件内規を定めること」をA社（法人）が履行していたと評価するものであろう。おそらく令和2年最判は、A社（法人）としては、上記①の「本件内規」の「措置」で結果（窃取）回避義務を尽くしているから民法709条の「過失」がない、という原則的な判断を示しているのであろう[注5]。

　ただし、他方で、上記②のように従業員F（個人）が「以前にも、ドアを施錠せず、エンジンキーを運転席上部の日よけに挟んだ状態でE車を本件駐車場に駐車したことが何度かあった」ことをA社（法人）が「把握していたとの事情」が存在する場合には、話が別である。なぜなら、そのような「事情」は、上記①の「本件内規」の「措置」後に発生したE車の「窃取」という結果を、A社（法人）に予見可能にさせる事情ということができるからである。したがって、そのように結果（窃取）を「予見可能にさせる事情」が存在する場合には、例外的に、A社（法人）としては、上記①の「本件内規」の回避措置だけでは足りず、更なる結果（窃取）回避措置を講じなければ結果回避義務を尽くしたことにはならないのである[注6][注7]。

　しかし、令和2年最判は、本件ではそのような「事情」は「認められない」（上記②）ので原則に戻って、やはりA社（法人）としては上記①の「本件内規」の「措置」で結果回避義務を尽くしているから民法709条の「過失」がない、と判断していると思われる。

Ⅱ　令和2年最判は「法人の民法709条責任」肯定説を前提としていると考えることができる

　1　周知のとおり「法人の民法709条責任」については肯定説と否定説がある。肯定説と否定説の議論の内容については他の文献[注8]に譲り、ここでは以下、本件各判決が肯定説・否定説いずれの説を前提としているかを検討する。

　この点、一審判決・二審判決はいずれも、法人であるA社に民法709条の「管理上の過失」があると判断しているから、「法人の民法709条責任」肯定説を前提にしていると評価してよいであろう。

　これに対し、令和2年最判は、法人であるA社に民法709条の「過失」があるとは判断していない。しかしながら、令和2年最判は、法人であるA社の民法709条責任が問題となった事案において、法人であるA社に「過失」があるかどうか具体的に検討したうえで「過失」を否定し、A社の「過失」を認めた二審判決を破棄している。したがって、令和2年最判も、「法人の民法709条責任」肯定説を前提として、その要件である法人の「過失」の有無につき判断したものと評価してよいであろう。

2　上記1の考え方には異論もあろう。しかし、古い判例には「法人の民法709条責任」肯定説を前提とするものがある。いずれも著明な判例であるが、大判大正5年12月22日民録22輯2474頁（大阪アルカリ事件）と、大判大正8年3月3日民録25輯356頁（信玄公旗掛松事件）である。

　このうち前者（大阪アルカリ事件）は、結論としては「法人の民法709条責任」を否定しているが、「化学工業ニ従事スル会社…カ其目的タル事業ニ因リテ生スルコトアルヘキ損害ヲ予防スルカ為メ右事業ノ性質ニ従ヒ相当ナル設備ヲ施シタル以上ハ…右工業ニ従事スル者ニ民法第709条ニ所謂故意又ハ過失アリト云フコトヲ得サレハナリ」と判示している。ここで法人である「会社」の「民法第709条」の「過失」を否定する理由は、その「会社」が予見可能な「損害を予防する」のに「相当なる設備を施した」ことにある。これは、令和2年最判と同様に、法人である「会社」が予見可能な結果の発生を防止する措置を講じたことで結果回避義務を尽くした、という判断であろう。

　また、後者（信玄公旗掛松事件）は、「上告人カ煤煙予防ノ方法ヲ施サスシテ煙害ノ生スルニ任セ該松樹ヲ枯死セシメタ…原院カ上告人ノ本件松樹ニ煙害ノ被ラシメタルハ権利行使ノ範囲ニアラスト判断シ過失ニ因リ之ヲ為シタルヲ以テ不法行為成立スル旨ヲ判示シタルハ相当ナリ」と判示し、結論としても鉄道事業者である国（上告人）の「過失」による「不法行為」を認めている。この判決も、法人である上告人が「煤煙予防」の措置を講じなかった結果回避義務違反をもって民法709条の「過失」と判断したと考えることができよう[注9]。

　以上のように、判例はもともと「法人の民法709条責任」肯定説であったという理解に立てば[注10]、令和2年最判が「法人の民法709条責任」肯定説を前提にしていると評価すべきだ、という上記1の考え方は、少しも奇異なものではないといえよう。

Ⅲ　令和2年最判は法人の不法行為責任について民法709条責任と715条責任との関係をどのように理解しているか

1　令和2年最判は、「A社には民法715条1項に基づく損害賠償責任がある」との上告審における被害者ら（C・B）の追加主張を認めなかった。これは、民訴法143条（訴えの変更）1項の「口頭弁論の終結に至るまで」の要件を欠くためである。法人の不法行為責任について民法709条・715条に基づく各損害賠償請求は、それぞれ訴訟物を異にする別個の請求であるから、「民法715条に基づく損害賠償責任」の追加主張は、民訴法143条の「訴えの変更」に該当するのである。

　「法人の民法709条責任」否定説の立場から、肯定説の理論上の問題点の1つとして、「法人に民法709条により直接不法行為責任を認める場合、同条に基づく損害賠償責任と…民法715条に基づく責任との相互関係いかんが訴訟物の異同とともに問題となる。」[注11]という指摘がある。この点、令和2年最判は、「法人の民法709条責任」肯定説の

立場から、法人の不法行為責任について民法709条・715条に基づく各損害賠償請求は訴訟物が異なる、という回答をしたと理解することも可能であろう[注12]。

　2　ところで、仮に本件で、被害者が最初から民法715条の使用者責任を主張していた場合には、民法715条の要件であるA社の従業員Fの「過失」が肯定されていたと思われる。なぜなら、従業員Fの実際のE車の保管方法は、以下のとおり、A社の内規に明らかに違反していたからである。

〔A社の内規の定めるE車の保管方法〕

　ア　従業員がE車を本件駐車場に駐車する際はドアを施錠すること。

　イ　第三者の自由な立入りが予定されていない本件独身寮内の食堂に設けられていた保管場所でE車の鍵を保管すること。

〔従業員Fの実際のE車の保管方法〕

　ウ　Fは、上記アの内規に反して、ドアを施錠せずにE車を本件駐車場に駐車させていたこと。

　エ　Fは、E車の鍵を、内規の定める上記イの保管場所ではなく、無施錠のE車（第三者の出入りが可能な本件駐車場に駐車）の運転席上部の日よけに挟んでおいたこと。

　オ　Fが、上記ウのようにドアを施錠せず、上記エのように鍵を日よけに挟んでおいたことは、本件窃取の時だけではなく以前にも何度かあったこと。

　上記によれば、民法715条の被用者の「過失」として、A社の内規（上記ア・イ）を遵守して「窃取」という結果を回避すべき義務を従業員Fが怠った事実（上記ウ・エ・オ）が認定されていたと考えられる[注13]。その点に気づいたからこそ、本件で被害者ら（C・B）も、上告審になってから敢えて民法715条の使用者責任を追加主張しようとした、とみることができよう。

　3　従来の学説は、法人の責任につき民法715条では被用者の「過失」の立証が困難であるから被害者保護を図るために「法人の民法709条責任」肯定説を採用する、という議論をしていた[注14]。

　しかしながら、令和2年最判が「法人の民法709条責任」肯定説の立場だと言っても、その判示からすると、法人の責任につき民法709条で法人の「過失」を立証することは必ずしも容易でない。

　なぜなら、本件で令和2年最判は、（ⅰ）「窃取」を容易にさせる問題のある「E車の保管状況」が客観的に存在していたとしても、かつ、（ⅱ）問題のある「E車の保管状況」がA社の従業員Fの「過失」により引き起こされたとしても（上記2を参照）、これらの事情だけでは民法709条でA社の「過失」を肯定できない、（ⅲ）問題のある「E車の保管状況」をA社が「把握していた」にもかかわらず更なる結果（窃取）回避措置を講じることを怠ったとの法人としてのA社の行為（結果回避義務違反）が立証されなければ民法709条でA社の「過失」を肯定できないという判断をしている（上

記Ⅰ3を参照）と考えられるからである。

　このような令和2年最判の判断を前提とすれば、我々弁護士としては、法人の不法行為責任を追及する場合において、本件のように従業員Fの「過失」の立証が容易である事案では、A社の民法715条の使用者責任を必ず主張すべきであって、A社の民法709条の責任だけを主張するのは得策ではない、という結論になろう。

注

1　松本幸治「窃取された車両による交通事故と車両所有者の不法行為責任」交通民集52巻索引・解説号（令和3年）35～42頁。なお、令和2年最判の判例解説としては、潘阿憲「盗難車両による交通事故と所有者の管理上の過失」損害保険研究82巻4号（2021年）89～115頁がある。また、物損事故の不法行為責任（民法709条・715条）だけではなく、人損の運行供用者責任（自賠法3条）も含めて解説したものとしては、川﨑博司裁判官「盗難車両と車両所有者の責任」（公財）日弁連交通事故相談センター東京支部編『令和3年・民事交通事故訴訟・損害賠償額算定基準・下巻（講演録編）』27～57頁を参照。

2　森島昭夫『不法行為法講義』（有斐閣、1987）35頁が、本文の解釈を紹介している。

3　潘・前掲（注1）104頁は、「本件では…法人の（A社）が本件内規を制定したものの、本件内規の遵守を従業員（F）らに徹底させなかったことにより（E車）の盗難を容易ならしめたという不作為が加害行為となる。」、「（A社）は、結果回避義務の一内容として、本件内規の制定に加え、さらに（F）を含む従業員に対して本件内規の遵守を徹底する措置を講じるべきだった」、「法人においては、リスク管理体制の構築は当然必要とされるところであり（例えば株式会社については、会社法362条4項6号・5項参照）…リスク管理のための規則の制定に加え当該規則の遵守を徹底するための措置・仕組みを講じる義務を肯定することは、むしろ当然」という見解であるが、二審判決の判断は、この見解に近いといえよう。

4　令和2年最判の判示を前提とした場合、具体的に誰が「そのこと」を把握すれば、法人であるA社が「把握していた」ことになるかが争点となろう。従業員Fが「そのことを把握していた」だけでは足りないことは明らかである。他方、仮にA社の代表取締役（法人の機関）が「そのことを把握していた」とすれば、法人であるA社が「把握していた」ことになろう。それでは、例えば、Fの上司が「そのことを把握していた」場合には、どう考えるべきであろうか。

5　潘・前掲（注1）104頁は、「（A社）のような法人がリスクを管理するうえで規則の制定だけでは足りず、さらにそれを遵守する体制も構築しなければ過失が認められると、過大な負担を強いられる」という見解を紹介している。令和2年最判は、この見解と類似の価値判断に基づくものと思われる。

　なお、同102頁は、「これまでの裁判例において、自動車の所有者である法人の過失の有無に関して、自動車盗難防止のための内規という視点からこれを判断した事例は見当たらない」と

指摘している。

6　森島・前掲（注2）196頁は、「過失概念についてはいろいろな見解が展開されているが、結局のところ過失は、ある結果の発生が予見可能であったにもかかわらずその結果の発生を防止すべき措置をとらなかったこと、いいかえれば予見可能な結果に対する回避義務に違反したこと、ということができよう。」と述べている。

7　令和2年最判は、「近隣において自動車窃盗が発生していたなどの事情も認められない」と判示しているが、この「近隣において自動車窃盗が発生していた事情」をA社が「把握していた」場合も、E車の「窃取」という結果をA社に「予見可能にさせる事情」と考えることができよう。

8　学者の執筆した文献としては例えば、藤村和夫編『使用者責任の法理と実務－学説と判例の交錯』（三協法規出版、2018）172〜183頁。実務家の執筆した文献としては例えば、後藤勇「法人の民法709条による不法行為責任」判タ856号（1994）42〜58頁。

9　前掲大判大正8年（信玄公旗掛松事件）が「法人の民法709条責任」肯定説に立つと理解するものとして藤村和夫『新民法基本講義・不法行為法』（信山社、2020）405頁。

10　前田達明『不法行為法理論の展開』（成文堂、1984）130頁も、「判例は、法人が709条で責任を負うということについては当然視しており」と述べている。

11　東京高判昭和63年3月11日（クロロキン事件）判時1271号418頁。

12　もう1つ「民法709条と715条に基づく責任との相互関係いかん」という問題がある。森島・前掲（注2）33頁は、法人の責任につき民法709条と715条とを「それぞれの要件を充たす限り競合的に適用できる」という解釈を示している。令和2年最判は、この学説と同様に、民法709条と715条とは選択的請求の関係にある、という解釈を前提にしていると理解することも可能であろう。

13　もっとも、従業員Fの「過失」が肯定されたとしても、A社の民法715条責任が直ちに認められるわけではない。なぜなら、さらにFの「過失」と本件の交通事故（E車の窃取事件の後の二次的な事件）による損害との間に相当因果関係があるかどうかが問題となるからである。この点、タクシー会社の従業員の行為（「自動車にエンジンキーを差し込んだまま駐車させたこと」）と窃取後の交通事故による損害との間に「相当因果関係があると認めることはできない」と判示し、タクシー会社の民法715条責任を否定した判例（最判昭和48年12月20日民集27巻11号1611頁）がある。令和2年最判には、この判例を引用した林景一裁判官の補足意見が付されている。

14　例えば、瀬川信久「法人の不法行為」内田貴・大村敦編『民法の争点』（有斐閣、2007）は、「715条が被用者の不法行為を使用者責任の要件としていることは、法人の責任を認めるときの障碍になった。…被害者は、被用者の行為を特定し、それが709条の要件を満たすことを主張立証しなければならないが、企業内部の事情を知らない被害者が、当該損害を引き起こした被用者を特定し、その行為が注意義務に違反していること（過失）を証明するのは過重な負担で

ある。」（276頁）、「法人の709条責任は、法人の活動による侵害に対し、…過失…の立証責任を軽減し、…法人の注意義務を広範で高度なものにし、もって被害者保護を図るものである。」（277頁）と説明している。

弁護士　柄　澤　昌　樹

2　被用者から使用者への求償（いわゆる逆求償）を認めた事例

最高裁（二小）　令和2年2月28日判決　平成30年（受）第1429号
上告人（原告・被控訴人）甲野夏男（仮名）　被上告人（被告・控訴人）株式会社乙
裁判官　草野耕一　菅野博之　三浦守　岡村和美
一審：大阪地裁平成29年9月29日判決　平成27年（ワ）第12583号
　　　裁判官　倉地真須美　渡部美佳　澤口舜　交通民集53巻1号24頁
二審：大阪高裁平成30年4月27日判決　平成29年（ネ）第2529号
　　　裁判官　稲葉重子　小倉真樹　鈴木紀子　交通民集53巻1号19頁
交通民集53巻1号14頁

■■■■■■■■■■■■■■■■■■■■■■■■　**事件の概要**　■■■■■■■■■■■■■■■■■■■■■■■■

Ⅰ　事実の概要

1　Yは、貨物輸送を業とする資本金300億円以上の株式会社であり、全国に多数の営業所を有しているが、その事業に使用する車両全てについて自動車保険契約等を締結していなかった。平成17年5月よりYの運転手として荷物運送業務に従事していたXは、平成22年7月26日、業務としてトラックを運転中、信号機のない交差点を右折する際、同交差点に侵入してきたAの運転する自転車に同トラックを接触させ、Aを転倒させる事故を起こし、Aは同日、本件事故により死亡した（Yは、Aの治療費47万円を支払った。）。Aの相続人である長男B・二男Cのうち、Cは、Yに対し本件事故による損害賠償を求める訴訟を提起し、平成25年9月に訴訟上の和解に基づいてYから和解金1300万円を受け取った。他方、Bは、Xに対し本件事故による損害賠償を求める訴訟を提起し、1383万円余及び遅延損害金の支払を認めた控訴審判決が確定した。Xは、平成28年6月、Bのために1552万円余を有効に弁済供託した。

2　Xは、主位的に、本件事故による被害者の損害全額をYが負担するとの合意が成立したとして、同合意に基づき、予備的に、Bに対して損害を賠償したことによりYに対する求償権を取得したとして、Yに対して賠償金相当額の支払を求める訴訟を提起した（なお、Yは、Xに対し反訴としてCに支払った1300万円の求償を求めている。）。主位的請求は第一審で斥けられ、本件における主たる争点は予備的請求、すなわち被用者Xから使用者Yに対する求償の可否及びその範囲となった。本稿は予備的請求部分について検討する[注1]。

Ⅱ　訴訟の経過

第一審判決（大阪地判平成29年9月29日民集74巻2号125頁）は、被用者の責任と使用者の責任は不真正連帯債務の関係にあると解し、被用者が自己の負担部分を超えて賠償した場合には、その部分について使用者に求償できるとし、具体的には、事故に

解　説

よる損害の 25%（713 万円余）を超える部分の求償を認めた（Y の反訴は棄却）。Y が
控訴。控訴審判決（大阪高判平成 30 年 4 月 27 日民集 74 巻 2 号 139 頁）は、民法 715
条 1 項は、本来、不法行為者である被用者が被害者に対して全額損害賠償債務を負うべ
きところ、被害者が損害賠償金を回収できない危険に備えて報償責任や危険責任を根拠
に使用者に負担を負わせたのであるから、被用者が本来の損害賠償義務者であるとし
て、民法 715 条 3 項の求償権が制限される場合と同じ理由をもって、逆求償という権利
が発生する根拠とまですることは困難とした（Y の反訴請求は棄却）。X が上告。

Ⅲ　判旨

　本判決は、本訴請求部分につき控訴審判決を破棄し、求償可能額につき審理を尽くさ
せるため差し戻した。

　「民法 715 条 1 項が規定する使用者責任は、使用者が被用者の活動によって利益を上
げる関係にあることや、自己の事業範囲を拡張して第三者に損害を生じさせる危険を増
大させていることに着目し、損害の公平な分担という見地から、その事業の執行につい
て被用者が第三者に加えた損害を使用者に負担させることとしたものである……このよ
うな使用者責任の趣旨からすれば、使用者は、その事業の執行により損害を被った第三
者に対する関係において、損害賠償義務を負うのみならず、被用者との関係において
も、損害の全部又は一部について負担すべき場合があると解すべきである。

　また、使用者が第三者に対して使用者責任に基づく損害賠償義務を履行した場合に
は、使用者は、その事業の性格、規模、施設の状況、被用者の業務の内容、労働条件、
勤務態度、加害行為の態様、加害行為の予防又は損失の分散についての使用者の配慮の
程度その他諸般の事情に照らし、損害の公平な分担という見地から信義則上相当と認め
られる限度において、被用者に対して求償することができると解すべきところ（最高裁
昭和 49 年（オ）第 1073 号同 51 年 7 月 8 日第一小法廷判決・民集 30 巻 7 号 689 頁）、
上記の場合と被用者が第三者の被った損害を賠償した場合とで、使用者の損害の負担に
ついて異なる結果となることは相当でない。

　以上によれば、被用者が使用者の事業の執行について第三者に損害を加え、その損害
を賠償した場合には、被用者は、上記諸般の事情に照らし、損害の公平な分担という見
地から相当と認められる額について、使用者に対して求償することができるものと解す
べきである。」

　なお、求償可能額の判断に際して重視すべき要素に関し、菅野博之裁判官・草野耕一
裁判官の補足意見並びに三浦守裁判官の補足意見がある。

解　説

I　本判決の意義

　使用者責任において、使用者が被害者に賠償を支払った場合に、使用者は被用者に求償することができることは、715条3項が規定するが、被用者が被害者に賠償を支払った場合に、被用者は使用者に求償できるか。逆求償の可否として古くから議論されてきたこの点につき、最高裁が初めて肯定する判断をしたのが本判決である^(注2)。

　通常、賠償資力が期待できる使用者に先に賠償請求する被害者が多いことから、逆求償がなされる事案はそれほど多くないと思われるが、本判決は、使用者が被用者との関係においても損害の全部又は一部について負担部分を負う場合があることを肯定し、その負担部分、すなわち逆求償の範囲を判断する際に考慮されるのは、使用者の被用者への求償につき制限を認めた最判昭和51年7月8日民集30巻7号689頁（以下、「昭和51年判決」という。）が示した求償範囲を判断する際の考慮要素と同じであること示した。この点は、実務にとって重要な意義がある。一方で、逆求償権の法的根拠については示さず、使用者責任の帰責根拠である報償責任の法理及び危険責任の法理、並びに昭和51年判決による結果との整合性を理由に逆求償を肯定していることから、その判断の背景にある理論については今後の議論の対象となろう。

　以下、昭和51年判決が示したことを確認したうえで、逆求償の法的根拠及びその範囲について検討することとする。

II　昭和51年判決が示したこと

　本判決も引用する昭和51年判決は、石油等の輸送販売を業とする会社が、業務としてタンクローリーを運転し追突事故を起こした従業員に対して、被害車両の所有者に支払った賠償につき求償を、そして、破損したタンクローリーの修理費等会社の損害につき賠償を請求したものである。最高裁は、使用者から被用者への求償について、「損害の公平な分担という見地から信義則上相当と認められる限度について被用者に対し右損害の賠償又は求償の請求をすることができる」とした。

　民法715条3項については、権利創設規定と解する見解もあるが^(注3)、通説は、注意的規定と解するところ^(注4)、その法的構成としては、使用者が支払った損害賠償金を損害として被用者に賠償請求するという構成と、使用者と被用者は被害者に対する複数債務者としてその債務者間の求償という構成が考えられる。昭和51年判決は、賠償と求償を区別せず判断していることから、損害賠償構成を前提としているように思われる^(注5)。そして、その求償制限の根拠として「信義則」を挙げる点は、使用者責任を代位責任的に構成する判例・通説との理論的整合性及び具体的事情に即応した公平妥当な解決を図るために一般条項による解決が図られたとの指摘^(注6)がある一方、「損害の

15

公平な分担」を強調すれば、権利行使が制限されるのではなく、実体法上の賠償請求権が制限されていると考えることができるとの指摘もある[注7]。

　そして、求償が制限される範囲を判断する際の考慮要素として、使用者の「事業の性格、規模、施設の状況、被用者の業務の内容、労働条件、勤務態度、加害行為の態様、加害行為の予防若しくは損失の分散についての使用者の配慮の程度その他諸般の事情」を挙げた。その上で、具体的には、使用者が経費削減のため車両について対物賠償責任保険及び車両保険に加入していなかったこと、当該従業員はタンクローリーには臨時的に乗務するにすぎず、事故は当該従業員の過失により急停車した先行車に追突したものであること、当該従業員の勤務成績は普通以上であったこと等から、使用者が当該従業員に賠償及び求償できる範囲は、信義則上、損害額の4分の1を限度とすべきであるとした。

Ⅲ　検討

1　逆求償の法的根拠

　本件の控訴審判決のように、使用者責任について、本来被用者が全額について負う損害賠償責任について使用者が代わりに負うものと捉える代位責任説の立場によれば、逆求償は認められないというのが理論的な帰結となろう。しかし、本判決が指摘するとおり、昭和51年判決が使用者からの求償の制限を認めたため、逆求償を否定すると、被害者が使用者と被用者のいずれに対して先に損害賠償請求をするかという偶発的な事情により、使用者と被用者の最終的な損害負担が異なることになる。

　では、逆求償を認める場合、法的根拠はどのように考えられるか。逆求償の法的構成についても、使用者から被用者への求償と同様に、使用者への損害賠償請求をする構成と、被用者と使用者が被害者に対する複数債務者であるとしてその債務者間の求償関係とする構成が考えられる。損害賠償構成については、使用者の不法行為、あるいは安全配慮義務違反を根拠とすることになろうが、これらは使用者の過失や安全配慮義務違反が存在することが前提となる。複数債務者間の求償とする構成については、共同不法行為と解する立場、あるいは使用者と被用者の不真正連帯債務と解する立場がある[注8]。共同不法行為と解する立場には、使用者に不法行為責任が成立する場合に限って求償関係が生じると解する立場[注9]と、使用者に固有の責任があると解し、被用者の不法行為責任と共同不法行為となると解する立場がある[注10]。

　本判決は、逆求償を認めるものの、その法的構成や法的根拠は示さず、報償責任の法理及び危険責任の法理を根拠に挙げる。この点から、使用者・被用者間の契約関係による処理とは捉えることはできず、「不法行為責任を負う者同士の関係」として処理するものであるとの見方[注11]や、第一審判決が示した不真正連帯債務構成を積極的に退ける表現が見られない点が指摘されている[注12]。加えて、使用者が被用者とともに民法709条の責任を負い、被用者と共同不法行為にある場合にのみ、共同不法行為者間の求

償として逆求償が認められるとした控訴審判決を破棄して、本来、無過失責任の根拠とされる報償責任の法理・危険責任の法理を根拠として逆求償を認めた点からすれば、逆求償が認められる場合は、使用者自身に不法行為責任が成立する場合に限られないと考えているようにも思われる^(注13)。そうであるならば、使用者責任においては、全額である場合も含めて使用者が固有に責任を負う場合があり、それは使用者自身の過失に基づく責任であるとは限らないということになる。

　なお、本判決は、使用者責任の帰責根拠について改めて報償責任の原理及び危険責任の原理に基づくものであると明示したものの、その法的性質は明らかにしていない。しかし、本判決が逆求償を認めたことから、本来被用者が全額について負うべき損害賠償責任を使用者が代わりに負うものと考える代位責任説にたって理解することは難しくなったといえる^(注14)。もっとも、代位責任という概念は多義的であり、これを単に被用者という他人の行為を過失評価の対象とするもので、被用者の不法行為について代わりに負う責任であると捉えるのであれば、使用者に固有の負担部分があるということと、被用者の代位責任と捉えることとに矛盾は生じない^(注15)。

2　逆求償の範囲（使用者・被用者の負担部分）の判断

　本判決は、逆求償の範囲について、使用者が被用者に求償する場合との整合性から昭和51年判決が示した判断要素を考慮することを判示したうえで^(注16)、具体的な求償額を判断させるため、原審に差し戻した。昭和51年判決が示した求償制限の根拠や考慮要素は、判断基準としては明確ではないといえるが、使用者の被用者への求償の範囲については、これを先例としてその後下級審裁判例が蓄積されている^(注17)。また、本判決は、報償責任の法理及び危険責任の法理を根拠に逆求償を認めていることから、逆求償の範囲についてもこの両法理が考慮されることになると思われるが、この点についても、京都地判平成23年10月31日判タ1373号173頁の「労働者のミスはもともと企業経営の運営自体に付随、内在化するものであるといえる（報償責任）し、その業務命令の履行に際し発生するであろうミスは、業務命令の履行に際し発生するであろうミスは、業務命令自体に内在するものとして使用者がリスクを負うべきものであると考えられる（危険責任）」という判示のように、使用者から被用者への求償制限の範囲を判断する際にすでに考慮されている下級審裁判例が見られる。

　昭和51年判決が挙げた考慮要素は、ⅰ）使用者の事業内容（事業の性格、規模、施設の状況）、ⅱ）被用者の状況（業務の内容、労働条件、勤務態度）、ⅲ）加害行為の態様、ⅳ）使用者の予防・損害の分散への配慮の程度、ⅴ）その他諸般の事情である。このうち、下級審裁判例において被用者側の事情で重視されているのは、ⅲ）加害行為の態様であるが、被用者の横領や窃盗、暴行など図利加害の事案については、使用者の被用者への求償を制限しないものがほとんどであり、一方で、被用者の軽過失によるものについては、被用者への求償権の行使を否定するものもある。被用者の軽過失による損

害は、報償責任の法理及び危険責任の法理からは使用者が負担すべきリスクであるといえるが、被用者の図利加害や権限逸脱については、それを超えるものであり、使用者が負担すべきものとはいえないだろう[注18]。

　そして、本件は、使用者所有の自動車を被用者が業務のために運転していた中で発生した事故である。このような被用者の業務は図利加害事案は考え難い。また、そもそも運転行為自体には事故の危険性が相当高度に伴うものであるから、報償責任の法理及び危険責任の法理を考慮すれば、居眠り運転など被用者の重過失といえるような事故を除き、使用者が負担すべきリスクであるといえ、さらにそのリスクに備えた保険制度が発達していることから、損失の分散は容易である。前記考慮要素のⅳ）に当たるが、保険未加入の事実は昭和51年判決でも考慮され、その後の下級審裁判例においても、保険契約や共済加入が可能であるにもかかわらず、これをしなかった使用者については被用者への求償を制限するものがある[注19]。

　本判決の2つの補足意見も、使用者と被用者の属性と関係性、及び使用者が任意保険に加入していない点について、被用者の負担部分を軽減あるいは零とする要素であることを指摘する。特に、三浦裁判官の補足意見は、貨物自動車運送業者が法令上十分な損害賠償能力を必要とされていることにつき、事業の性質上事業者が損害賠償義務を負うべき事案が一定の可能性をもって発生することを前提とするものだから、被害者等の救済にため重要であるのみならず、被用者は事故を回避することが事実上困難である一方で自ら任意保険を締結することができないため損害を負担するとなると著しく不利益で不合理であるから被用者の負担軽減という意味でも重要であると述べ、任意保険を締結していない使用者が被用者に損害賠償を負担させることは相当ではないとする。この指摘は、本判決が報償責任の法理及び危険責任の法理が使用者及び被用者の内部関係にも及ぶとした点を具体化したのみならず、貨物自動車運送事業において任意保険を契約せず自家保険政策をとっていることが被用者の負担部分が減少あるいは零とする要素となることに法令上の基礎を与えたものといえ、貨物自動車運送事業者一般に対する影響が注目される。

　Xからの求償を認めた第一審判決は、Xの過失を軽いものであるとはいえないとして、本件事故による損害について被用者の負担部分を25％としたが、報償責任の法理や危険責任の法理を考慮すれば被用者が損害を負担すべき場合に当たるような重過失とまではいえないとも思われ、併せて2つの補足意見を踏まえれば、差戻審ではこれよりもさらに負担部分が低くなるとも考えられる[注20]。

注
1　本稿は、法律のひろば75巻6号（2022年）58頁の拙稿をもとに再構成のうえ、執筆したものである。

2　下級審判例では、鳥栖簡判平成 27 年 4 月 9 日判時 2293 号 115 頁、その控訴審である佐賀地判平成 27 年 9 月 11 日判時 2293 号 112 頁が逆求償を肯定している。

3　谷口知平・植林弘『損害賠償法概説』（有斐閣、1964）156 頁

4　加藤一郎『不法行為［増補版］』（有斐閣、1974）189 頁など。

5　島田禮介「最判解」昭和 51 年度最高裁判所判例解説民事篇 270 頁、村木洋二「被用者が使用者又は第三者に損害を与えた場合における使用者と被用者の間の賠償・求償関係」判タ 1468 号（2020）10 頁。

6　島田・前掲（注 5）270 頁

7　窪田充見『不法行為法（第 2 版）』（有斐閣、2018）223 頁

8　平成 29 年改正民法下では、不真正連帯債務としてきた見解においても、新 436 条 1 項により連帯債務と解する余地がある。また、共同不法行為と解する見解についても同 436 条 1 項を適用したうえで連帯債務と解することは可能だが、被害者保護の観点から 442 条 1 項は適用すべきでないとも考えられる（最判昭和 63 年 7 月 1 日民集 42 巻 6 号 451 頁参照）。筒井建夫『一問一答民法（債権関係）改正』（商事法務、2018）119 頁（注 3）も参照のこと。

9　加藤・前掲（注 4）190 頁

10　大塚直「民法 715 条・717 条（使用者責任・工作物責任）」広中俊雄・星野英一編『民法典の百年Ⅱ』（有斐閣、1998）729 頁など。

11　大澤逸平「判批」令和 2 年度重判解（2021）59 頁

12　佐藤康紀「判批」新判例解説 27 号（2020）91 頁

13　大内伸哉「判批」判評 750 号（2021）22 頁（判時 2487 号 140 頁）

14　舟橋伸行「判批」ひろば 73 巻 7 号（2020）72 頁、大澤・前掲（注 11）59 頁。

15　山本周平「判批」北法 72 巻 1 号（2021）188 頁。代位責任の意義については、中原太郎「『代位責任』の意義と諸相―監督義務者責任・使用者責任・国家賠償責任」論ジュリ 16 号（2016）72 巻を参照のこと。

16　もっとも、本判決では、昭和 51 年判決の「損害の公平な分担という見地から信義則上相当と認められる限度」という部分を引用しながら、続く当てはめ部分では「信義則上」の部分が除かれている。この点に意味を求めれば、信義則という一般条項とは異なる根拠に基づく逆求償権が想定されているとも考えることもできる。佐藤・前掲（注 12）91 頁参照。

17　これについては村木・前掲（注 5）が詳しい。

18　舟橋・前掲（注 14）71 頁。

19　東京地判平成 6 年 9 月 7 日判時 1541 号 104 頁、京都地判平成 12 年 11 月 21 日労判 825 号 81 頁など。

20　細谷越史「判批」新判例解説 27 号（2020）259 頁など。

大阪経済大学経営学部准教授　三　木　千　穂

3　後遺障害逸失利益損害に対する定期金賠償の可否及び定期金賠償の終期

最高裁（1小）令和2年7月9日判決　平成30年（受）第1856号
上告人　Y_1、Y_2、Y_3　被上告人　X
裁判官　小池裕　池上政幸　木澤克之　山口厚　深山卓也
一審：札幌地裁平成29年6月23日判決　平成27年（ワ）第1212号
　　　交通民集53巻4号819頁
二審：札幌高裁平成30年6月29日判決　平成29年（ネ）第305号
　　　交通民集53巻4号836頁
交通民集53巻4号815頁

事件の概要

Ⅰ　事実関係等の概要

　X（平成14年8月生まれ。事故当時4歳）は、平成19年2月3日、道路を横断していたところ、Y_1が運転する大型貨物自動車に衝突される交通事故（以下「本件事故」という。）に遭った。本件事故における過失割合は、Y_1が8割であり、X側が2割である。

　Xは、本件事故により脳挫傷、びまん性軸索損傷等の傷害を負い、その後、高次脳機能障害の後遺障害（以下「本件後遺障害」という。）が残った。本件後遺障害は、自動車損害賠償保障法施行令別表第2第3級3号に該当するものであり、Xは、これにより労働能力を全部喪失した。

　Xは、本件において、本件後遺障害による逸失利益として、その就労可能期間の始期である18歳になる月の翌月からその終期である67歳になる月までの間に取得すべき収入額を、その間の各月に、定期金により支払うことを求めた。

　原審は、後遺障害による逸失利益について定期金を命ずることは可能であり、Xの年齢や後遺障害の性質・程度等からすれば、本件では定期金による賠償を認めるべき合理性、相当性があるとして、Xが67歳になる月を終期として、同逸失利益に係るXの請求について、過失相殺後、一部認容すべきものとした。

　これに対してYらが上告受理申立てをしたところ、最高裁は以下のように判示してYらの上告を棄却した。なお、小池裕裁判官の補足意見がある。

Ⅱ　最高裁判決の要旨

　1　交通事故の被害者が事故に起因する後遺障害による逸失利益について定期金による賠償を求めている場合において、不法行為に基づく損害賠償制度の目的及び理念に照らして相当と認められるときは、同逸失利益は、定期金による賠償の対象となるものと

解される。

　2　後遺障害による逸失利益につき定期金による賠償を命ずるに当たっては、交通事故の時点で、被害者が死亡する原因となる具体的事由が存在し、近い将来における死亡が客観的に予測されていたなどの特段の事情がない限り、就労期間の終期より前の被害者の死亡時を定期金による賠償の終期とすることを要しないと解するのが相当である。

　3　以上を本件についてみると、Ｘは本件後遺障害による逸失利益について定期金による賠償を求めているところ、Ｘは、本件事故当時４歳の幼児で、高次脳機能障害という本件後遺障害のため労働能力を全部喪失したというのであり、同逸失利益は将来の長期間にわたり逐次現実化するものであるといえる。これらの事情等を総合考慮すると、本件後遺障害による逸失利益を定期金による賠償の対象とすることは、上記損害賠償制度の目的及び理念に照らして相当と認められるというべきである。

解　説

Ⅰ　総説

　わが国の人身事故損害賠償実務においては、従来、ほとんどの事案で一時金賠償方式が採用されており、定期金賠償方式は極めて例外的であった。そして、この定期金賠償の対象は後遺障害による将来介護費用が太宗であり、後遺障害による逸失利益や死亡による逸失利益はほとんど見られない[注1]。

　公表裁判例を見てもこの動向は同じであり、後遺障害による将来介護費用について定期金賠償を認めたものがほとんどで、後遺障害による逸失利益について定期金賠償を認めたものはわずかである[注2]。

　一方で、学説では、かねてより後遺障害による逸失利益について定期金賠償の採用が主張されてきており[注3]、また、平成８年の民訴法改正で新設された117条（定期金による賠償を命じた確定判決の変更を求める訴え）も、変更対象の例として賃金水準が示されているところから、後遺障害による逸失利益についての定期金賠償の存在を前提としていると解されている。

　ただし、最判平成８年４月25日民集50巻５号1221頁（以下「平成８年４月最判」という。）及び最判平成８年５月31日民集50巻６号1323頁（以下「平成８年５月最判」という。）が後遺障害逸失利益の一時金賠償について「継続説」を採用したことにより、後遺障害逸失利益について定期金賠償は採用できないとする説が唱えられてきたことから[注4]、現在では、後遺障害逸失利益の定期金賠償の可否については議論がある。

　なお、介護費用の定期金賠償についてはその終期を被害者の死亡時とすることにほぼ異論がないところ、後遺障害逸失利益の定期金賠償についても、学説、裁判例では、そ

の終期を就労可能期間の終期または被害者の死亡時のいずれか早い時とすることとしてきた。

このような中、本判決では、①後遺障害による逸失利益につき定期金による賠償が認められることがあること、及び、その場合の条件、②後遺障害による逸失利益につき定期金による賠償を行う場合の終期は被害者の就労可能期間の終期であり、それ以前に被害者が死亡したとしても被害者死亡時点が定期金賠償の終期とはならないこと、③本件の事案においては、後遺障害による逸失利益につき定期金による賠償が認められること、の3点を判示している[注5]。

このうち、①と②については最高裁として初めて判断を示したものであり、今後の損害賠償実務に与える影響は大きい。特に、②は、従来の通説的な考え方を根底から覆すものとしてその当否について議論となっている。また、③は①の判示を前提とした事例判決部分であるが、①で提示された後遺障害逸失利益において定期金賠償が認められる条件の具体的な内容を検討する上での手掛かりとなる。

Ⅱ　後遺障害逸失利益につき定期金賠償が認められるか

1　定期金賠償の可否

本判決では、後遺障害逸失利益が定期金賠償の対象となりうるとするが、その理論構成は次の通りである。①後遺障害による逸失利益損害も不法行為の時に発生するものであり、一時金賠償が可能である、②しかし逸失利益は不法行為時から相当な時間が経過した後に逐次現実化する性質のものであり、算定した額と損害の額との間に大きな乖離が生じ得る、③民法では一時金賠償によらなければならないとされていない、④民訴法117条は、口頭弁論終結前に生じたがその具体化が将来の時間的経過に依存するするような損害については実態に即した賠償を実現するために定期金賠償が認められる場合があることを前提とし、上記②にいう大きな乖離を是正することが公平に適うということが趣旨である、⑤以上から、被害者側が定期金賠償を求めている場合に、不法行為に基づく損害賠償制度の目的及び理念に照らして相当と認められるときは後遺障害逸失利益について定期金賠償が認められるとする。

上記①では、定期金賠償においてもその損害は不法行為時に発生すること、すなわち損害既発生の論理を示している。従来の議論では、定期金賠償とは将来発生する損害について将来の給付の訴え（民訴法135条）として認められるという理解が主流であり[注6]、その理解を前提とすると、平成8年4月及び平成8年5月最判が後遺障害逸失利益は既発生の損害であるとして「継続説」を採用した以上、後遺障害逸失利益について定期金賠償は採用できないというY側の主張になる。

これに対して本判決では、後遺障害逸失利益損害の「発生」は不法行為時だが、損害が「現実化[注7]」するのは将来であるとした[注8]。ここで現実化というのは、実態に

即した金銭的評価が可能な時間的段階に至ることを意味すると思われるが^(注9)、このように損害の発生と現実化を区別することによって、後遺障害逸失利益は既発生の損害であるにしても、当初算定した損害額と現実化した額との乖離が生じうるのでこれを是正する必要性が生じることから定期金賠償の対象となりうるとする結論を導く。

　最高裁は以前よりすべての損害は不法行為時に発生するとしてきたが^(注10)、今回もその論理を貫徹したことになる。もっとも、後遺障害による介護費用の一時金賠償についていわゆる「切断説」を採用した最判平成 11 年 12 月 20 日民集 53 巻 9 号 2038 頁（以下「平成 11 年最判」という。）では、「一時金賠償方式を採る場合には、損害は交通事故の時に一定の内容のものとして発生したと観念され」るが、介護費用のような「衡平性の裏付けが欠ける場合にまで、このような法的な擬制を及ぼすことは相当ではではない」と判示しており、介護費用については損害既発生の論理が及ばないことを示唆している。平成 11 年最判のこの部分は一時金賠償を前提として逸失利益と介護費用との対比において判示しているものであるが、この論理からすると、介護費用の定期金賠償については本判決の射程は及ばないということになろう。

　いずれにしても、従来、後遺障害逸失利益の定期金賠償の対象は将来発生する損害であるとしてきた学説からすると、本判決の判示には批判的であろう。もっとも、後遺障害逸失利益についての定期金賠償を認めるとする本判決の結論は、将来損害であるから定期金賠償の対象となるとする説の結論と同じことにはなる。

2　定期金賠償の相当性

　本判決では、上記の論理によって後遺障害逸失利益についての定期金賠償の可能性を認めたが、その上で、実際に定期金賠償が認められるのは、①被害者側が定期金賠償を求めている場合であって、②不法行為に基づく損害賠償制度の目的と理念に照らして相当と認められる場合であるとする。

　このうち、①の被害者側が一時金賠償を求めている場合には定期金賠償を命ずる判決をすることができないということは、すでに過去の最高裁判例で示されていた^(注11)。

　一方、②について本判決では、不法行為に基づく損害賠償制度の目的とは「被害者に生じた現実の損害を金銭的に評価し、加害者にこれを賠償させることにより、被害者が被った不利益を補填して、不法行為がなかったときに状態に回復させること」であり、またその理念は「損害の公平な分担を図ること」と判示する。しかし、その相当性の判断における具体的な考慮要素については、本判決は直接には明示していない。

　もっとも、上記 1 の判示において、後遺障害逸失利益の定期金賠償が認められうる理由として、②算定した額と損害の額との間に大きな乖離が生じ得ること、④民訴法 117 条の趣旨がこのような大きな乖離を是正することが公平に適うこと、を挙げていることに鑑みると、本判決が考える相当性の判断における考慮要素とは民訴法 117 条が適用されるような大きな乖離の発生可能性の有無ということになろう。

　そこで、判旨3において本判決が本事案で定期金賠償の相当性を認めた理由として挙げている事実を見てみると、①被害者が4歳の幼児であること、②高次脳機能障害により労働能力を全部喪失したこと、③逸失利益の現実化が長期間にわたることの3点である。そして、これらはいずれも民訴法117条に規定されている「後遺障害の程度」と「賃金水準」の変動に関わる事実であると考えられる。すなわち、4歳の幼児ということは今後高次脳機能障害が改善され現在は100％である後遺障害の程度が緩和される可能性があり、また、就労可能期間が長期にわたることからその間に賃金水準が変動する可能性があるということであろう。

　以上のような具体的な当てはめからみても、本判決は、相当性の判断において、民訴法117条が適用されるような大きな乖離の発生可能性を重要視していると解され、また、本判決後の裁判例においてもこの判断枠組みは踏襲されている^(注12)。

　なお、このような判断枠組みで相当性が認められなかった場合には、原告が定期金賠償を求めていたとしても判決では一時金賠償を命ずることになるが、この点については、両方式とも1個の損害賠償請求権に基づき同一の損害を対象とするとしているところから、賠償方式の差は訴訟物の同一性を左右しないことになり、民訴法246条には形式上抵触しないと解されている^(注13)。

Ⅲ　後遺障害逸失利益の定期金賠償の終期

　後遺障害逸失利益における定期金賠償の終期について、本判決は、平成8年4月最判及び平成8年5月最判を引用したうえで、特段の事情がない限り就労可能期間の終期より前の被害者の死亡時を定期金賠償の終期とすることを要しないとした。本判決ではその理由として、①後遺障害逸失利益についての定期金賠償による場合も、交通事故の時点で発生した1個の損害賠償請求権に基づき一時金賠償と同一の損害を対象とする、②事故後に被害者が死亡したことにより、加害者が賠償義務を免れ、他方被害者ないしその遺族が損害填補を受けられなくなることは、一時金賠償であるか定期金賠償であるかを問わず、衡平の理念に反する、という2点を挙げている。

　このうち①では、後遺障害逸失利益の定期金賠償の対象となる損害は、交通事故の時点で発生したという点において、一時金賠償の対象となる損害と同一であるとする。そうだとすると、判決文では明示されていないが、平成8年4月最判において継続説を採用した以上、同じ損害を対象とする定期金賠償においても継続説が適用されるべきとする論理であろう。

　一方、②は平成8年4月最判と実質的に同じ判示内容であり、後遺障害逸失利益の定期金賠償でも継続説を採用すべきである実質的な理由は一時金賠償の場合と同様であることを示している。

　このようにして、本判決では後遺障害逸失利益における定期金賠償と一時金賠償との

同一性に基づいて、平成 8 年 4 月最判が示した継続説を定期金賠償にも適用するという結論を導いている。

　本判決のこの部分については、従来の学説、裁判例[注14]においてもあまり議論されて来ず、その意味で当然と思われてきた「定期金給付は被害者死亡により必然的に打ち切られるという規律[注15]」を、後遺障害逸失利益については否定したことになる。

　従来主流であった考え方によれば、定期金賠償の最大の利点が損害額の算定における厳格性であるとして、定期金賠償の終期を被害者の死亡時とすることによって、被害者の余命という不確定な要素を正確に算定できることになり、この点に定期金賠償の意義があるとされる[注16]。この立場からは、本判決による定期金賠償とは、就労可能年齢 67 歳を履行日の最後として一旦計算上確定した逸失利益の、いわば分割払いを命じたものであり、新たな定期金概念の定立であると評価することになろう[注17]。

Ⅳ　今後の課題

　本判決についての今後の課題として、以下の 2 点を指摘しておきたい[注18]。

　まず、本判決の論理に従うと、死亡逸失利益についても定期金賠償の対象になりうると理解することができる。すなわち、死亡逸失利益についても損害の発生は事故時だが、損害の現実化は将来であるという理解が可能であり、また、民訴法 117 条の対象となりうる事情のうち、後遺障害の程度については変更の可能性はないが、賃金水準については事情変更の可能性があるからである。そうだとすると、あとは相当性の判断の問題となるが、この判断基準については後遺障害逸失利益の場合と同様のものであるのかそれとも異なった基準を採用すべきなのかが議論となろう。いずれにしても、従来は死亡逸失利益について定期金賠償を認めた裁判例もほとんどないという状況であったが[注19]、本判決を機会として議論が促進されることが考えられる[注20]。

　次に、本判決を受けて、後遺障害逸失利益について原告が定期金賠償を求める事案が増えてくることが考えられる[注21]。被害者の死亡によっても定期金賠償が打ち切りとならないことによって、中間利息控除を考えると、結果的に定期金賠償の方が一時金賠償よりも被害者に有利になると判断されることが多いと思われるからである。もっとも、このような訴訟のうちどれだけの事案において「相当性あり」として最終的に定期金賠償が認められるのかは不明だが、これによって賠償責任保険金の支払金額が増加した場合、今後の保険料に反映される可能性も否定はできない。

注

1　やや古いデータではあるが、損害保険会社における定期金方式による将来の介護料支払件数について、吉本智信＝佐野誠『生存余命と定期金賠償』（自動車保険ジャーナル、2005）86 頁参照。

2　定期金賠償に関する公表裁判例の一覧として、中原・後掲（注5）504頁。

3　特に昭和40年代に議論が盛んとなったが、その嚆矢とされているのが倉田卓次「定期金賠償試論」『民事交通訴訟の課題』（日本評論社、1970）99頁以下（なお、初出は判タ179号19頁（1965））である。

4　浦川道太郎「一時金賠償と定期金賠償」伊藤文夫編集代表『人身損害賠償法の理論と実際』（保険毎日新聞社、2018）324頁。

5　本判例の先行評釈として、加藤新太郎・NBL1177号67頁（2020）、山城一真・法教482号138頁（2020）、越山和広・法教482号140頁（2020）、窪田充見・NBL1182号4頁（2020）、羽成守・判例秘書ジャーナルHJ100087（2020）、安達敏男＝吉川樹士・戸籍時報800号50頁（2020）、加藤雅之・ジュリ増刊1557号56頁（2021）、坂田宏・ジュリ増刊1557号98頁（2021）、北河隆之・法論93巻6号281頁（2021）、金丸義衡・江南法学61巻1‐4号19頁（2021）、大寄麻代・ひろば74巻4号39頁（2021）、大寄麻代・ジュリ1560号85頁（2021）、柴田龍・新・判例解説WATCH28号83頁（2021）、加藤甲斐斗・新・判例解説WATCH29号177頁（2021）、白石友行・民事判例22号106頁（日本評論社、2021）、嵩さやか・週刊社会保障3115号28頁（2021）、橋本佳幸・リマークス63号38頁（2021）、山口斉昭・判例秘書ジャーナルHJ100110（2021）、若林三奈・民商157巻4号768頁（2021）、藤村和夫・判評752号159頁（2021）、白井正和・損保83巻3号119頁（2021）、松村太郎・『事故法大系Ⅰ』（保険毎日新聞社、2021）329頁、大塚直・『不法行為法研究2』（成文堂、2021）245頁、中原太郎・法協139巻5号472頁（2022）等がある。

6　倉田・前掲（注3）101頁では、損害既発生の論理を「ドグマ」とし、これを見直すべきとして後遺障害逸失利益を将来発生する損害として定期金賠償を提唱する。

7　本判決ではさらに、民訴法117条の趣旨の記述において、「現実化」の代わりに「具体化」という用語を使用している。

8　このように損害の「発生」と「現実化」を区別するという考え方は本判決が初めて提示したものではなく、本判決以前の最高裁例においても示されている（最判平成22年9月13日民集64巻6号1626頁）。

9　中原・前掲（注5）490頁。

10　本判決では、最判昭和48年4月5日民集27巻3号419頁及び最判昭和58年9月6日民集37巻7号901頁を引用する。

11　最判昭和62年2月6日集民150号75頁。

12　本判決後、後遺障害逸失利益の定期金賠償の相当性が争われた裁判例が2例出ている（岐阜地判令和2年12月23日自保ジャ2083号1頁、札幌地判令和2年12月28日自保ジャ2083号29頁）。これらはいずれも、本判決を引用して不法行為制度の目的及び理念に照らして相当であるか否かを検討し、結果的に相当性を否定した。そして、その否定の理由としては、将来変動による算定額と現実額の間の大きな乖離の可能性は想定困難であることを挙げている。これ

は、本判決の判断枠組みを踏襲しているものであると評価される。

13　越山・前掲（注5）140頁。

14　後遺障害逸失利益について定期金賠償を認めた数少ない裁判例においても、本件の第1審、控訴審以外は被害者死亡時を定期金の終期としている（名古屋地判昭和47年11月29日交通民集7巻4号1008頁、札幌地判昭和48年1月23日下民集24巻1号＝4号24頁、仙台地判昭和58年2月16日交通民集16巻6号1771頁）。

15　中原・前掲（注5）487頁。

16　倉田・前掲（注3）110頁。

17　羽成・前掲（注5）10頁。

18　なお、この他の課題として、後遺障害逸失利益について定期金賠償が認められるとすると、年金との調整のあり方についてあらためて議論を深める必要があるとの指摘がある（嵩・前掲（注5）29頁）。

19　死亡逸失利益の定期金賠償を認めた裁判例としては、東京地判平成15年7月24日交通民集36巻4号948頁が唯一と思われる。

20　中原・前掲（注5）496頁。

21　現に、本判決後、原告が後遺障害逸失利益についての定期金賠償を求めた事例としてすでに2つの裁判例が出ている（前掲（注12）参照）。

福岡大学名誉教授　**佐　野　　誠**

4　意識喪失の状態で事故を発生させた者について民法713条ただし書の過失を認めなかった事例

名古屋地裁　令和2年10月21日判決　令和元年（ワ）第3929号求償金請求事件
原告　A保険株式会社（仮名、X）　　被告　丁野一郎（仮名、Y）
裁判官　中野翔
交通民集53巻5号1272頁

事件の概要

I　事実関係

　2018年7月27日午後4時25分頃、Y（事故当時60歳の男性）の運転する自動車（以下、「Y車」という。）がB社所有の建物に衝突し、建物は倒壊した。B社との間の火災保険契約に基づき損害保険金を支払ったX社は、B社のYに対する不法行為による損害賠償請求権を保険法25条1項に基づき代位取得したとして、Yに対して、物的損害賠償金470万9029円及びこれに対する保険金支払の日の翌日である平成31年2月2日から支払済みまで民法所定の年5分の割合による遅延損害金の支払を求めた。

　本件事故前日、Yは退勤後、帰宅するまでの間に地下鉄で下車すべき駅を2回寝過ごし、帰宅後も体調不良のためすぐに床に就き、午後7時頃には39.1度の発熱をしていた。事故当日の朝も38.8度の発熱があったため、Yは解熱剤を服用し、Y車を運転して出勤した。Yは午後3時30分頃に退勤し、Y車を運転し帰宅途中に本件事故を起こしたのであった。

　本件事故の直前、Y車は反対車線で進行方向と逆向きに停車したりのろのろと動いたりする不審な様子であり、Yがハンドルを持たずに座席の背もたれに倒れて目を閉じている状態であったことが通行人により目撃されている。その後、Y車は急発進し、本件建物に衝突して停止したのが本件事故である。事故後の検査等により、Yは本件事故時に敗血性ショックにより意識障害およびけいれんを発症した可能性が最も高いものと判断されたが、敗血性ショックの原因となる感染源は不明であった。

　本件の争点は、事故発生時Yは意識喪失の状態にあり、責任能力を欠く状態ではあったが、前日から体調が悪かったにもかかわらず運転をしたことが民法713条ただし書の過失または709条の過失にあたるのかという点である。道路交通法66条は、「過労、病気、薬物の影響その他の理由により、正常な運転ができないおそれがある状態で車両等を運転してはならない」と定めており、Yが同条に違反した過失があるか、またこうした過失があったとして、これが民法上の過失と評価されるかについても問題となった。

Ⅱ　判決の概要

裁判所は、Yには民法713条ただし書の過失は認められないとし、また同709条の責任についても否定して、Xの請求を棄却した。

1　民法713条ただし書の適用

「民法713条ただし書にいう過失とは、意識喪失を招くことについての予見可能性に基づく結果回避義務違反をいうものと解されるところ、Yの意識喪失を招いた敗血症性ショックの原因は、本件事故後2回目の入院において前立腺炎による菌血症の可能性があると判断されたにとどまり、結局のところ不明であるといわざるを得ないこと、Yには、本件事故から10年以上前に痔ろう手術を受けたほかに特段の既往症は認められず、敗血症性ショックの原因となり得る疾病についての通院歴も認められないこと、Yが本件事故前に意識喪失に陥った経験を有するとも認められないことなどに照らすと、Yにおいて、本件事故前に、敗血症性ショックを発症して意識喪失の状態に陥ることを予見することは困難であったというほかない」。

また、発熱した状態で自動車を運転したことについては、「発熱した状態で自動車を運転することが、Yの体調を更に悪化させ、ひいては敗血症性ショックの発症を誘発し得る行為であると直ちにいうことはできず、Yが意識を失った時点は不明であるものの、退勤時から本件事故発生までは55分程度の間隔であり、Yが体調に影響する程の長時間運転をし続けたとも認め難い」ことなどを理由に、「Yにおいて、発熱して体調が悪いままY車を運転することにより意識喪失に陥る危険があると予見することは困難であるといわざるを得ない」として、意識喪失の状態に陥ることについての予見可能性がないことから、Yに民法713条ただし書にいう過失があるとするXの主張を採用することはできないと判示した。

2　民法709条に基づく責任

民法709条の過失については、「Yが退勤時にY車を運転したことが道路交通法66条に違反するものであったとしても」、「本件事故の直接的な原因は、YがY車を急発進させた過失にあるというべきであり、Yは、本件事故直前にはY車を一旦停止させていたとうかがわれることにも照らすと、道路交通法66条に違反してY車を運転した行為と本件事故発生との間に相当因果関係を認めることはできない」ことを理由に責任を否定した。

　　解　説　　

Ⅰ　問題の所在

不法行為時に加害者が自己の行為の責任を弁識する能力（責任能力）を欠く場合、不法行為責任は成立しない（712条、713条）。もっとも、713条が定める「精神上の障害」

によって責任能力を欠く状態にあった場合については、このような状態が行為者の故意または過失により生じたものであるときは、責任能力を欠くことを理由とする免責は認められない（同条ただし書）。いわゆる「原因において自由な行為 actio libera in causa」の事例である。

　運転者が突然意識を失って事故を起こした場合、重大な結果を招くことが少なくなく、こうした事故はたびたび報道されている。こうした事故について民事上の責任を問う場合、713 条の適用が問題となるが、同条について詳細に論じられることは少なく、裁判例も少ない(注1)。一つの理由は、後述するように責任無能力による免責が自賠法3 条の運行供用者責任においては認められないため、人身事故の場合は 713 条の適用が問題とならないことにある。もっとも、物損についての責任が問われる事案においては同条の適用が検討される。本件は 713 条ただし書の適用に関する一例を示している裁判例として参考になると思われる。また、道路交通法 66 条（過労運転等の禁止）の違反と不法行為責任の関係についても検討に値する判決である。

Ⅱ　精神上の障害による責任無能力

1　責任能力の位置づけ

　不法行為責任の要件である過失概念の変容にともない、責任能力の意味が変化したことが指摘されている(注2)。伝統的な見解は責任能力を過失の論理的前提と位置づけ、過失による責任を問う前提として一定の知能ないし判断能力、すなわち責任能力を要求すると考えていた。しかし、過失を主観的な心理状態ではなく、客観的な注意義務違反と捉える近時の通説的理解の下では、過失の有無は個人の主観的な判断能力が問題となるのではなく、客観的な行為態様によって判断されるため、責任能力とは無関係に過失を認定し得ることになる。そこで、責任能力を過失の論理的前提とするのではなく、弱者保護のための政策的な判断に基づく制度であるとする理解が多数となっている(注3)。

　このように責任能力制度を理解することにより、加害者と被害者それぞれの保護の必要性に応じて、同制度の適用範囲を制限することが肯定される。すなわち、被害者保護の観点から無過失責任が認められる場面においては、責任能力制度の適用が否定されることになる(注4)。自賠法 3 条による運行供用者の責任もその一例であり、裁判例は自賠法 3 条の運行供用者責任について民法 713 条の適用を否定する(注5)。

2　民法 713 条ただし書の適用について

　民法 713 条ただし書における故意・過失の対象は、一時的な精神障害を招いたことについてのものであるとするのが通説である(注6)。その理由としては、自らの責任において責任無能力の状態を招いた者には、その結果生じた損害の発生について、加害行為について故意または過失がない場合であっても、特別な責任を負わせることが無過失の被害者に生じた損害の処理の上から見て公平であると解されることが挙げられる(注7)。

したがって、加害者は加害行為について故意または過失がなくても不法行為責任を負うことになるが、被害者の損害の填補を中心として当事者間の公平の実現を図る民事責任においては過失責任主義を修正した規定も存在することからも、こうした解釈が正当化されている(注8)。

　もっとも、どのような場合に故意または過失によって一時的に責任能力を欠く状態を招いたといえるのか。とくに一時的な精神障害を作出したことについての過失の認定は容易ではない(注9)。

　裁判例において、民法713条ただし書の過失を認めたものとして、以下のものがある。

① 　静岡地判平成5年3月26日判時1504号111頁

　事案は、アルコール依存症患者が医師の管理下での十分な治療を拒み、自己の判断で節酒を試みたためにアルコール離脱症状を招来させた上で殺人を行ったものである。裁判所は、過去に断酒によるアルコール離脱症状を呈したことが複数回あったこと、医師から酒を急にやめたために幻覚が生じた旨の説明を受けていたことなどから、安易に断酒、節酒した場合には幻覚等の症状により判断能力を失うに至る可能性があることを行為者は十分に予見可能であったこととして、責任無能力状態を招いたことに過失があるとした。

② 　神戸地尼崎支判平成10年6月16日判時1660号108頁

　幻覚、幻聴に悩まされていた者が幻聴を聞いたために、火炎瓶を投げ込んで放火事件を起こした事件について、判決は、事件の1か月前頃に旅館で警察を呼ぶ騒ぎを起こすなどしていた加害者自身が医師の診察を受ける必要を認識していたことが認められることから、幻聴が原因で正常な判断能力を失う可能性があることを十分に認識予見できたにもかかわらず、医師の治療を受けず、責任無能力状態を招来して放火行為に及んだことについて過失を認めている。

③ 　浦和地熊谷支判平成12年7月26日判時1744号88頁

　約10年前に精神分裂病と診断され、断続的に治療を受けていた者が心神喪失状態で起こした交通事故（被害者車両の修理費用等の物損事例）について、加害者は精神分裂病の治療を受け、治療継続の必要性を認識し、医師に対して受診、服薬をする旨約束していたにも関わらず、症状が軽快すると医師の意見も聞かないまま治療を中断したため症状を悪化させたことなどの事実から、自己の行為についての判断能力を失う可能性があることについても予見可能であったことを理由に713条ただし書の適用を認めた(注10)。

④ 　大阪地判平成23年1月27日交通民集44巻1号117頁(注11)

　本判決は、てんかん発作により責任能力喪失の状態で生じた交通事故（店舗損壊による物損事例）について、713条ただし書の適用を認めた。その根拠として、加害者は処方されていた抗てんかん発作薬の服用を止め、この事故の前（平成18年）にもてんかん発作による自損事故を引き起こしていたことなどの事実から、てんかん発作が生ずる

可能性を認識し得る状況にあったと判示している。

⑤　東京地判平成 25 年 3 月 7 日判時 2191 号 56 頁

本判決は民法 713 条が自賠法 3 条の責任には適用されないことを示したものであるが、民法 713 条ただし書の過失を認め、同 709 条に基づく物的損害賠償義務についても認めている。加害者は自動車を運転中、無自覚性低血糖に起因する意識障害により責任能力を欠く状態で自転車と正面衝突する事故を起こした。判決は、加害者がインシュリン投与後や運動後には血糖値が下がることを知っていて、実際に警告症状がないまま低血糖状態に陥ったこともあることから、運転などの危険な行動をする際には、低血糖状態に陥ることを回避するように血糖値を管理する義務があるにも関わらず、事故時、夕食前にインシュリンを自己注射し、スポーツクラブで運動をして、低血糖を招きやすい状況であったにもかかわらず、血糖値の測定や糖分補給をせず、血糖値管理を怠って意識障害に陥ったことに 713 条ただし書の過失があるとした。

一方、713 条ただし書の過失を否定した例として、以下の裁判例がある。

⑥　名古屋地判平成 23 年 12 月 8 日交通民集 44 巻 6 号 1527 頁

運転者が追突事故の前に脳梗塞を発症して運転を制御できない状態で起こした交通事故に関する事案である（玉突き衝突による積み荷について賠償請求）。判決によれば、運転者は高血圧症、高脂血症等で要治療とされていた事実は認められるものの、これらの基礎疾患があるからといって直ちに脳梗塞を発症するものではないこと、また脳梗塞の既往歴も過去に意識障害等に陥ったこともないことなどから、運転者が事故前に脳梗塞等の疾患により運転不能の状態にまで陥る蓋然性を予見し得たものとは認められないとした。

以上の裁判例から、713 条ただし書の過失を認定する要素となっているものとして、実際に生じた責任無能力状態の原因となる事実の認識、及び過去に同様の状態になった事実があることを挙げることができる。否定例の⑥判決においては、基礎疾患の事実があるだけでは、脳梗塞等の発症についての予見可能性を認めておらず、医師の診断等により具体的に疾患の発症の危険性を認識していない場合には過失が認められていない。これらの裁判例に照らすと、本件の Y についても敗血性ショックの原因となり得る特段の既往症等がないことや、事故以前に意識喪失に陥った経験もないことからすれば、713 条ただし書の過失が否定されるとした本判決の結論は妥当であると考えられる。

Ⅲ　道路交通法66条違反との関係

道路交通法（以下、「道交法」という。）における自動車等の通行方法についての諸規定は、刑事責任または行政責任の根拠とはなるものの、直ちに民法上の過失の前提たる注意義務の内容となるものではないが、道交法上の行為義務が人の死傷等の結果発生を防止することを目的としている場合、民法上の注意義務違反ともなりうる[注12]。裁判例にお

いても、道交法の規定を根拠に不法行為法上の過失の有無を決するものがみられる[注13]。

　本件で問題となった道交法66条が規定する過労運転は死亡事故につながる確率が高いことから、道路交通法の中でも最も危険な行為の一つであるとされる[注14]。こうした目的を考慮すれば、同条違反の行為が709条の過失を構成するということは十分に考えられる。もっとも、本判決においては、事故の直接的な原因がすでに意識喪失状態となっている中、車を急発進させた過失にあり、Yによる運転が道交法66条に違反するものであったとしても、事故直前に車を一旦停止していることからも、同条違反の行為と事故発生との間に因果関係は認められないことを理由に責任を否定しており、同条違反の有無についての判断はされていない。

　この部分については、仮に体調不良を感じ停止したとしても、本件のように急発進することなどは想定されうるため、行為が継続されているとみて、道交法66条の違反を認定することにより民法709条に基づく不法行為責任を肯定することも十分に考えられよう。もっとも、本件においては過去に病歴がなかったことに照らせば、道交法66条違反を問うことは難しかったと考えられ、結論自体に異論はない[注15]。

Ⅳ　結びに代えて

　「原因において自由な行為」について民法上の議論は多くない。これに対して、刑法においては、行為と責任の同時存在の原則との関係で、原因において自由な行為の理解について対立がみられ、議論の蓄積がある。もっとも、主に議論されているのは故意犯の場合であり、過失犯の場合には、結果を惹起したことについての責任を問い難い場合でも、そうした状態を招いて結果を惹起した点についての過失（引き受け過失）を問うことができるため、原因において自由な行為の理論を適用する必要がないとされている[注16]。

　本判決の事例のような場合も同様に考えるべきであり、「問題となるのは、責任を弁識する能力というより、それを含めた自己の身体のコントロール可能性といったものであるから、713条の問題というより、過失一般の問題として考えていくべきであろう」という指摘がある[注17]。本判決においても、713条ただし書の過失の有無に関する判断と709条のそれとは重なりあっていることからも、こうした指摘が正当であることを裏づけているといえる。ここでの過失の前提たる行為義務を検討する上では、道交法の規定もその根拠となりうるであろう。その意味では、本判決は道交法66条違反と709条の関係について因果関係の不存在によるのではなく、過失の有無を根拠に判断をしてもよかったのではないかと考えられる。

注

1　平井宜雄『債権各論Ⅱ不法行為』（弘文堂、1992）94頁。

2　山口純夫「責任能力」山田卓生編『新・現代損害賠償法講座1』（日本評論社、1997）68頁。

責任能力制度をめぐる学説について、詳しくは樫見由美子「不法行為における責任無能力者制度について」内田貴ほか編『星野英一追悼　日本民法学の新たな時代』（有斐閣、2015）731頁〜743頁。

3　窪田充見『不法行為法〔第2版〕』（有斐閣、2018）177頁。こうした理解は責任能力を責任の阻却事由とすることに親和的である。709条における過失を認定し得る場合であっても、712条ないし713条によってはじめて不法行為責任が否定されることになる。

4　吉村良一『不法行為法〔第5版〕』（有斐閣、2017）82頁。

5　大阪地判平成17年2月14日判時1917号108頁、東京地判平成25年3月7日判時2191号56頁。

6　山口・前掲（注2）77頁。責任弁識能力を欠く状態を招いたことについて過失があれば713条ただし書が適用されるが、その者について不法行為責任が発生するためには加害行為についての過失を必要とする見解もある。平野裕之『民法総合6不法行為法〔第3版〕』（信山社、2013）225頁。

7　加藤一郎編『注釈民法（19）債権（10）不法行為』（有斐閣・1965）249〜250頁〔山本進一〕。

8　後述の静岡地判平成5年3月26日判時1504号111頁がこうした理由を挙げている。

9　行為者にどの時点まで責任弁識能力があったのか、また問題とすべき行為の範囲が不明瞭なことによる。能見善久・加藤新太郎編『論点体系　判例民法9不法行為Ⅱ〔第3版〕』（第一法規、2019）385頁〔澤野和博〕。

10　もっとも、本件は控訴審において責任無能力状態が一時のものとは認められないとして、713条ただし書の適用を否定し、損害賠償責任を否定している。東京高判平成12年12月27日判時1744号84頁。

11　本判決の評釈として、堀切忠和・交通民集44巻索引・解説号296頁。

12　窪田充見編『新注釈民法（15）』（有斐閣、2017）728頁〜729頁〔山口成樹〕。

13　最判昭和45年1月27日民集24巻1号56頁。道路交通法36条による優先通行権が認められる場合には徐行義務が存在しないとして過失を否定した。これに対して、東京高判昭和50年9月5日判時801号32頁は過失を認定している。

14　このことを根拠に1997年の改正により、同法66条の2（過労運転に係る車両の使用者に対する指示）が設けられている。道路交通法研究会編著『注解道路交通法〔第5版〕』（立花書房、2020）395頁。

15　裁判例においても、過去に病識があったものについては同条違反を肯定しているが、病識がない場合は違反は認められていない。道路交通執務研究会編著『18訂版執務資料道路交通法解説』（東京法令、2022）738頁〜740頁。

16　山口厚『刑法〔第3版〕』（有斐閣、2015）136頁。

17　窪田・前掲（注3）187頁。

日本大学法学部教授　加　藤　雅　之

5　自由診療の診療報酬額につき1点の単価が争われた事例

> 横浜地裁　令和2年10月22日判決　平成30年（ワ）第4093号（第1事件）・平成30年（ワ）第4152号（第2事件）
> （以下、「判決Ⅰ」という。）
> 第1事件原告　丁川花子（仮名）（以下、「原告丁川」という。）
> 第2事件原告　A損害保険株式会社（仮名）（以下、「原告A損保」という。）
> 各事件被告　丙野春男（仮名）（以下、「被告丙野」という。）、B株式会社（仮名）（以下、「被告B」という。）（以下、両者を併せて「被告ら」という。）
> 裁判官　川嶋知正
> 交通民集53巻5号1278頁

> 横浜地裁　令和2年11月10日判決　平成30年（ワ）第244号
> （以下、「判決Ⅱ」という。）
> 反訴原告　丁山梅子（仮名）（以下、「反訴原告」という。）
> 反訴被告　乙川冬子（仮名）（以下、「反訴被告乙川」という。）、C法人（仮名）（以下、「反訴被告法人」という。）
> 裁判官　角井俊文　藤原和子　鈴木章太郎
> 交通民集53巻6号1403頁

事件の概要 （以下、診療報酬の1点単価の問題に関する部分を中心に紹介する。）

Ⅰ　判決Ⅰ（第1事件及び第2事件）について

1　事案の概要

　本件は、平成27年10月26日に発生した信号機により交通整理の行われている丁字路交差点における四輪車同士の衝突事故につき、①原告丁川が、被告丙野（運転者。被告Bの被用者）に対しては民法709条に基づき、被告Bに対しては民法715条1項本文に基づき、連帯して、人的損害の賠償を求め（第1事件）、②原告丁川との間で人身傷害補償保険契約を締結していた原告A損保が、原告丁川の人身損害の一部について保険給付を行ったことから、保険法25条1項に基づき原告丁川の被告らに対する各損害賠償請求権を給付の限度で取得したとして、被告らに対し連帯して、その損害の賠償を求めた（第2事件）事案である。

　原告丁川は、事故当日、C病院にて、頚椎捻挫及び右肘挫傷と診断され（翌月に1日通院）、平成27年11月7日からD病院に通院し、これと並行して同年12月16日から通院したE整形外科にて平成28年8月8日に症状固定の診断がされた。C病院は、診療報酬を1点15円として算出し、D病院は、それを20円として算出した。

　原告丁川は、上記のとおり算出された治療関係費を含む損害の合計額が568万円余であるとし、うち268万円余については原告A損保が原告丁川に保険金として支払い、その後、原告A損保は、自賠責保険から120万円を回収した。

　本件訴訟において、被告らは、診療報酬の単価につき、健康保険法の診療報酬体系を基準とするのが相当でない合理的事情はうかがわれないとし、事故と相当因果関係のあ

解　説

る治療関係費の金額は、当該診療報酬体系に従って1点の単価を10円に引き直して計算した限度にとどまるべきであると主張した。

2　裁判所の判断

裁判所は、必要かつ相当な治療の範囲につき、E整形外科の診療の必要性・相当性を否定し、D病院の診療は平成28年2月末日までに限るのが相当とした上で、診療報酬の単価について、被告らの主張する考え方は損害賠償実務において広く定着するに至っているとまではいえず、診療報酬の1点の単価を15円として算出されたC病院の治療関係費全額（3万9180円）及び1点の単価を20円として算出された平成28年2月末日までのD病院分の治療関係費全額（19万1440円）について、事故と相当因果関係を認めることを不当とするような事情は見当たらないと判示した。

II　判決II（反訴事件）について

1　事案の概要

本件は、平成29年1月6日に発生した普通乗用自動車同士の追突事故につき、反訴原告が、反訴被告乙川（運転者。反訴被告法人に勤務）に対しては民法709条に基づき、反訴被告法人に対しては民法715条1項及び自賠法3条に基づき、連帯して、人的損害の賠償を求めた事案である。

反訴原告は、本件事故後、頚椎捻挫及び腰椎捻挫の診断名のもと、i）事故当日から同月13日までDクリニックに通院、ii）同月23日から同年8月4日までE病院に通院、iii）同年7月21日にF病院に通院、iv）同年1月11日から同年4月8日までC整骨院に通院した。また、事故当日及び同月16日、Dクリニックの乙山医師作成の処方箋をG薬局に持参し、薬の処方を受けた。

Dクリニック及びE病院は、診療報酬を1点25円として算出し、G薬局は、診療報酬を1点20円として算出した。

反訴被告法人の加入する保険会社は、平成29年4月8日までの反訴原告の治療費を、各医療機関及びC整骨院へ支払った。

本件訴訟において、反訴被告らは、①反訴原告は事故により受傷しておらず、仮に事故による受傷が認められても、事故と相当因果関係のある通院期間は事故から1週間であること、②C整骨院の施術につき、医師の指示を受けずに通院していること等から、同院の治療費は事故と相当因果関係がないこと、③Dクリニック、E病院及びG薬局の診療報酬につき、いずれも健康保険法の診療報酬である1点10円として算出すべきであり、C整骨院の治療費の単価につき、健康保険法の診療報酬体系による算定方法を基準とすべきであること等を主張した。

2　裁判所の判断

裁判所は、反訴原告が事故により頚椎捻挫及び腰椎捻挫の傷害を負ったと認めたが、

反訴原告が平成 29 年 4 月 28 日に、E病院の医師に対して症状が大分良くなっている旨を訴えたこと等から、同日までを必要かつ相当な治療期間と認めるのが相当であるとした。C整骨院の施術については、一定の必要性・有効性を認めたものの、Dクリニックの医師は整骨院との併用を認めておらず、同整骨院への通院頻度がいささか過剰であること等を考慮し、同整骨院に係る治療費は 5 割の限度で事故との相当因果関係を認めた。

　また、診療報酬の単価について、反訴被告らの主張する考え方は損害賠償実務において広く定着するに至っているとまではいえず、また、治療期間の相当性や整骨院への通院が過剰であることについては、既に上記で考慮済みであること等に鑑みると、本件における各治療費の算出方法によっては、下記で認める各治療費の金額が不当に高額になるというべき事情も見当たらないと判示し、下記の治療関係費を認めた。

　ア　Dクリニックの治療費 6 万 4225 円（反訴原告の請求額と同額）

　　　（外来管理費加算（外来患者に対して一定の検査、処置等を行わず、懇切丁寧な説明が行われる医学管理を行った場合に加算される診療報酬）を含む。）

　イ　C整骨院の施術費 17 万 5325 円（反訴原告の請求額は 35 万 0650 円）

　ウ　E医院の治療費 10 万 1575 円（反訴原告の請求額は 24 万 7905 円）

　エ　G薬局の薬代 1 万 0720 円（反訴原告の請求額と同額）

解　説

I　問題の所在

交通事故診療では、健康保険が利用されずに、自由診療になるケースが多い[注1]。

　健康保険診療では、健康保険法の診療報酬体系に基づき、1 点単価を 10 円として、これに診療報酬点数表の点数を乗じ、診療報酬が算出されている。一方、自由診療の場合には、健康保険法の診療報酬体系には拘束されずに診療料金を設定することが可能である。救急措置を求められ複雑多様な症状を呈する等の交通傷害の特殊性を理由に、医療機関が自由診療を行い、1 点単価を高額に設定するケースが散見されたことから、従来、高額診療に当たるのではないかが問題とされてきた。

　この点、（公財）日弁連交通事故相談センター東京支部発行の『民事交通事故訴訟損害賠償額算定基準』（いわゆる「赤い本」）では、治療費について、「必要かつ相当な実費全額」を加害者に請求できるものとし、「必要性、相当性がないときは、過剰診療、高額診療として、否定されることがある」とされている[注2]。

　本稿で取り上げる判決 I 及び判決 II の各事案は、いずれも、治療費について、医療機関等が 1 点単価を 15 円以上として診療報酬を算出したため、加害者側より、健康保険法の診療報酬体系に従い 1 点単価を 10 円として算定すべきだとして争われており、自

由診療における診療報酬の単価は、いくらであれば相当性が認められるのかが問題と
なった。

Ⅱ　自由診療の適正化をめぐる議論

1　昭和における論争経過 [注3]

自動車損害賠償責任保険審議会は、昭和44年10月の答申で、治療費支払の適正化施
策に関し、当面の暫定措置として、自賠責請求に際し治療費の明細書の添付を励行させ
ること等を提言するとともに、将来の抜本的措置として、自賠責保険独自の診療報酬基
準の確立とこれに対応する審査体制の整備を図る必要がある旨、提言した。

これに対し、日本医師会は、昭和44年10月の「自賠法関係診療に関する意見」にお
いて、審査機関を設定して診療内容をチェックすることは医療の圧迫であり、交通傷害
の特殊性を認め、災害医学の本旨に沿って治療基準を設けるべきではない等と反論し
た。

自動車損害賠償責任保険審議会は、昭和59年12月、医療費支払の適正化について、
自動車保険料率算定会（現在の損害保険料率算出機構）・日本損害保険協会が日本医師
会の協力を得て、責任保険の診療報酬基準案を作成し、医療費請求及び医療費調査の基
準とすること等を答申した。損保協会側と医師会は、昭和60年から昭和63年にかけ
て、自賠責診療報酬基準案の策定交渉をしたが、合意に至らなかった。

2　平成元年1点10円判決 [注4]

東京地判平成元年3月14日（判時1301号21頁、以下「平成元年1点10円判決」と
いう。）は、保険会社が、交通事故の被害者の通院先医療機関に対し、被害者に代わっ
て支払った治療費のうち、相当な治療費を超える金額について不当利得返還請求訴訟を
提起した事案である。

本判決は、自由診療における報酬額の決定に関して、薬剤料は1点10円、その余の
診療報酬について、これに係る課税を考慮し、1点10円50銭として算定するのが相当
とした。本判決は、本件の医師と患者との間における診療報酬額の合意が存在しないた
め、裁判所が診療行為の内容に応じた相当な報酬額を決定すべきところ、健康保険法の
診療報酬体系は、一般の診療報酬を算定する基準としても合理性を有しており、自由診
療の報酬額が保険診療の場合と異にすべき合理的事情が存在するときに、保険診療によ
る報酬額に修正を加えるのは格別、本件では修正を要する事情は認められないとした。
加えて、自由診療にかかる診療報酬は、社会保険診療のような税法上の特別措置の適用
が認められないことを踏まえ、課税上の特別措置の適用が認められない労災診療報酬に
つき、課税を考慮する分として1点あたり50銭を加算する措置が採られていることに
鑑み、本件においても、1点当たり50銭を加算するのが相当としつつ、税制上の特別
措置の有無が問題となる性質のものではないため、加算修正するのは相当ではないとし

た。

　本判決は、本件の争点は、被害者が医療機関に支払うべき報酬額であり、交通事故と相当因果関係を有する被害者の損害額ではなく、その判断は、被害者の損害賠償額の判断とは必ずしも一致しない、と指摘している。

　いずれにしても、この判決の影響は大きく、次項の自賠責診療費算定基準案の策定につながった。

3　三者合意と自賠責診療費算定基準

　日本医師会、日本損害保険協会及び自動車保険料率算定会は、平成元年1点10円判決が出たことにより日本医師会側が譲歩し、平成元年6月27日、自賠責診療報酬基準案について基本的な合意に至った。その三者合意の内容は、日本医師会から都道府県医師会長宛の「自賠責保険の診療費算定基準の設定について」と題する通知（日医発第221号）に示されている[注5]。即ち、自動車保険の診療費については、「現行労災保険診療費算定基準に準拠し、薬剤等『モノ』についてはその単価を12円とし、その他の技術料についてはこれに20％を加算した額を上限とする。」（ただし、この基準を下回る医療機関の診療費水準を引き上げる主旨ではない）というものであった。この基準案は、自賠責診療費算定基準（自賠責基準あるいは新基準）と呼ばれている。また、同基準の導入は、各都道府県医師会単位で判断されてきたが、現在では、全国で導入されている[注6]。しかし、これはあくまでもガイドラインで、個々の医療機関を拘束するものではない。もっとも、自賠責診療費算定基準については独禁法上問題があるとの指摘もある[注7]。

4　その後の下級審裁判例

ア　原則として健康保険診療体系を基準とする裁判例

　東京地判平成23年5月31日（交通民集44巻3号716頁、以下「平成23年1点10円判決」という。）及び東京地判平成25年8月6日（交通民集46巻4号1031頁、以下「平成25年1点10円判決」という。）は、いずれも、自由診療の報酬額についても健康保険診療報酬体系が一応の基準になるとした上で、同報酬体系の単価を修正すべき事情はないとして、1点単価を10円として算定するのが相当とした。平成23年1点10円判決は、平成元年1点10円と同様、保険会社が医療機関に対して既払いの治療費のうち相当額を超える金額につき不当利得返還を請求した事案であるのに対し[注8]、平成25年1点10円判決は、判決Ⅰ及び判決Ⅱと同様、交通事故の被害者が加害者に対し損害賠償を請求した事案である。平成25年1点10円判決は、「交通事故の加害者が被害者に対して不法行為責任に基づいて賠償すべき治療費の額は、当該事故と相当因果関係があると認められる範囲に限られる」のであり、「被害者が病院との間で一定の算定方法により算定された額の治療費を支払う旨の合意をしたとしても、被害者が当該合意に基づいて病院に対して治療費を支払うべき義務を負うのは格別、加害者は、当該合意に

拘束されるものではないから、相当な範囲を超える治療費については賠償責任を負わない」と明確に判示した。

　　イ　労災診療費算定基準・自賠責診療報酬基準が勘案された裁判例

　横浜地判平成31年4月26日（交通民集52巻2号521頁）及び横浜地判令和元年9月30日（交通民集52巻5号1212頁）は、1点20円～25円で算出された治療費につき、治療内容は健康保険に基づく治療の範囲により実施することも可能なものだが、労働者災害保険法に基づく療養補償給付及び自動車損害賠償保障法に基づく治療費については、いずれも1点単価12円で算定されていることから、1点12円として算定した限度で事故との相当因果関係を認めた。もっとも、後者の判決は、被告加入の任意保険会社が一括対応として医療機関に治療費を直接支払っている期間については、原告に治療費の算定方法の相当性を検証する機会がなかったため、同期間中に発生した実際の治療費はやむを得ないものであったとして、1点12円とした場合と1点25円とした場合との差額が2万円余にとどまることも踏まえ、一括対応により支払われた治療費全額について相当性を認め、一括対応が打ち切られて以降の治療費について1点12円で算定された範囲で相当性を認めた[注9]。なお、後者と同旨のものとして、横浜地判令和元年5月16日（交通民集52巻3号571頁）が挙げられる。

　　ウ　健康保険診療体系や労災診療費算定基準等に寄らない裁判例

　大阪地判令和2年11月4日（自保ジャーナル2085号17頁）は、1点20円で算出された治療費につき、自由診療における診療報酬（1点単価）は、各医療機関が任意に設定しうるところ、原告の症状、治療内容等に照らし、1点20円の計算が不相当であるといえるほどの事情はないとした。なお、同判決は、病院が診療報酬額を1点12円で計算することに合意したとする被告側の主張を排斥している。

　また、横浜地判令和2年3月19日（交通民集53巻2号399頁）は、本件の頚椎捻挫等に係る相当な治療期間は6カ月弱（原告主張は1か年間弱）であるとした上で、引き直し計算を要するのは、「高度な医療行為を要するなど自由診療が必要となる事情がない中で、診療報酬単価が特に高額であったり、治療行為が過剰、濃密であったりして、その治療費が不相当に高額になり、公平の観点から見てその全額を加害者に負担させることが相当でないという場合に限るべき」とし、本件について1点20円の単価が特別に高額というわけではないとした。

Ⅲ　本判決に関する若干の考察と今後の課題について

　判決Ⅰ及び判決Ⅱは、前記解説Ⅱ4ウの類型に分類できると思われる。この点、両判決とも、健康保険法の診療報酬体系に従い1点10円として算出すべきであるという被告の主張を、損害賠償実務において広く定着するに至っているとまではいえないとして排斥しており、かつ、労災診療費算定基準や自賠責診療報酬基準に言及していない点が

注目されるが、いずれの事案も、必要かつ相当な治療期間を原告が主張する期間よりも短期間に限定しており、認定された自由診療費自体が必ずしも高額とはいえない事案であり、特に、判決Ⅰは、被害者の過失割合が大きく、損害填補済みで請求棄却となっていることを踏まえると、高額診療問題について何らかの指針を示したとまで捉えることは難しいように思われる。

平成元年・平成23年・平成25年1点10円判決は、自由診療について、健康保険診療と差異を設けることに合理的事情が見いだせない限り健康保険診療の単価を基準にすべきであると判断したが、三者合意に基づき自賠責診療報酬基準（ガイドライン）が全国医師会に導入されたこともあり、その立論に寄りづらい面があるのか、これに追随しない裁判例が近時散見される（前記Ⅱ4イウ参照）。

この問題を抜本的に解決するためには、基準の制度化（法制化）が必要と思われる[注10]。しかし、自賠責診療報酬基準の各医療機関による採用率は都道府県により大きな差異があるといわれており、そもそも制度化する基準の内容について未だ様々な見解があるため、容易に実現するとはいかないようである。その中で、自由診療の報酬単価に関し、公平・適正な損害賠償の実現という観点から、それぞれの事案を検討する必要があり、その模索がしばらく続くものと思われ、その分析にあたっても、今後の裁判例の動向に注視する必要があると思われる。

注

1　損害保険料率算出機構『2021年度（2020年度統計）自動車保険の概況』42頁によると、自賠責保険における社会保険の利用率は、2016年度〜2019年度は11.3〜11.5％の範囲で推移していたが、2020年度は12.6％で微増となった。

2　赤い本（2022年版上巻）1頁

3　江口保夫ほか『交通事故における医療費・施術費問題[第3版]』（保険毎日新聞社、2019）75〜81頁、斎藤正巳「保険制度と医療費」日本交通法学会編『交通事故と医療費問題』（有斐閣、1986）11頁参照

4　平成元年1点10円判決の解説につき、江口保夫・羽成守「自由診療における診療報酬単価を一点一〇円とした判決をめぐる諸問題」（判タ712号51〜64頁）、坂東司朗「弁護士から見た交通事故医療費の問題（高額診療、過剰診療、1点10円判決の評価等）」交通事故賠償研究会編『交通事故診療と損害賠償実務の交錯』（創耕舎、2016）51頁参照

5　江口・前掲（注3）78〜80頁、羽成守・日本臨床整形外科学会『Q＆Aハンドブック交通事故診療　第6版』（創耕舎、2021（第2刷））65〜67頁参照

6　江口・前掲（注3）94頁参照

7　損害賠償算定基準研究会『三訂版　注解　交通損害賠償算定基準（上）』（ぎょうせい、2002）9〜10頁、江口・前掲（注3）94〜96頁参照

8　平成23年1点10円判決の解説につき、丸山一朗「第2章　治療費」藤村和夫・伊藤文夫・高野真人・森冨義朗編『実務　交通事故訴訟大系　第3巻　損害と保険』（ぎょうせい、2017）111〜112頁）、丸山一朗「交通事故診療につきいわゆる一括払を行った任意保険会社が、医療機関に対して不必要で過剰な診療による報酬相当額分および過大な診療報酬単価相当額分の返還を求めた訴えにおいて、一点単価一〇円とするのが相当とされた事例」（交通民集44巻索引・解説号）316頁参照。

9　横浜地判2例の解説につき、垣内恵子「被害者から加害者に対する損害賠償請求において、被害者の治療費に係る診療報酬の1点単価が問題となった事例」（交通民集52巻索引・解説号）52頁参照。

10　今後検討すべき事項・制度化の内容等につき、八島宏平「自賠責保険の歴史およびその運用経過と医療費の現状と課題」（交通事故賠償研究会編・前掲（注4））1頁参照。

弁護士　**國　貞　美　和**

6　自賠責保険の被害者請求をしていないことをもって弁護士費用を減額することは相当でないとした事例

名古屋地裁　令和2年11月20日判決　令和元年（ワ）第4034号
原告　甲川夏子（仮名　X_1）ほか3名　被告　丁野太郎（仮名　Y）
裁判官　安田大二郎　前田亮利　谷良美
交通民集53巻6号1473頁

※※※※※※※※※※※※　事件の概要　※※※※※※※※※※※※

Ⅰ　事実関係

　信号機による交通整理の行われている交差点において、南から東へ右折進行しようとした被告運転の普通乗用自動車が、交差点の東側出口に設けられた自転車横断帯上を北から南に横断していた原告X_1運転の自転車に衝突した事故であり、双方の信号はいずれも青色であった。

　この事故により、X_1は脳挫傷等の傷害を負い、合計217日にわたって入院治療を受けたが、両側性片麻痺（四肢麻痺）や高次脳機能障害等の自動車損害賠償保障法（以下「自賠法」という。）施行令別表第1第1級1号（神経系統の機能又は精神に著しい障害を残し、常に介護を要するもの）に該当する後遺障害が残った。

Ⅱ　当事者の主張（弁護士費用に関する部分に限る）

1　原告らの主張

　X_1〜X_4はいずれも、弁護士費用を除く請求額の約1割を弁護士費用として請求。

2　被告の主張

　原告X_1が本件訴訟提起前に手続の容易な自賠責保険金の被害者請求をしていないことや、本件は、事実関係についてほとんど争いがなく、それに対する法的評価につき争いのある事案にすぎないから、本件事故と相当因果関係にある弁護士費用は、認容額の5パーセントを超えることはない。

Ⅲ　判決の概要（前同）

　「被告は、原告X_1が本件訴訟提起前に自賠責保険金の被害者請求をしていないことなどを指摘して、本件事故と相当因果関係のある弁護士費用は認容額の5パーセントを超えるものではない旨主張するが、訴訟提起前に同請求をするか否かは原告X_1の選択に委ねられているものであるし、実務的に、任意対人賠償責任保険の保険者が自賠責保険から支払われる部分も併せて被害者に損害賠償額を支払うという一括払いの取扱いがされることもあることに照らせば、同手続をしていないことをもって本件訴訟追行に係

る弁護士費用を減額することは相当でない」として、本件事案の内容、認容額等に照らして認容額の約1割を弁護士費用として認めた。

また、原告 X_2 〜 X_4 の弁護士費用についても同様に認容額の1割を認めた。

◆◆◆◆◆◆◆◆◆◆◆◆◆◆◆◆◆◆　解　説　◆◆◆◆◆◆◆◆◆◆◆◆◆◆◆◆◆◆

Ⅰ　問題の所在

1　不法行為の被害者が、損害賠償の支払いを求める訴訟を提起する際に、訴訟追行のために弁護士に委任した場合は、その弁護士費用も、訴訟費用に含まれないことを前提に、不法行為と相当因果関係にある損害として損害賠償の対象とされることについては、下記最高裁判例以降、今日では定着した扱いとなっている。

＜最判昭和44年2月27日民集23巻2号441頁＞

「相手方の故意又は過失によって自己の権利を侵害された者が損害賠償義務者たる相手方から容易にその履行を受け得ないため、自己の権利擁護上、訴を提起することを余儀なくされた場合においては、(中略)、訴訟追行を弁護士に委任した場合には、その弁護士費用は、事案の難易、請求額、認容された額その他諸般の事情を斟酌して相当と認められる範囲のものに限り、右不法行為と相当因果関係に立つ損害というべきである。」

2　そして、最判昭和45年2月26日民集98号255頁は、この理は交通事故訴訟においても妥当することを明らかにしている。

また、上記二つの最高裁判例を引用する同旨の裁判例としては最判昭和45年4月21日民集99号89頁がある。

3　その弁護士費用の具体的な金額については、多くの裁判例において概ね認容額の1割前後とされ、その扱いが定着しているといえる状況である（日弁連交通事故相談センター東京支部「民事交通事故訴訟損害賠償額算定基準上巻」（基準編）など）。

認容額の1割ということになると、被害者が訴訟提起前に自賠責保険金の被害者請求をしていれば、最大で3000〜4000万円が支払われ、これにより認容額も必然的に低額となるのに伴って弁護士費用も低額となるのに対し、被害者請求をしないで訴訟提起した場合には高額となるため、バランスを失するのではないかとの問題意識から、加害者側より、被害者請求をしていない場合には、認容額から被害者請求で得られるはずであった自賠責保険金相当額を控除して計算するなど、認容額の1割よりも減額すべきであるとの主張がなされるようになった。

Ⅱ　裁判例の状況

かかる論点については、第49巻索引・解説号の解説1でも取り上げられているが、議論の状況としては当時と大きく変わるところはないので、これまでに集積されている

下級審判例の状況を紹介して、若干の検討を加えることとする。

1　減額を認める判例

①　大阪地判平成8年5月31日交通民集29巻3号848頁は、被害者（女、74歳、主婦）の死亡事故について、自賠責保険金の慰謝料分については被害者請求すれば確実に支給されたと考えられることを考慮して弁護士費用を認容額の半額強に減額した。

被告側が、被害者請求をしていないことを慰謝料及び弁護士費用の減額要素として考慮すべきであると主張したのに対し、慰謝料の減額要因とはならないが、弁護士費用の認定には考慮すべきとした（同一裁判官の同旨裁判例として大阪地判平成10年1月21日交通民集31巻1号33頁など）。

②　大阪地判平成14年4月23日交通民集35巻2号571頁は、1歳女児の死亡事故において「ここでは、本件事故に通常必然的に伴う損害の範囲はどこまでと考えるのが相当かということが問題とされているところ、自賠法は、その規定する強制保険制度によって早期かつ容易に被害者が損害填補を得られることを予定しているのであって、現に通常ほとんどの原告は被害者請求により損害填補を得た上で訴え提起をしているのであるから、これらの事情を相当因果関係の範囲を決定する上で考慮することができるのは当然である。」として判示している（同一裁判官の裁判例として大阪地判平成14年5月14日交通民集35巻3号677頁）。

原告が、被害者請求をするかどうかは被害者の任意の意思によるべきものと主張したのに対し、実際の扱いとしてほとんどの被害者が被害者請求をした上で訴え提起をしているとして減額を認めた。

③　大阪地判平成20年7月4日交通民集41巻4号890頁は、「原告らが自賠責保険の被害者請求や人傷保険金請求をすることを強制されるものでないことはもちろんである。しかし、客観的にみて自賠責保険の被害者請求等により容易に一定額の損害のてん補を受けることができるのに、原告らがこれを行わずに訴訟提起に至ったような場合にも、これを前提とする請求額による訴訟提起・追行のため原告らが要した弁護士費用の全額を不法行為と相当因果関係ある損害として被告らに負担させることは当事者間の公平に適うものとはいえない」として、一部の減額を認めている。

被害者請求のみならず、人身傷害保険についても言及している点が特徴的であるが、人傷保険会社によって、原告らに人傷保険金請求を促す交渉が継続されていた経緯などが考慮された結果と考えられる。

④　横浜地判平成25年2月14日交通民集46巻1号240頁は、自賠責保険の被害者請求をするかどうかは「原告らの自由であり、また死亡保険金額3000万円の満額が支払われるとは限らないから、被告の主張するように上記3000万円を控除して弁護士費用を算定するのは相当でないが、もっとも、最高裁昭和44年2月27日判決（民集23巻2号441頁）も判示しているとおり、相当因果関係が認められる弁護士費用の額は、

事案の難易、請求額、認容額その他諸般の事情を考慮して定められるべきであって、原告らの主張するように当然に認容額の約1割とすべきものでもない」として、遺族固有の慰謝料の合計額750万円については、極めて容易に支払われたはずであるといえるとして、弁護士費用としては、認容額から750万円を控除した金額の1割とした。

遺族固有の慰謝料に限定して認容額からの控除を認めている点に特徴があるが、基本的には昭和44年最高裁判例の枠組みに従って判断した結果減額するというものである。

⑤　大阪地判平成29年6月27日交通民集50巻3号796頁は、本件では、自賠法16条の被害者請求を行うことができる事案であるのに、これを行っていないものと認められ、このことは、少なくとも損害に関する弁護士費用については相当程度考慮すべきであるとした上で、その他事案の内容と代理人の活動を併せ考慮して、認容額の1割からさらに半額程度に減額した。

⑥　その他にも減額を認めた裁判例としては、大阪地判平成21年3月24日交通民集42巻2号397頁、神戸地判平成23年9月7日交通民集44巻5号1137頁などがある。

2　影響しないとした判例

①　山口地判平成7年8月31日交通民集28巻4号1247頁は、死亡事案において、「被害者請求は煩雑な手続を要するし、被告も認めているように原告らに被害者請求をする義務はない上、被害者請求と被保険者の保険金請求（自賠法15条）では、後者が基本となること」などを考慮して認容額全額に関して相当因果関係が認められるとして、自賠責保険金の範囲についての弁護士費用は本件事故との因果関係は認められないとの被告の主張を退けた。

被害者請求と加害者請求（後述の一括払を含むと解される）では、後者の対応が基本であることに言及している点などが本件判決と共通する。

②　大阪地判平成17年10月12日交通民集38巻5号1406頁は「本件事故後の経過や自賠責の被害者請求として得られる見通しの額などを勘案すれば、原告が被害者請求を行わなかったのもあながち責められず、被害拡大の程度もそれほど多額でもないから、弁護士費用に勘案することはしない」と判示している。

原告によれば、自賠責保険も含めてすべて手続は被告の契約する任意保険会社側で行う旨申し出があり、交渉が決裂して提訴の決断をした段階では自賠責保険の時効が経過していたという事案であるが、減額を認めなかった。

③　大阪地判平成20年3月13日交通民集41巻2号310頁は「被害者側において、自賠責による被害者請求の手続を経た上で加害者に対する訴訟提起に及ぶべき法的義務がある訳でもなく、裁判所の合理的な裁量判断に委ねられるべき弁護士費用の算定に際し、特段の斟酌に値すべき事情とも解されない」として、被害者請求をする法的義務はないことまで明示的に言及して減額を否定した。

④　福井地判平成25年4月12日交通民集46巻6号1683頁は「原告らは被告側の保

険会社に対して本件訴訟を提起する前にいわゆる自賠責保険の被害者請求を行いたい旨伝えたが、同保険会社は上記請求に必要な手続を行わず、原告らは、本件訴訟における原告ら訴訟代理人からの数次にわたる要請の後に、ようやく上記保険金の現実の支払を受けるに至ったとの事実が認められる。かかる事実に照らせば、本件においては、上記自賠責保険からの支払分に係る弁護士費用は、本件事故と相当因果関係のある損害であると優に認められる」として、被害者請求がなされなかった経緯をも考慮して減額を否定した。

⑤　横浜地判平成 27 年 9 月 30 日交通民集 48 巻 5 号 1223 頁は「被害者請求をするかどうかは、原告らの自由な裁量に任されているものであり、原告らが自ら被害者請求をすることが実体的にも手続的にも必ずしも容易であるとは認め難いことを考慮すると、被告らの上記主張は失当である」として、被害者請求が被害者の自由裁量に任されていることや実体的手続的に容易ではないことを理由に減額を認めなかった。

⑥　前記第 49 巻索引・解説号の解説 1 で対象となった二つの裁判例以降で、減額を認めない裁判例としては、京都地判平成 28 年 11 月 29 日交通民集 49 巻 6 号 1400 頁、東京地判平成 30 年 7 月 4 日交通民集 51 巻 4 号 785 頁、千葉地判館山支判令和元年 12 月 24 日自保ジャーナル 2090 号 99 頁、横浜地判令和 2 年 12 月 10 日自保ジャーナル 2088 号 87 頁、横浜地判令和 3 年 3 月 15 日交通民集 54 巻 2 号 373 頁などがある。

3　検討

①　いずれの裁判例も、昭和 44 年最高裁判決の「事案の難易、請求額、認容された額その他諸般の事情を斟酌して相当と認められる範囲のもの」といえるかとの判断基準に拠った上で、その一要素として被害者が自賠責保険金の被害者請求をしていない点をどう捉えるかというところで結論が分かれている。

上記で挙げた以外にも、被害者請求をしていない点が争点になったものの、判断においては上記最高裁判決の「その他諸般の事情」として考慮して減額を認めないと判断した事案も多数あり、特に近時は減額を認めない裁判例が大半を占めた。

本件判決も、このような減額を認めない近時の下級審判例の流れを基本的に踏襲したものと考えられる。

②　これら多くの裁判例が、減額を認めない理由として、自賠責保険金の被害者請求をするか否かは被害者の選択に委ねられており義務ではないことを挙げるが、本件判決は、それに加えて「実務的に、任意対人賠償責任保険の保険者が自賠責保険から支払われる部分も併せて被害者に損害賠償額を支払うという一括払いの取扱いがされることもあること」をも考慮に入れている。

③　一括払いの取扱い（一括払制度）とは、加害車両に、自賠責保険と対人賠償保険が付されている場合に、対人賠償保険会社が、自賠責保険金も含めて立て替えて支払い、後日、自賠責保険会社に対して自賠責保険金相当額を求償する制度であるが、本件

事案のように被害者側の過失が大きくなく、傷害事案で治療費が高額になると予想されるような案件については、少なくとも症状固定までは任意保険会社による一括払いの対応がなされるのが一般的であると考えられる。

　症状固定後は、被害者請求により後遺障害等級認定申請をするケースが多くなると思われるが、後遺障害として残存する症状に争いがないような場合には、事前認定という形で任意保険会社を通じて申請を行うことも多くあり、どちらが本則と定まっている訳ではない。事前認定の方法による場合の方が、後遺障害診断書作成以外の手続を任意対人賠償保険会社が行うことから手続が容易であって申請し易いのに対し、被害者請求の方法による場合には、自賠責保険から直接被害者に保険金が支払われるので早期にまとまった額の被害回復が図れるというメリットがあり、その選択は被害者の任意の意思に委ねられているといえる。

　一般的に、一括払制度は損害保険会社のサービスであると解されているが、交渉段階では対人賠償保険会社も進んでサービスとして提供し、被害者側もこれを享受していたにもかかわらず、訴訟提起をする段階になったら、かかるサービスを受けていただけでは不十分で、被害者請求を行っていなければ不利益に扱われるというのは、多くの裁判例が指摘するように自賠責への被害者請求を義務とするのに等しい結果となるのではないだろうか。

　もちろん、「その他諸般の事情」が考慮される中で、通常よりも弁護士費用が減額されることは当然にあり得るが（そもそも実損害としての弁護士費用ではなく、弁護士費用相当額である）、自賠責への被害者請求をしていないことをもって弁護士費用を減額するのは、本件判決も指摘するように、そもそも被害者の選択にかかるべきものであることや、上記のような実際上の取扱いなどからしても相当ではなく、近時の下級審判例の傾向は基本的に合理性を有するものと考えられる。

[参考文献]

　文中に指摘のもののほか、
・藤村和夫著「判例総合解説　交通事故Ⅱ損害論（第2版）」（信山社、2017）
・損害賠償算定基準研究会編「三訂版　注解　交通損害賠償算定基準（上）」（ぎょうせい、2002）
・水津正臣ほか編著「実務家のための交通事故の責任と損害賠償」（三協法規出版、2011）
・塩崎勤ほか編「第2版　交通事故訴訟」（民事法研究会、2020）

弁護士　尾　関　信　也

7　交通事故の被害者が事故により休業を余儀なくされ、生活保護を受けた場合でも、休業損害を認めた事例

> 大阪地裁　令和2年11月25日判決　平成29年（ワ）第5637号　損害賠償請求事件（甲事件）、平成30年（ワ）第10052号　損害賠償請求事件（乙事件）
> 甲事件原告　乙野花子（仮名）〔X〕
> 甲事件被告兼乙事件原告　Aタクシー株式会社（仮名）〔被告会社〕
> 甲事件被告　丙山太郎（仮名）〔Y₂〕
> 甲事件被告兼乙事件被告　丁川冬男（仮名）〔Y₁〕
> 裁判官　石丸将利　溝口優　須藤奈未
> 交通民集53巻6号1505頁

事件の概要

Ⅰ　事故態様

　東西道路と南北道路が交差する信号機による交通整理が行われていない十字路交差点（以下「本件交差点」という。）の中央付近において、東西道路を西側から走行していた Y_1 運転の普通乗用自動車（以下「Y_1 車」という。）の左側面部に、南北道路を北側から時速約28kmで走行していた Y_2 運転のタクシー（以下「Y_2 車」という。）の前部が衝突した。この衝突による衝撃で Y_1 車は、右斜め前方（南東方向）に跳ね飛ばされ、本件交差点の南東角の電柱に衝突した。X（女性、症状固定時59歳、株式会社Dのアルバイト社員としてパチンコ店の清掃作業に従事）は、その付近に佇立していた。

　Xは、この事故により負傷したとして、Y_2 に対しては民法709条に基づき、Y_2 の使用者であり Y_2 車所有者である被告会社に対しては民法715条又は自賠法3条に基づき、Y_1 車の所有者であり運転者であった Y_1 に対しては民法709条又は自賠法3条に基づき、3378万3632円のうち1747万9095円及びこれに対する平成27年6月26日から支払済みまで年5％の割合による遅延損害金の支払いを求めた事案である。なお、本件では、Y_2 車の所有者である被告会社の Y_1 に対する物的損害の請求（乙事件）も併合されているが、本稿では取り上げない。

Ⅱ　治療経過

　Xは、右脛骨高原骨折、右腓骨頭骨折と診断され、平成27年6月26日から9月1日までA病院に67日間入院し、その間の7月2日に観血的関節内骨折手術を受けた。9月1日にB病院に転院して10月24日まで54日間入院してリハビリを行った。A病院に平成27年10月30日から平成28年7月5日まで（通院実日数7日）、B病院に平成27年11月6日から12月9日まで（通院実日数5日）、それぞれ通院した。平成29年

10月1日から4日まで4日間入院して、その間の2日に抜釘術が施行され、平成29年10月17日に通院した（通院実日数1日）。症状固定日は平成28年7月5日とされた。

そのほか、Xは、不安うつ病、心的外傷後ストレス障害、不眠症の傷病名で、Cクリニックに平成28年2月8日から平成30年11月16日まで（通院実日数78日）通院した。症状固定日は、平成30年11月16日とされた。

Xは、自賠責保険の後遺障害等級認定により、右脛骨高原骨折後の右膝関節機能障害について、健側の可動域角度の4分の3以下に制限されていることから12級7号に、不安緊張、抑うつ症状、不眠、悪夢、フラッシュバック、事故を見聴することへの回避、音や光に対する知覚過敏、日中ボーとしてしまう認知機能低下等の症状について、2度の異議申立の結果12級13号に該当するものとされ、併合11級と判断された。

Ⅲ　生活保護の受給

Xは、事故前の平成27年1月から医療扶助と住宅扶助を受けていた。B病院に入院中である平成27年9月30日に株式会社Dを退職し、B病院を退院した後の11月から生活保護を受給するようになった。

Ⅳ　本件の争点

本件の争点は、①本件事故の発生につき、Y₂及びY₁にそれぞれ過失があったかどうか、②Xの右脛骨高原骨折及び右腓骨頭骨折について、本件事故との間に相当因果関係があり、同骨折等の結果として右膝関節可動域制限の後遺障害が残存したか、③Xに本件事故による後遺障害として、心的外傷後ストレス障害（PTSD）その他の精神症状が残存したか、④Xに生じた損害及び損害額である。

Ⅴ　判決の概要

1　争点①については、Y₂及びY₁のいずれも、見通しの悪い交差点に進入しようとするときは、徐行した上で進路の安全を確認すべきところ（道交法42条1号）、徐行せずに本件交差点に進入した点で、Y₂及びY₁には、その義務を怠り、進路前方等を注視して十分な安全確認をしなかった過失があるとして、本件事故の過失割合をY₂が35％、Y₁が65％と判断した。

2　争点②の本件事故とXの右脛骨高原骨折等との相当因果関係については、非接触事故ではあるが、Y₁車を回避しようとした際に足を踏み外して右足が側溝にはまって転倒したことから、相当因果関係を認めた。

しかし、可動域については、治療経過において回復し、自動で100度が確保されるまでに回復した後に、大きく悪化して認定を得たが、それは既往症の両変形性膝関節症の影響であるとの疑いを払拭できないとして、改善が得られていた状態を前提にすれば可

動域制限は認められないと判断した。

3　争点③の PTSD その他の精神症状残存の有無については、自分又は他人が死ぬ又は重症を負うような外傷的な出来事を体験したとはいえず、X のいうフラッシュバックは、外傷的出来事の記憶が反復的、不随意的、侵襲的に繰り返され、その症状が将来においても回復しないものとして残存しているとまで認めることはできないなどとして、PTSD の残存を否定した。もっとも、不安緊張や抑うつ症状、不眠等の症状を継続的に訴えていることについては、日常生活に時々支障を生じさせる程度のものとして、後遺障害等級 14 級に相当すると判断した。

4　争点④のうち、休業損害について、X の基礎収入を実収入から平均日額を 3245 円と算定し、入院期間の 125 日分、及び通院期間の 1115 日の休業割合は 35％であるとして合計 167 万 1986 円を認めた。Y₁ らの生活保護受給を理由とする休業損害不発生の主張は退けた。

後遺障害逸失利益は、日額 3245 円× 365 日を基礎とし、非器質性精神障害であることから 10 年に渡って 5 パーセントの労働能力を喪失したとして 45 万 7288 円を認めた。

解　説

Ⅰ　はじめに

本件の争点は、判決の概要で示したように多岐にわたる。大きなウエイトを占めているのは、X の PTSD 罹患の有無、非器質性精神障害の有無とその逸失利益評価であるが、PTSD 罹患の有無については、これまでの裁判例の傾向に沿った消極の判断であり、非器質性精神障害による逸失利益については 10 年に限定して認める近時の裁判例の動向に沿うものであった。

そこで以下では、損害論のうちの休業損害に関する生活保護受給による損益相殺の可否について解説を加える。

Ⅱ　休業損害と生活保護の関係に関する判示

X は、本件事故前、株式会社 D のアルバイト社員として、パチンコ店の清掃作業に従事する一方、平成 27 年 1 月から医療扶助と住宅扶助を受けていたと認定されている。この医療扶助と住宅扶助は、生活保護の 8 種類のうちの 2 つ（生活保護法 11 条 1 項 4 号、3 号。これらは制限列挙と解されている[注1]。）を指していると考えられる。

そして、本件事故のために B 病院に入院中であった平成 27 年 9 月 30 日に株式会社 D を退職し、B 病院を退院した後の 11 月から生活保護を受給するようになった、と認定されている。具体的に何の保護が開始されたのか明確な認定はされていないが、判示中に「生活保護（生活扶助）費」とあることから、生活扶助（生活保護法 11 条 1 項 1

号）の受給を開始したものと思われる。

　Xの休業損害の請求に対して、Yらは、Xの株式会社Dの退職は自主退職であるから休業損害は発生しない、生活保護を受給しているため休業損害は発生しないと主張した。

　前者について判決は、Xの「退職は、本件事故によりパチンコ店の清掃等の業務に従事できなくなったためであると推認され、本件事故と原告の退職との間には相当因果関係があるということができる上、退職したということをもって、退職した日の翌日以降は休業損害が発生しないということになるわけではないから、上記の主張を採用することはできない。」と判示して退けた。

　後者については、生活扶助は、困窮のため最低限度の生活を維持することのできない者に対して、衣食その他日常生活の需要を満たすために必要なもの（生活保護法 12 条 1 号）の範囲で、金銭給付によって行われる（生活保護法 31 条 1 項）。このように生活扶助は、日常生活費を賄うものであることから、給与によって賄われる範囲と同質性があり、相互補完性を有する[注2]ようにも見えるために、休業損害との間で損益相殺ないし損益相殺的調整がされるかが問題となり得る。

　これについて、判決は「生活保護（生活扶助）費は、困窮のため最低限度の生活を維持することのできない者に給付されるものであって休業補償の性質を有するものではない上、交通事故の被害者が交通事故により休業を余儀なくされ、生活保護を受けるに至った場合、そのことにより交通事故の加害者が賠償を免れるべき理由はないことからすれば、原告が生活保護を受給したからといって、原告に休業損害が生じないということはできない（かえって、急迫の場合等において資力があるにもかかわらず保護を受けた交通事故の被害者が、損害の賠償を受けることができるに至った場合には、その資力を現実に活用することができる状態になったものとして、生活保護法 63 条の規定に基づき、保護の実施機関の定める額を返還しなければならない（最高裁昭和 46 年 6 月 29 日第三小法廷判決・民集 25 巻 4 号 650 頁参照）。）。」と判示した。

Ⅲ　検討

　判決が言及する最三小判昭和 46 年 6 月 29 日（民集 25 巻 4 号 650 頁）は、医療扶助に関して、次のとおり判示している。

　「上告人に対しては、東京都江東区福祉事務所長から昭和 40 年 11 月 20 日付をもって、上告人に対する本件医療扶助は生活保護法 4 条 3 項により開始されたものである旨および賠償の責任程度等について争いがやみ、賠償を受けることができるに至った場合には、同法 63 条により医療扶助の費用の返還義務があるので、賠償が支払われたときはその額を申告されたい旨の指示があったというのである。したがって、上告人に対する本件医療扶助が同法 4 条 3 項により開始されたものである事実をうかがいうるのみな

らず、同法63条は、同法4条1項にいう要保護者に利用しうる資産等の資力があるに
かかわらず、保護の必要が急迫しているため、その資力を現実に活用することができな
い等の理由で同条3項により保護を受けた保護受給者がその資力を現実に活用すること
ができる状態になった場合の費用返還義務を定めたものであるから、交通事故による被
害者は、加害者に対して損害賠償請求権を有するとしても、加害者との間において損害
賠償の責任や範囲等について争いがあり、賠償を直ちに受けることができない場合に
は、他に現実に利用しうる資力かないかぎり、傷病の治療等の保護の必要があるとき
は、同法4条3項により、利用し得る資産はあるが急迫した事由がある場合に該当する
として、例外的に保護を受けることができるのであり、必ずしも本来的な保護受給資格
を有するものではない。それゆえ、このような保護受給者は、のちに損害賠償の責任範
囲等について争いがやみ賠償を受けることができるに至ったときは、その資力を現実に
活用することができる状態になったのであるから、同法63条により費用返還義務が課
せられるべきものと解するを相当とする。」

　この判示部分が判例集上の判示事項とされなかったことから、この後もこの立場と異
なる裁判例が出されたことはあるが、裁判例では医療扶助を損害から控除しない扱いが
定着し、厚生労働省も、「生活保護問答集について」と題する事務連絡（以下、「生活保
護問答集について」という。）において、交通事故被害者に対して生活保護法4条3項
による保護を開始したときは、同法63条に基づく費用返還の対象となるとの見解を示
し(注3)、実務もこの見解により運用されていると指摘されている(注4)。

　上記最高裁判決や「生活保護問答集について」の見解は、医療扶助に関するものであ
るところ、本件では生活扶助を受けたものであることから、Yらの主張は、この点に相
違を見出そうとしたのかも知れない。もっとも、損害論に関する主張は別紙に整理さ
れ、公刊物ではそれが省略されていることから、Yらが具体的にどのような主張をして
いたのかは不明である(注5)。

　なお、前記最高裁判決の事例は、被害者側が生活保護法63条に基づく医療扶助給付
額の返還義務があるのでその債務が発生していることが損害だと主張したのに対し、原
審は、同条の対象にならないとして損害発生を否定したところ、最高裁が同条に基づく
返還義務の対象となるとして損害の発生を認めたものであって、医療扶助の給付を受け
たことが損益相殺的な調整の対象となる、あるいは、損害が填補されることになると説
示したものではない。従って、ここであらためて、生活保護給付が損益相殺の対象とな
るのかについて検討をしておく必要があるだろう。

　生活保護は、健康で文化的な生活水準を維持することができる最低限度の生活を可能
にする制度であり、要保護者の需要を基礎として、そのうち、その者の金銭又は物品で
満たすことのできない不足分を補う程度において行うものとされる（生活保護法8条1
項）。給付のうち、生活扶助はその中心的な給付であり、保護基準は要保護者の年齢別、

性別、世帯構成別、所在地域別にその内容が定められている。すなわち、保護対象者の生活における全般的な困窮状態に対応する金銭や経済的な利益の給付である。これに対して休業損害は、就労による対価を得ていた被害者が、受傷やその治療のために休業し、収入を得られなくなった場合の得べかりし収入相当額の金銭的利益の喪失を損害と捉えて賠償の対象をとするものである。生活扶助給付も稼働による収入も、ともに生活のための費用となる点は共通しているが、だからといって、填補対象となる損害（経済的不利益状態）が同性質であるとは言いがたいであろう。従って、この観点から見ても損益相殺的な調整の対象となるかについては、消極的に解さざるを得ない。また、この生活扶助についても、「生活保護問答集について」が「医療扶助に要した費用のほか同時に適用された生活扶助に要した費用も返還の対象となる。」[注6]としているように、生活扶助が同法 63 条の費用返還義務の対象とならないとする合理的な根拠もないであろう。そうだとすると、交通事故等の被害者が生活扶助を受けた状態は、いわば借金をして生活費を工面した状態に等しいわけであるから、損害が填補されたとは言いようがないわけである。よって、上記のような点を踏まえていると考えられる本判決の結論は妥当といえる[注7]。

　なお、医療扶助及び介護扶助に関しては、生活保護法の一部を改正する法律（平成 25 年法律第 104 号）の施行（平成 26 年 7 月）後は、生活保護法 76 条の 2 が医療扶助及び介護扶助については、保護の実施機関が被害者の損害賠償請求権を代位取得することから、治療費損害等から控除することになるといわれており[注8]、その場合、生活保護法 63 条による費用返還義務による処理ではなく、同法 76 条の 2 による処理となることには注意が必要である。本件でも X が治療費損害を請求していないのは、このためかと思われる。

注

1　菊池馨実『社会保障法〔第 3 版〕』（有斐閣、2022 年 6 月）333 頁。

2　最二小判昭和 62 年 7 月 10 日（民集 41 巻 5 号 1202 頁）、最一小判平成 22 年 9 月 13 日（民集 64 巻 6 号 1626 頁）、最二小判平成 22 年 10 月 15 日（集民 235 号 65 頁、裁判所時報 1517 号 284 頁）、最大判平成 27 年 3 月 4 日（民集 69 巻 2 号 178 頁）、参照。

3　平成 21 年 3 月 31 日厚生労働省社会・援護局保護課長事務連絡「生活保護問答集について」、問 10 - 1。なお、令和 3 年 3 月 30 日に一部改正が行われているが、問 10 - 1 に改正部分はない。

4　大阪弁護士会貧困・生活再建問題対策本部編『Q & A　生活保護利用者をめぐる法律相談』281 頁（新日本法規、2014）。

5　Y らは、本判決が整理したように、自主退職であることと生活保護受給を休業損害が発生しない別個の根拠としていたのではなく、自主退職して生活保護を受けていた状態は無職者と同

様であるとして、休業損害は発生しないと主張していたのかも知れない。このように捉えられるとすれば、休業損害を否定した裁判例は存在するが（京都地判平成 4 年 4 月 24 日自保ジャーナル 982 号）、本件では、本件事故及びそれによる治療以外に退職と関連する事実の主張がないことから、その因果関係を否定することは困難であろう。

6　前掲（注 3 ）・問 10 − 1 。

7　事故による影響によって就労継続が困難となり、生活保護を受けるに至ったと認められる場合に、休業損害を認めた裁判例として、東京地判平成 26 年 11 月 26 日（自保ジャーナル 1938 号 79 頁）、東京高判平成 26 年 11 月 5 日（自保ジャーナル 1937 号 24 頁）、名古屋地判平成 26 年 7 月 16 日（自保ジャーナル 1933 号 111 頁）などがある。

8　（公財）日弁連交通事故相談センター編『交通事故損害額算定基準 − 実務運用と解説 − 』198 頁〔28 訂版〕（2022）。

弁護士　髙　木　宏　行

8　既存障害がある場合の後遺障害逸失利益と後遺障害慰謝料

名古屋地裁　令和 2 年 12 月 14 日判決　平成 30 年（ワ）第 3292 号
原告　乙川花子（仮名）
被告　甲野夏男（仮名）　ほか 1 名
裁判官　中町翔
交通民集 53 巻 6 号 1575 頁

 **事件の概要**

I　事実関係

　X（事故時 22 歳・女・症状固定時 24 歳・無職、統合失調症のため医療保護入院中）は、加療継続中の統合失調症について 9 級 10 号の非器質性精神障害に該当すると判断されていたところ、Y_1 の運転する Y_2 所有の自動車との接触事故[注1]により、5 級 2 号に該当する高次脳機能障害及び脊柱の変形障害、体幹骨（鎖骨及び骨盤骨）の変形障害（併合 11 級）を負い、併合 4 級とされた。

II　判決の概要

　裁判所は、X が統合失調症による幻聴、幻覚の症状により自殺目的で加害車両の直前に飛び込んだとの Y らの主張に対し「医療保護入院するまでの間に自殺企図とみられるような具体的な行動に出たことがあったとは認められない」こと、医療保護入院中の経過からも「本件事故発生時において統合失調症から自殺企図に及ぶ可能性は、皆無とはいえないまでも、相当程度低かった」ことを認定し、「自殺目的で本件道路に飛び込んだと推認することは相当でない」と判断した[注2]。

　次に逸失利益については、本件事故以前から存する「X の既存障害が 9 級と判断されたのは、自賠責保険の後遺障害等級認定において、非器質性精神障害が原則として 9 級、12 級、14 級のいずれかと評価すべきものとされていることによると考えられる。…症状が重く、十分な治療を行ってもなお症状に改善の見込みがないと判断される場合には、必ずしも認定基準によらず、障害の程度を踏まえ、障害等級を個別に認定すべき」と指摘し、「神経系統の機能又は精神に障害を残し、軽易な労務以外の労務に服することができないもの」として、7 級 4 号（労働能力喪失率は 56 パーセント）と認定するのが相当である」とした。

　その上で、本件事故による「労働能力喪失率については、現存障害の併合 4 級に相当する 92 パーセントから既存障害 7 級 4 号に相当する 56 パーセントを控除した 36 パーセントを採用するのが相当である。基礎収入については、…就労可能性を肯定すること

ができるから、平成 28 年賃金センサス・女性・学歴計・全年齢平均である 376 万 2300
円を採用するのが相当である」としている。

　慰謝料については、「併合 4 級と 7 級 4 号の一般的な慰謝料の差額は 670 万円程度で
ある」とした上で、身体についての後遺症は「統合失調症による既存障害とは系列を異
にする後遺障害であるから、既存障害とは一定程度独立に評価するのが相当と考えられ
ること…本件事故による労働能力喪失率は 36 パーセントであって、後遺障害等級 9 級
に対応する 35 パーセントを超えるものであることなどの事情を考慮し、X の後遺障害
慰謝料として、670 万円を 1 割程度増額した 740 万円を認めるのが相当である」とした。

解　説

I　はじめに

　本件で問題となるのは、1．既存障害に基づく労働能力喪失分を事故によって生じた
逸失利益の算定でどのように考慮すべきであるのか、2．労働能力喪失の評価において
該当する障害等級表とは異なる喪失率を認定できるのか、3．後遺障害慰謝料の算定を
どのように行うのか、の 3 点となる。

II　判例及び学説

1　後遺障害逸失利益の算定方法

　具体的損害算定方法によると事故による収入の減少が現実に生じていなければ逸失利
益を否定する[注3]ことになるが、現在では、一定の範囲[注4]で抽象的損害算定[注5]を
行っている。そこでは具体的な収入がある場合（給与所得者[注6]・個人事業主[注7]）
が想定されており、その収入額を基礎とすることに争いはない。

　他方、具体的な収入が想定しえないとして、これまで議論されてきたのは、年金等を
受けていた者[注8]、まだ就業の見通しの立たない年少者[注9]、家事労働従事者の男女格
差[注10]、外国人労働者[注11]であった。

　さらに近時においては、将来において平均的な就労が困難と考えられる障害児の損害
算定が問題となってきている[注12]。この点、逸失利益は制限せざるをえないが慰謝料
を増額すべきであるとする見解[注13]、少なくとも最低賃金によるべきであるとする見
解[注14]、逸失利益をも包括した慰謝料として構成すべきとする見解[注15]が主張されて
いる。

　そして具体的に労働能力喪失率を算定するに際しては、自賠法施行令別表および労働
省労働基準局長通牒に基づき判断する[注16]。等級表に記載のない障害については相当
する等級とする[注17]が、等級表に定められた障害であっても、実際にどの程度収入に
影響を与えたのかに乖離があるといえる場合も多く存在し、裁判においては、障害の部

位・程度、被害者の性別・年齢・職業、事故前後の就労状況、減収の程度等を総合的に判断して労働能力喪失率を認定する事例もある[注18]。

2　既存障害の労働能力喪失率からの控除

既存障害がある場合の後遺障害逸失利益については、二つの事故が競合する事例を通じて判断が示されてきた。契機となったのは、最判平成8年4月25日（民集50巻5号1221頁[注19]）であり、特段の事情のない限り、第一事故によって生じた労働能力の喪失に関する逸失利益の問題は、第一事故の時点で確定しているから、第二事故によって生じた事情は、第一事故の損害賠償範囲の判断に影響を与えない、とした。さらに、最判平成8年5月31日（民集50巻6号1323頁[注20]）は、第一の交通事故によって後遺障害を負った被害者が第二の交通事故によって死亡したという事例において、傍論ではあるが、第二事故については「最初の交通事故に基づく後遺障害により低下した被害者の労働能力を前提として算定すべき」であるとした。そして調査官解説においては、死亡事例としてではあるが第二事故の損害賠償についても設例として言及されており、残存労働能力に対応する額が賠償されるとの結論を導く[注21]。

この問題について、学説上は、中断説[注22]と継続説[注23]との対立[注24]として現れたが、因果関係は切断されないとする立場が有力であり、第一事故の後遺障害により低下した被害者の労働能力を前提として算定すべきであるとする[注25]。

3　慰謝料算定における評価

慰謝料については、裁判官が口頭弁論に現れた諸般の事情を斟酌して[注26]、その裁量によって額を定める[注27]ことになるが、交通事故による死亡慰謝料および後遺障害慰謝料については、後遺障害の程度を基準とした定額化がなされてきている[注28]。なお、事例は少ないが、障害者の死亡事故[注29]に関する下級審裁判例においても、既存障害があったことを明示的な減額理由とはしていない。

Ⅲ　検討

1　後遺障害逸失利益の算定における既存障害の影響

既存障害がある場合に、既に喪失したとされる労働能力相当分を後遺障害逸失利益から控除すべきことは、具体的損害算定の観点からも肯定される。そして、不法行為時点における具体的な収入を金額として確定できない場合の控除方法[注30]としては、(a)一般的な平均賃金を基礎収入とした上で、最終的な後遺障害等級に相当する労働能力喪失率から既存障害の喪失率を差し引くことによって、不法行為によって生じた損害に相当する部分の労働能力喪失を評価しようとする方法と、(b)既存障害相当分の労働能力喪失率を控除した蓋然性ある予想賃金[注31]に、今回最終的に生じた喪失率を当てはめることによって減額分を算定する方法が考えられる[注32]。

判例理論によると、事故当時に具体的な収入を想定できないとき、最も蓋然性の高い

収入額を基礎収入として計算するから、理論上は、(b) の算定方法が妥当することになろう。しかし、いくら逸失利益算定が仮定的であるとはいえ、理論面での整合性をとるために計算方法を複雑化させる必要もないため、実務上の取り扱いとしては、(a) の算定方法を採ってきたと考えられる。

本判決においても、(a) の算定方法を採用したが、既存障害の労働能力喪失率評価において、後遺障害等級をそのまま用いるのではなく、具体的事情を勘案してより高い喪失率を認定しており、被害者に不利な算定方法となった[注33]。

2　慰謝料算定における既存障害の影響

本判決では、慰謝料についても後遺障害等級の差額をもって基準とし、増額修正して金額を決定しているが、他方、事故によって最終的に生じた後遺障害等級を基準として減額修正することも考えられる。

慰謝料の主たる機能の一つが、精神的損害の填補であるという点では見解が一致しており、定額化で考えられてきたように不法行為によって生じた精神的損害に対応する慰謝料が支払われるべきであるという観点からすると、既存障害の程度に関わらず、当該事故によって最終的に生じた後遺障害等級を基準として金額を算定することが考えられる。また、既存障害の悪化の場合には、不法行為によってこうむった精神的損害という観点から、最終的な後遺障害等級に相当する額を基準として、既存障害があったことは減額要素として考慮すべきである。

3　補論：過失相殺（素因減額）による賠償額の調整

被害者に存する事情を考慮する方法としては、過失相殺の類推適用による素因減額も考えられる。判例は、不法行為において損害の共同原因となった被害者の素因を、損害賠償額の減額要素として斟酌する[注34]。すなわち、身体的素因[注35]、心因的素因[注36]、身体的特徴[注37] の三類型として、前二者については斟酌しうる場合があると説明されてきた。

既存障害があったことによって損害が拡大した場合、特に既存障害と事故による後遺障害とが性質・部位を異にする場合には素因減額の方法を用いることも考えられるが[注38]、過失相殺の類推適用によると、逸失利益と慰謝料を合算した総損害賠償額から一括して控除することになる。

Ⅳ　おわりに

本判決では、労働能力喪失率算定についても、慰謝料額の算定についても、既存障害と現存障害との等級を比較して、前者に相当する部分を控除するという方法を採用した。事故以前から障害を有しているという状態を逸失利益算定においてどのように評価するのか、今後の事例の集積が待たれる。

注

1　Y₁については 709 条に基づく損害賠償責任、Y₂については自賠法 3 条に基づく責任が認められた。また、X の不注意な横断について、50 パーセントの割合による過失相殺が適用されている。

2　この点については、主として事実認定の問題となる。

3　最判昭和 42 年 11 月 10 日民集 21 巻 9 号 2352 頁。

4　最判昭和 56 年 12 月 22 日民集 35 巻 9 号 1350 頁。

5　吉村良一『不法行為法 第 6 版』（有斐閣、2022）172 頁、四宮和夫『不法行為』（青林書院、1985）592 頁、藤村和夫『不法行為法』（信山社、2020）255 頁。

6　最判昭和 43 年 8 月 27 日民集 22 巻 8 号 1704 頁。

7　最判昭和 43 年 8 月 2 日民集 22 巻 8 号 1525 頁。

8　最判平成 5 年 9 月 21 日判時 1476 号 120 頁、最大判平成 5 年 3 月 24 日民集 47 巻 4 号 3039 頁。

9　最判昭和 39 年 6 月 24 日民集 18 巻 5 号 874 頁。

10　最判昭和 49 年 7 月 19 日民集 28 巻 5 号 872 頁、最判昭和 62 年 1 月 19 日民集 41 巻 1 号 1 頁。　現在の実務においては、東京・大阪・名古屋の各地裁において男女全労働者の平均賃金を使うことになっている（能見善久＝加藤新太郎編『論点体系 判例民法 8 不法行為 I（第 3 版）』（第一法規、2019）207 頁以下）とされるが、本事件においては女子労働者の全年齢平均が基礎収入として用いられている。

11　最判平成 9 年 1 月 28 日民集 51 巻 1 号 78 頁。

12　地域作業所の年間平均工賃を基礎とした事例（横浜地判平成 4 年 3 月 5 日判時 1451 号 147 頁）、最低賃金と養護学校卒業者の平均初任給と平均賃金の 5 割減を参照した事例（東京高判平成 6 年 11 月 29 日判時 1516 号 78 頁：前掲横浜地判の控訴審判決）、最低賃金を基礎とした事例（青森地判平成 21 年 12 月 25 日判時 2074 号 113 頁）。　この問題に言及するものとして、三木千穂「障害児者の逸失利益に関する裁判例の検討」明治学院大学法科大学院ローレビュー 13 号 89 頁、潮見佳男『基本講義債権各論 II 第 4 版』（新世社、2021）70 頁。

13　四宮・前掲（注 5）587 頁。　福永政彦「民事交通事件の処理に関する研究」司法研究報告書 25 輯 1 号 264 頁は、労働能力を欠くには至らない身体障害者、病弱者などについては控えめな評価にとどめることを提案する。

14　淡路剛久『不法行為法における権利保障と損害の評価』（有斐閣、1984）134 頁以下は、平均賃金を生活保障レベルと理解した上で、そこまでは具体的な立証なしに逸失利益賠償を認めるべきとの生活保障という政策的な観点から、全く働く能力のない者についても平均賃金までは逸失利益の賠償を保障すべきであると述べる。

15　吉村良一『市民法と不法行為法の理論』（日本評論社、2016）351 頁。

16　既に後遺障害のある場合の取扱いについて、自賠法施行令第 2 条 2 項は、同一部位について後遺障害の程度が加重された場合、現存障害の等級と既存障害の等級の差額とする。

17　別表第 1 備考、別表第 2 備考 6 参照。

18　最判・前掲（注 3 ）、大阪地判平成 18 年 6 月 16 日交通民集 39 巻 3 号 786 頁、大阪地判平成 18 年 8 月 30 日交通民集 39 巻 4 号 1201 頁、東京地判平成 18 年 12 月 27 日交通民集 39 巻 6 号 1788 頁、名古屋地判平成 22 年 3 月 19 日交通民集 43 巻 2 号 435 頁、大阪地判平成 23 年 7 月 13 日交通民集 44 巻 4 号 908 頁。

　　能見＝加藤・前掲（注 10）209 頁以下、藤村・前掲（注 5 ）261 頁、217 頁以下、宮原守男＝山田卓生編『新・現代損害賠償法講座 6 交通事故』（日本評論社、1997）［高野真人］143 頁以下。

19　三村量一「後遺障害による逸失利益の算定に当たり事故後の別の原因による被害者の死亡を考慮することの許否」最高裁判所判例解説民事法編平成 8 年 331 頁。

20　三村量一「交通事故の被害者がその後に第二の交通事故により死亡した場合に最初の事故の後遺障害による財産上の損害の額の算定に当たり被害者の死亡を考慮することの許否」最高裁判所判例解説民事法編平成 8 年 409 頁。

21　三村・前掲（注 20）423 頁。なお、心因的素因の減額に関する内容ではあるが、残存労働能力からの控除についても言及されている（428 頁以下）。

22　福永政彦「事故と損害の因果関係」ジュリスト増刊総合特集 8 号 153 頁、福岡右武「被害者の事故後の自殺」吉田秀文＝塩崎勤編『裁判実務大系（ 8 ）』（青林書院、1985）152 頁、松本朝光「被害者の自殺と事故との因果関係」ジュリスト増刊総合特集 42 号 88 頁。

　　福永・前掲（注 13）337 頁は、中断説の立場を維持した上で、慰謝料を増額するといった処理を提案する。

23　本井巽「交通事故被害者の自殺と賠償責任の範囲」塩崎勤編『現代民事裁判の課題（ 8 ）』（新日本法規、1989）423 頁、本井巽「交通事故と自殺」交通法研究 7 号 168 頁。

24　その他、原則として中断説を採りつつ不法行為と死亡との間に因果関係の認められる場合には継続説を採る立場（大塚直「後遺症確定後に死亡した被害者の逸失利益」判タ 825 号 29 頁、36 頁）、死亡による所得喪失のリスクを加害者と被害者のいずれに負担させるべきかを判断する見解（瀬川信久「交通事故の被害者がその後水死した場合、逸失利益の賠償は死亡時までに限られるか」判タ 824 号 60 頁、65 頁）、寄与度により損害分配を考える理解（阿部満「交通事故の受傷被害者が事故後、水難事故で死亡した場合、逸失利益は死亡時までに限られるか」判タ 820 号 47 頁、52 頁）などが主張されている。

25　能見＝加藤・前掲（注 10）104 頁、藤村・前掲（注 5 ）263 頁以下、橋本佳幸＝大久保邦彦＝小池泰『事務管理・不当利得・不法行為 第 2 版』（有斐閣、2020）222 頁。

　　なお、最判平成 11 年 12 月 20 日民集 53 巻 9 号 2038 頁は、訴訟係属中における別原因による被害者死亡後に要するであろう介護費用は請求できないとした。

26　慰謝料算定においてどのような要素を考慮すべきかは、以前から論じられてきている（植林

弘『慰謝料算定論』（有斐閣、1962）208 頁以下、窪田充見編『新注釈民法（15）債権（8）§§ 697 ～ 711』（有斐閣、2017）［窪田充見］886 頁以下）。

27　大判明治 34 年 12 月 20 日刑録 7 巻 11 号 105 頁、大判明治 43 年 4 月 5 日民録 16 輯 273 頁、大判大正 8 年 7 月 7 日民集 12 巻 1805 頁、大判大正 9 年 5 月 20 日民録 26 輯 710 頁、最判昭和 47 年 6 月 22 日判時 673 号 41 頁。

　　四宮・前掲（注 5）598 頁、藤村・前掲（注 5）288 頁以下、澤井裕『事務管理・不当利得・不法行為 第 3 版』（有斐閣、2001）245 頁、加藤一郎『不法行為』（有斐閣、1957）243 頁以下、潮見・前掲（注 12）74 頁。

28　齋藤修編『慰謝料算定の理論』（ぎょうせい、2010）［藤村和夫］33 頁、36 頁、吉村良一「710 条・711 条（財産以外の損害の賠償）」広中俊雄＝星野英一編『民法典の百年 III 個別的観察（2）債権編』（有斐閣、1998）658 頁以下、吉村・前掲（注 5）167 頁、能見＝加藤・前掲（注 10）91 頁、幾代通＝徳本伸一『不法行為法』（有斐閣、1993）300 頁。

29　本人慰謝料を 1500 万円、近親者慰謝料を 500 万円とした事例（横浜地判・前掲（注 12）・東京高判・前掲（注 12））、本人慰謝料を 1800 万円、近親者慰謝料を 200 万円とした事例（前掲青森地判平成 21 年 12 月 25 日）。

30　被害者死亡または労働能力を完全に喪失した場合には、どちらの算定方法でも差は生じない。

31　この点については、障害を有している者の蓋然性ある基礎収入（近隣の作業所における平均賃金や、最低賃金などを基準として評価する）を出発点とするのか、一般的な平均賃金を基礎収入として既存障害の労働能力喪失率を控除した状態と評価するかで 2 通り考えらえる。

32　最終的に生じた喪失率をどのように算定するかも、問題となりうる。すなわち、既存障害と全く別の後遺障害が生じた場合には、当該後遺障害に相当する労働能力喪失率として評価することができるが、既存障害が悪化した場合に当該事故における喪失率をどのように算定していくのかはさらに問題となりうる。

33　公刊されている裁判例では、損害賠償額を増額するものとして喪失率を高く認定したものがある（前掲（注 18））。

34　加藤新太郎「因果関係の割合的認定」塩崎勤編『交通損害賠償の諸問題』（判例タイムズ社、1999）122 頁、144 頁以下。

35　最判平成 4 年 6 月 25 日民集 46 巻 4 号 400 頁。

36　最判昭和 63 年 4 月 21 日民集 42 巻 4 号 243 頁。

37　最判平成 8 年 10 月 29 日民集 50 巻 9 号 2474 頁。

38　あるがまま判決（東京地判平成元年 9 月 7 日判時 1342 号 83 頁、横浜地判平成 2 年 7 月 11 日判時 1381 号 76 頁）の考え方にしたがえば、既存障害があったことは考慮されずに、事故によって生じた労働能力喪失率に基づいて算定することになろう。

甲南大学法学部教授　金　丸　義　衡

索引編

事項索引

目　次

第1　責任要件

1　運転者等の故意・過失 ————————————————————— 72

(1)　自動車運転者等 ……………………………………………… 72

(ア)　運転上の故意・過失 …………………………………… 72

(i)　認めたもの ………………………………………… 72

(ii)　認めなかったもの ………………………………… 72

(2)　車両所有者 …………………………………………………… 73

(ア)　認めなかったもの ……………………………………… 73

(3)　安全誘導員 …………………………………………………… 73

2　監督義務者の責任 ———————————————————————— 74

(1)　監督義務者（親）…………………………………………… 74

(ア)　責任を認めたもの ……………………………………… 74

3　使用者の責任 ——————————————————————————— 74

(1)　使用者責任 …………………………………………………… 74

(ア)　責任を認めたもの ……………………………………… 74

(2)　代理監督者責任 ……………………………………………… 74

4　保有者の責任 ——————————————————————————— 75

(1)　「他人」性 …………………………………………………… 75

(ア)　認めなかったもの ……………………………………… 75

(2)　運行供用者 …………………………………………………… 75

(ア)　マイカーの場合 ………………………………………… 75

(イ)　自動車の貸与の場合 …………………………………… 75

(3)　「運行」「運行によって」…………………………………… 75

(ア)　責任を認めなかったもの ……………………………… 75

5　工作物責任 ———————————————————————————— 76

(1)　責任を認めなかったもの …………………………………… 76

6　国家賠償法上の責任 ——————————————————————— 76

(1)　1条 …………………………………………………………… 76

(ア)　責任を認めなかったもの ……………………………… 76

7　債務不履行責任（安全配慮義務）———————————————— 76

(1)　成立を認めなかったもの …………………………………… 76

8　共同不法行為責任 ———————————————————————— 77

⑴　民法719条１項後段の責任 ……………………………………………… 77

　㋐　責任を認めたもの …………………………………………………… 77

⑵　民法719条２項の責任 …………………………………………………… 77

　㋐　責任を認めなかったもの …………………………………………… 77

9　因果関係 ———————————————————————————— 77

⑴　事故の発生についての因果関係 ……………………………………… 77

　㋐　認めたもの …………………………………………………………… 77

⑵　事故と傷害・後遺障害・死亡等についての因果関係 ……………… 78

　㋐　認めたもの …………………………………………………………… 78

　㋑　認めなかったもの …………………………………………………… 80

　㋒　治療期間（症状固定時）の認定 …………………………………… 80

　㋓　後遺障害程度の認定 ………………………………………………… 81

10　素因減責（寄与度減額） ——————————————————— 81

⑴　心因的素因 ……………………………………………………………… 81

　㋐　認めたもの …………………………………………………………… 81

　㋑　認めなかったもの …………………………………………………… 81

⑵　身体的素因 ……………………………………………………………… 82

　㋐　認めたもの …………………………………………………………… 82

　㋑　認めなかったもの …………………………………………………… 83

11　責任能力（民法713条） ——————————————————— 83

⑴　責任を認めなかったもの ……………………………………………… 83

第2　損害賠償の範囲と損害額の算定

1　積極損害 ————————————————————————— 85
　⑴　治療費 ·································· 85
　⑵　将来（症状固定後）の治療費 ············· 86
　⑶　付添看護費 ···························· 86
　　㋐　入院・通院・自宅 ···················· 86
　⑷　将来の付添看護費（介護費） ············· 87
　⑸　弁護士費用 ···························· 87
　⑹　交通費等（将来含む） ·················· 88
　⑺　家屋購入・改造費等 ···················· 89
　⑻　車両購入費・車両改造費 ················ 89
　⑼　車椅子購入費（レンタル含む） ··········· 89
　⑽　介護器具購入費（レンタル含む） ········· 90
　⑾　将来の雑費 ···························· 90
　⑿　装具代 ································· 90
　⒀　転居費用等 ···························· 91
　⒁　事故調査費用 ·························· 91
　⒂　成年後見費用 ·························· 91
　⒃　テーマパークチケット代 ··············· 91
2　消極損害 ————————————————————————— 92
　⑴　休業損害 ····························· 92
　　㋐　主婦（夫）等 ······················· 92
　　　⒤　家事専従 ························· 92
　　　ⅱ　有職 ··························· 92
　　㋑　給与所得者 ························· 94
　　　⒤　会社員 ························· 94
　　　ⅱ　飲食店勤務 ····················· 94
　　　ⅲ　客室乗務員 ····················· 94
　　　ⅳ　パチンコ店勤務 ················· 95
　　　ⅴ　バス運転手 ····················· 95
　　　ⅵ　職種不明 ······················· 95
　　㋒　事業所得者 ························· 95
　　　⒤　会社代表者 ····················· 95
　　　ⅱ　鍼灸師 ························· 96

　　　　(iii)　理容・美容師業 ……………………………………………… 96

　　　　(iv)　動物病院経営者 ……………………………………………… 96

　　　　(v)　飲食店経営 ………………………………………………… 96

　　　　(vi)　建築請負業等（リフォーム業含む） ………………………… 97

　　　(エ)　エステティシャン ………………………………………………… 97

　　　(オ)　外国人 …………………………………………………………… 97

　　　(カ)　無職 ……………………………………………………………… 97

　　　(キ)　生活保護受給者 ………………………………………………… 98

　　　(ク)　僧職 ……………………………………………………………… 98

　(2)　後遺障害による逸失利益 ……………………………………………… 98

　　　(ア)　高校生・大学生等 …………………………………………………… 98

　　　　(i)　高校生 ………………………………………………………… 98

　　　　(ii)　大学生 ………………………………………………………… 98

　　　　(iii)　専門学校生 …………………………………………………… 99

　　　(イ)　主婦（夫）等 ……………………………………………………… 99

　　　　(i)　家事専従 ……………………………………………………… 99

　　　　(ii)　有職 …………………………………………………………… 99

　　　(ウ)　給与所得者 ………………………………………………………… 100

　　　　(i)　会社役員 ……………………………………………………… 100

　　　　(ii)　会社員 ………………………………………………………… 100

　　　　(iii)　公務員（嘱託職員含む） ………………………………………… 101

　　　　(iv)　パチンコ店勤務 ……………………………………………… 102

　　　　(v)　運転手 ………………………………………………………… 102

　　　　(vi)　職種不明 ……………………………………………………… 103

　　　(エ)　事業所得者 ………………………………………………………… 103

　　　　(i)　会社代表者（会社役員含む） ……………………………………… 103

　　　　(ii)　建築請負業（リフォーム業含む） ………………………………… 103

　　　　(iii)　飲食店経営 …………………………………………………… 104

　　　　(iv)　理容・美容師業 ……………………………………………… 104

　　　　(v)　動物病院経営 ………………………………………………… 104

　　　(オ)　医師 ……………………………………………………………… 104

　　　(カ)　鍼灸師 …………………………………………………………… 105

　　　(キ)　アクセサリー作成 ………………………………………………… 105

　　　(ク)　エステティシャン ………………………………………………… 105

　　　(ケ)　インストラクター ………………………………………………… 105

(コ) 英会話教室講師 …… 105
(サ) プロボクサー …… 106
(シ) とび職 …… 106
(ス) 無職 …… 106
(セ) 重度の既往歴のある者 …… 107
(ソ) 僧職 …… 107
(タ) 職業不明 …… 108
(3) 死亡による逸失利益 …… 108
(ア) 児童・学生等 …… 108
(i) 小学生 …… 108
(ii) 短大生（高専生含む） …… 108
(iii) 専門学校生 …… 108
(イ) 主婦（夫）等 …… 109
(i) 家事専従 …… 109
(ウ) 給与所得者 …… 109
(i) 会社員 …… 109
(ii) ドライバー …… 110
(iii) 看護師等 …… 110
(エ) 大学教授 …… 110
(オ) 司法書士 …… 111
(カ) 年金受給者 …… 111
(キ) 高齢者 …… 112
(4) 企業損害 …… 112
3 後遺障害の認定 —— 113
(1) 治療期間（症状固定時）の認定 …… 113
(2) 後遺障害程度の認定 …… 114
(3) 労働能力喪失率の認定 …… 115
(4) 外傷性ストレス障害（ＰＴＳＤ） …… 116
(ア) 認めたもの …… 116
(5) 低髄液圧症候群 …… 116
(ア) 認めなかったもの …… 116
(6) 高次脳機能障害 …… 116
(ア) 認めたもの …… 116
(イ) 認めなかったもの …… 117
4 慰謝料 —— 117

　　(1)　被害者本人分の慰謝料請求 ································· 117

　　　　(ｱ)　傷害（入通院）による慰謝料 ······················· 117

　　　　(ｲ)　後遺障害による慰謝料 ···························· 118

　　　　(ｳ)　死亡による慰謝料 ······························ 120

　　　　　(ⅰ)　一家の支柱 ······························ 120

　　　　　(ⅱ)　主婦（夫）等 ···························· 120

　　　　　(ⅲ)　高齢者・独身者・年少者 ····················· 121

　　(2)　近親者の慰謝料請求 ······························· 122

　　　　(ｱ)　後遺障害の場合 ······························ 122

　　　　　(ⅰ)　認めたもの ······························ 122

　　　　(ｲ)　死亡の場合 ·························· 123

　　　　　(ⅰ)　認めたもの ······························ 123

　　(3)　慰謝料算定の斟酌事由 ······················· 125

5　物件損害 ──────────────────────────── 125

　　(1)　車両損害 ·································· 125

　　　　(ｱ)　全損 ······························· 125

　　　　(ｲ)　評価損 ······························ 126

　　　　(ｳ)　修理費用 ······························ 127

　　　　(ｴ)　保管料 ······························ 127

　　(2)　代車料 ································· 127

　　(3)　休車損害 ·································· 129

　　(4)　その他 ·································· 129

　　　　(ｱ)　洗車場機器 ························· 129

　　　　(ｲ)　着衣損傷 ······························ 129

　　　　(ｳ)　損害の帰属 ························· 129

6　遅延損害金 ──────────────────────────── 130

　　(1)　起算点 ································· 130

7　損益相殺・損害の填補 ──────────────────────── 130

　　(1)　遅延損害金への充当 ························· 130

　　(2)　生活費控除 ······························· 130

　　(3)　労働災害総合保険 ························· 131

　　(4)　遺族年金 ······························· 131

　　(5)　その他 ································· 131

8　過失相殺 ───────────────────────────── 132

　　(1)　絶対的過失割合 ·························· 132

(2) 認定事例 ……………………………………………………………… 132

　㋐　自動二輪車対歩行者事故 …………………………………………… 132

　　(i)　横断中の事故 ………………………………………………… 132

　　　(a)　認めたもの …………………………………………………… 132

　㋑　自動車対歩行者事故 ………………………………………………… 133

　　(i)　横断中の事故 ………………………………………………… 133

　　　(a)　認めたもの …………………………………………………… 133

　　(ii)　その他 ……………………………………………………………… 134

　　　(a)　認めたもの …………………………………………………… 134

　　　(b)　認めなかったもの …………………………………………… 135

　㋒　自転車事故 …………………………………………………………… 136

　　(i)　歩行者対自転車事故 …………………………………………… 136

　　　(a)　交差点における事故 ………………………………………… 136

　　　　㋐　認めたもの ……………………………………………… 136

　　(ii)　自動二輪車対自転車事故 …………………………………… 136

　　　(a)　認めたもの …………………………………………………… 136

　　(iii)　自動車対自転車事故 ………………………………………… 137

　　　(a)　交差点における事故 ………………………………………… 137

　　　　㋐　認めたもの ……………………………………………… 137

　　　　㋑　認めなかったもの ……………………………………… 138

　　　(b)　追い抜き時の接触事故 ……………………………………… 138

　　　(c)　その他 …………………………………………………………… 139

　㋓　自動車対自動二輪車（原付自転車を含む）事故 ……………… 140

　　(i)　交通整理の行われている交差点における事故 …………… 140

　　　(a)　右折自動車と直進自動二輪車との事故 ………………… 140

　　　(b)　直進自動車と右折自動二輪車との事故 ………………… 141

　　　(c)　左折自動車と直進自動二輪車との事故 ………………… 141

　　(ii)　交通整理の行われていない交差点における事故 ………… 142

　　　(a)　右折自動車と直進自動二輪車との事故 ………………… 142

　　(iii)　直進自動車と並走直進自動二輪車との事故 ……………… 142

　　　(a)　認めたもの …………………………………………………… 142

　　(iv)　転回中の自動車との事故 …………………………………… 142

　　(v)　進路変更した自動二輪車と後続自動車 …………………… 143

　　(vi)　路外駐車場への進入自動車と直進自動二輪車との事故 …… 143

　㋔　自動車対自動車事故 ………………………………………………… 143

　　　　⒤　交差点における事故 ……………………………………………… 143

　　　　　⒜　交通整理の行われている場合 ……………………………… 143

　　　　　　㋐　直進車と対向右折車との事故 ………………………… 143

　　　　　　㋑　その他 ……………………………………………………… 144

　　　　　⒝　交通整理の行われていない場合 ………………………… 144

　　　　　　㋐　出会いがしら ……………………………………………… 144

　　　　　　㋑　右折自動車と直進自動車との事故 …………………… 144

　　　⒪　丁字型交差点における事故 ……………………………………… 144

　　　⒮　駐停車車両との事故 …………………………………………… 145

　　　　　⒜　認めたもの ……………………………………………………… 145

　　　⒥　車線変更車両との事故 …………………………………………… 145

　　　⒱　駐車場内の事故 ………………………………………………… 146

　　　⒲　路外施設から進入した自動車との事故 ……………………… 147

　　　⒳　路外地に進入しようとした自動車と直進自動車との事故 ………………… 147

　　　⒴　その他 ……………………………………………………………… 148

　　㋕　高速道路での事故 ……………………………………………… 149

　　　⒤　車線変更時の事故 ……………………………………………… 149

　　　⒥　その他 ……………………………………………………………… 149

　㋖　シートベルト不着用 ……………………………………………… 150

　㋗　ゴルフ場のカート事故 ……………………………………………… 151

　㋘　クレーン車との接触事故 …………………………………………… 151

第3　消滅時効

1　起算点 ———————————————————————— 152

第4　保険（共済）

1　自賠責保険 ——————————————————————— 153
　⑴　被害者による自賠法16条請求権（被害者直接請求権）と社会保険者が代位取得
　　した16条請求権が競合した場合の優劣関係 ……………………………… 153
2　任意自動車保険（共済）————————————————————— 153
　⑴　人身傷害補償保険 ……………………………………………………… 153
　　㋐　限度支払条項 ………………………………………………………… 153
　⑵　任意自動車保険における直接請求権の行使 ……………………… 153
　⑶　保険契約の始期 ………………………………………………………… 154
3　労働者災害補償保険法に基づく求償債務の範囲 ———————————— 154

第5　その他の諸問題

1　中間利息の控除 ————————————————————————— 155
　⑴　中間利息控除の基準時 ………………………………………………… 155
2　求償金 ————————————————————————————— 155
3　損害賠償の請求権者 ——————————————————————— 155
4　定期金賠償 ——————————————————————————— 156
　⑴　認めた事例 ……………………………………………………………… 156
　⑵　定期金賠償の終期 ……………………………………………………… 156

第1　責任要件

1　運転者等の故意・過失

(1)　**自動車運転者等**

 (ｱ)　運転上の故意・過失

  (i)　認めたもの

名古屋地裁岡崎支判　令2・8・6（近田正晴）【⑥〔70の2〕1629頁】は、夜間、片側2車線の駐停車禁止の高架道路（国道）において、原告に前照灯をハイビームにされたことに立腹し、原告車（普通軽四輪自動車）を追い越した被告Y₁が、被告Y₁車（普通乗用自動車）を原告車の前で急停止して原告車を停止させたところ、後続の被告Y₂車（中型貨物自動車）が原告車に追突した事故につき、被告Y₁には、本件道路を制限時速60km以上で走行する車両の存在、及び、後続車の回避措置が遅れ原告車に追突する危険性を十分に認識し得たにもかかわらず、被告Y₁車を急停止させて原告車を停止させたことは極めて危険な行為であって重大な過失があり、その過失と追突事故との間には相当因果関係が認められるとする一方、原告は被告Y₁車が急停止したので停止せざるを得ず、その後被告Y₁が被告Y₁車から降りて原告車の運転席側に立ったので発車もできなかったことから原告に過失を認めなかった。

  (ii)　認めなかったもの

東京地判　令2・6・23（中村さとみ）【③〔58〕788頁】は、原告が片側1車線の道路の外側に設けられた歩道を自転車で走行中、バランスを崩して車道に転倒したところ、折から本件車道を同一方向に走行していた被告車両（普通乗用自動車）と衝突した事故につき、被告は原告との衝突を回避すべきであったとはいえず、被告車両の運行につき注意を怠らなかったとして、被告の自動車損害賠償保障法3条及び民法709条の責任を認めなかった。**名古屋地裁岡崎支判　令2・8・6（近田正晴）【⑥〔70の2〕1629頁】**は、夜間、片側2車線の駐停車禁止の高架道路（国道）において、原告に前照灯をハイビームにされたことに立腹し、原告車（普通軽四輪自動車）を追い越した被告Y₁が、被告Y₁車（普通乗用自動車）を原告車の前で急停止して原告車を停止させたところ、後続の被告Y₂車（中型貨物自動車）が原告車に追突した事故につき、被告Y₁には、本件道路を制限時速60km以上で走行する車両の存在、及び、後続車の回避措置が遅れ原告車に追突する危険性を十分に認識し得たにもかかわらず、被告Y₁車を急停止させて原告車を停止させたことは極めて危険な行為であって重大な過失があり、その過失と追突

事故との間には相当因果関係が認められるとする一方、原告は被告Y₁車が急停止したので停止せざるを得ず、その後被告Y₁が被告Y₁車から降りて原告車の運転席側に立ったので発車もできなかったことから原告に過失を認めなかった。**東京地判 令2・10・6（鈴木秀雄 島﨑 今村）【⑤〔89〕1183頁】**は、被告Y1医療法人が所有し、被告Y2（Y1の従業員）が運転する被告車（普通乗用自動車）が、短期入所介護（デイサービス）の提供を受けていた被害者A（女・93歳、死亡時94歳・年金受給者）らを同乗させて、外出先から介護サービス事業所へ戻る途中、停車中の普通貨物自動車に衝突してAが死亡した事故につき、Aの相続人が、Y2に対して民法709条、Y1に対して民法715条1項、自動車損害賠償保障法3条、及び民法415条に基づく損害賠償を求め、事故の態様について、Y1の違法介護による居眠り運転に基づく事故であると主張したのに対し、事故の態様、事故後の状況、捜査・公判におけるY2の供述等から、本件事故はY2の前方不注視の過失を原因とする事故であり、居眠り運転に基づく事故とみることはできないとした。

(2) 車両所有者
(ア) 認めなかったもの

最高判（3小）令2・1・21（林景一・戸倉・宮崎・宇賀）【①〔1〕1頁】は、従業員の通勤に使用させていた会社所有の車両が会社の駐車場敷地内から窃取されて事故を起こした場合の会社の自動車保管上の過失について、第三者の自由な立入りが予定されていない独身寮内の食堂にエンジンキーの保管場所を設け、駐車場に駐車する際はドアを施錠し、エンジンキーを前記保管場所に保管する旨の内規を定めており、駐車場には第三者が公道から出入りすることが可能な状態ではあったものの、近隣において自動車窃盗が発生していた等の事情も認められず、会社は上記内規を定めることにより、自動車が窃取されることの防止措置を講じていたといえるとし、従業員がドアを施錠せず、エンジンキーを運転席上部の日よけに挟んだ状態で駐車したりすることが何度かあったことを把握していたとも認められないとして、車両所有者である会社の自動車保管上の過失を認めなかった。

(3) 安全誘導員

横浜地判 令2・7・20（藤原和子）【④〔66〕916頁】は、作業中の原告車両（クレーン車）と被告車両（中型貨物自動車）の接触事故において、安全誘導員らには、厳密な車幅や道路の幅を計測するなどして、被告車両が通行可能かどうかを判断すべき注意義務はないとして、通行可の合図をしたことや被告車両を積極的に誘導しなかったことを同人らの注意義務違反とは認めなかった。

2　監督義務者の責任

⑴　監督義務者（親）

㋐　責任を認めたもの

　東京地判　令2・3・10（鈴木秀雄・石井・今村）【②〔24〕346頁】は、信号機による交通整理の行われていない交差点において、直進しようとしたA（7歳）運転の子ども用自転車と歩行横断者（原告）が衝突した事故につき、Aには責任能力がなく、Aの両親である被告らは、Aの親権者としてAの行動全般に対する一般的な監督義務を負っていたとして、被告らにつき民法714条1項に基づく損害賠償責任を認めた。

3　使用者の責任

⑴　使用者責任

㋐　責任を認めたもの

　神戸地判　令2・6・15（大島道代）【③〔50〕688頁】は、信号機による交通整理が行われていない交差点での自転車（原告車）と普通貨物自動車（被告車）との出会いがしらの事故につき、被告車の使用権限を有し、ガソリン代を負担するとともに、被告車運転者と雇用契約書を交わしているわけではないものの被告車運転者が従事していた工事現場に監督員を派遣する等していた被告会社に、使用者責任を認めた。**神戸地判　令2・6・18（大島道代）【③〔56〕757頁】**は、加害者が、終業後、自動二輪車を運転して、会社から自宅まで帰宅する途中で発生した人身事故について、会社は、自動二輪車による通勤を容認ないし黙認しており、事故は、通勤という会社の業務と密接関連性を有する行為中に発生しているから、会社の事業の執行につき生じたものというべきであるとして、会社に使用者責任（民法715条1項）及び運行供用者責任を認めた。

⑵　代理監督者責任

　神戸地判　令2・6・15（大島道代）【③〔50〕688頁】は、信号機による交通整理が行われていない交差点での自転車（原告車）と普通貨物自動車（被告車）との出会いがしらの事故につき、被告車運転者と使用関係が認められる被告会社の代表者であるからといって直ちに代理監督者となるものではないとしたうえで、自ら被告車の手配を行い、工事現場にも顔を出すとともに、事故後に原告代理人弁護士に連絡して面談を行うなどしていることから、代理監督者の地位にあったと認め、被告会社の代表者に民法715条2項の代理監督者責任を認めた。

4　保有者の責任

⑴　「他人」性

㈦　認めなかったもの

東京地判　令2・3・3（鈴木秀雄・中・雨宮）【②〔22〕323頁】は、ゴルフ場内カート用道路のトの字型交差点において、右方に急転把した被告A運転のゴルフカートから同乗者Bが転落した事故におけるゴルフ場所有者・経営会社である被告Cの自動車損害賠償保障法3条の責任につき、Bは、同カートを被告Cから借り受け、自ら運転していなかったものの、被告Aに対して積極的に指示を出し、Aらと共同して同カートを運行させていたと評価できるとして、Bは、被告Cとの関係で同法3条の他人には当たらないとした。

⑵　運行供用者

㈦　マイカーの場合

神戸地判　令2・6・18（大島道代）【③〔56〕757頁】は、加害者が、終業後、自動二輪車を運転して、会社から自宅まで帰宅する途中で発生した人身事故について、会社は、自動二輪車による通勤を容認ないし黙認しており、事故は、通勤という会社の業務と密接関連性を有する行為中に発生しているから、会社の事業の執行につき生じたものというべきであるとして、会社に使用者責任（民法715条1項）及び運行供用者責任を認めた。

㈤　自動車の貸与の場合

名古屋地判　令2・3・25（中町翔）【②〔32〕452頁】は、甲が被告車（普通（軽四）貨物自動車）を運転して起こした人身事故について、刑事事件で身柄拘束中の被告車の所有者である乙が、被告車を甲に贈与した事実は認められないとして、甲が乙に対し、事故を起こしたことや、事故後、被告車を廃棄処分することを乙に報告しなかったという事実があったとしても、乙は、被告車の所有者として運行供用者責任を負うと認めた。

⑶　「運行」「運行によって」

㈦　責任を認めなかったもの

東京地判　令2・6・23（中村さとみ）【③〔58〕788頁】は、原告が片側1車線の道路の外側に設けられた歩道を自転車で走行中、バランスを崩して車道に転倒したところ、折から本件車道を同一方向に走行していた被告車両（普通乗用自動車）と衝突した事故につき、被告は原告との衝突を回避すべきであったとはいえず、被告車両の運行につき注

意を怠らなかったとして、被告の自動車損害賠償保障法3条及び民法709条の責任を認めなかった。

5　工作物責任

⑴　責任を認めなかったもの

　東京地判　令2・3・3（鈴木秀雄・中・雨宮）【②〔22〕323頁】は、ゴルフ場内カート用道路のト字型交差点において、右方に急転把した被告A運転のゴルフカートから同乗者Bが転落した事故におけるゴルフ場所有・経営会社である被告Cの民法717条責任及び共同不法行為責任につき、看板や進路前方の表示、ゴルフコースの状況等を確認すれば本件交差点を直進進行すべきことを容易に認識しうる状況にあったといえ、本件事故は被告Aの運転上の不注意によるところが大きい等として、ゴルフ場の設置・管理に瑕疵は認められず、また、ゴルフ場の設置・管理の状況と事故の発生には因果関係は認められないとして、被告Cの責任を認めなかった。

6　国家賠償法上の責任

⑴　1条

㈦　責任を認めなかったもの

　京都地判　令2・10・6（野田恵司・村木・三宅）【⑤〔90〕1201頁】は、原告車（普通自動二輪車）が、校外の部活動の練習先に向けて道路を歩行していた中学校の生徒ら（陸上部員11名）の付近を通過しようとする直前に、生徒が道路を左から右に横切ったため、接触を回避しようと急ブレーキをかけ転倒した事故につき、顧問教諭の同行がなければ第三者に対し危険や支障を及ぼすおそれのあることが具体的に予見されるような特段の事情があったとは認められず、部活動の顧問教諭には校外での部活動に関し生徒らに同行する義務があったとはいえないとして、中学校設置者である市の国家賠償法1条1項による責任を認めなかった。

7　債務不履行責任（安全配慮義務）

⑴　成立を認めなかったもの

　東京地判　令2・10・6（鈴木秀雄・島﨑・今村）【⑤〔89〕1183頁】は、原告ら主張の、事業所外介護を理由とする債務不履行責任を認めず、事業所外介護が本件事故の原因となる居眠り運転につながったとの主張も認めず、原告らが主張するような債務不履行による慰謝料を認めるには足りないとした。

8　共同不法行為責任

⑴　民法719条1項後段の責任

㋐　責任を認めたもの

大阪地判　令2・3・12（古賀英武）【②〔27〕372頁】は、信号機による交通整理の行われていない夜間の丁字路交差点において、直進するA車（普通乗用自動車）と、対向車線から右折するB車（自動二輪車）が衝突し（第1事故）、事故により路上に横臥しているBを、A車後続車両のC車（中型貨物自動車）が轢過した事故（第2事故）について、第1事故と第2事故は時間的場所的にも近接していること、B死亡の結果が、第1事故により生じたものか、第2事故により生じたものか不明であることから、Bの人的損害につき、AとCの共同不法行為責任の成立を認めた。

⑵　民法719条2項の責任

㋐　責任を認めなかったもの

大阪地判　令2・2・26（石丸将利・丸山・久保）【①〔18〕261頁】は、駐車場の出入口から道路に進出したA運転の加害車（普通貨物自動車）が道路を進行してきたB運転の被害車（自転車）に衝突した事故における加害車同乗者らの責任につき、Aがアルコールの影響により自動車の正常な運転が困難であることを同乗者らが認識していたとは言い難く、また同乗者らがAに代わって加害車を運転しようとしたり、Aに加害車を運転しないよう注意していた経緯に照らし、同乗者らがAの飲酒運転を違法に幇助したとまではいえないとして、同乗者らに民法719条2項の責任を認めなかった。

9　因果関係

⑴　事故の発生についての因果関係

㋐　認めたもの

京都地判　令2・6・17（村木洋二）【③〔52〕705頁】は、原動機付自転車からの降車時に転倒して負傷し、翌日受診したとする事故の発生の有無につき、原告（男・49歳・給与所得者）の陳述書及び供述は、治療や症状の経過と整合しており、内容に不合理な点はなく、転倒の態様において一貫していることなどから信用することができるとして、事故の発生を認めた。**名古屋地裁岡崎支判　令2・8・6（近田正晴）【⑥〔70の2〕1629頁】**は、夜間、片側2車線の駐停車禁止の高架道路（国道）において、原告に前照灯をハイビームにされたことに立腹し、原告車（普通軽四輪自動車）を追い越した被告Y₁が、被告Y₁車（普通乗用自動車）を原告車の前で急停止して原告車を停止させた

ところ、後続の被告Y₂車（中型貨物自動車）が原告車に追突した事故につき、被告Y₁には、本件道路を制限時速60km以上で走行する車両の存在、及び、後続車の回避措置が遅れ原告車に追突する危険性を十分に認識し得たにもかかわらず、被告Y₁車を急停止させて原告車を停止させたことは極めて危険な行為であって重大な過失があり、その過失と追突事故との間には相当因果関係が認められるとする一方、原告は被告Y₁車が急停止したので停止せざるを得ず、その後被告Y₁が被告Y₁車から降りて原告車の運転席側に立ったので発車もできなかったことから原告に過失を認めなかった。**東京地判　令2・11・25（田野井蔵人）【⑥〔113〕1493頁】**は、夜間、片側1車線道路上で、単独事故により転倒した原動機付自転車の運転者A（男・38歳・職業不明）が路上で横臥していたところ、直進してきた被告車（普通乗用自動車）が原動機付自転車に衝突した後、Aにも衝突したか否かにつき、Aの成傷機序と被告車の走行状況が整合すること、Aの単独事故や第三者の車両等による死亡の可能性はないこと、被告車に真新しい人体組織片や血痕が付着していたことに基づき、被告車がAにも衝突した事実を認めた。**名古屋地判　令2・12・14（中町翔）【⑥〔119〕1574頁】**は、被害者が統合失調症による幻聴・幻視のため自殺目的で加害車の直前に飛び込んだとの加害車運転者の主張について、医療保護入院前・入院中の状態に照らして被害者に自殺企図があったとは認められず、被害者が統合失調症により自殺目的で事故現場の道路に飛び込んだと推認することはできないとした。

(2)　事故と傷害・後遺障害・死亡等についての因果関係

(ア)　認めたもの

名古屋地判　令2・3・25（中町翔）【②〔32〕452頁】は、事故により外傷性クモ膜下出血が生じた被害者（男・死亡時76歳・年金受給者）が頸椎カラーを外したことにより首が動く状態になって外傷性クモ膜下出血が再出血を起こし、その出血が橋や延髄を圧迫し、呼吸停止を引き起こして死亡した可能性が高いと考えられる場合に、被害者が頸椎カラーを意識的に外した可能性は乏しく、事故により生じた硬膜下血腫や外傷性クモ膜下出血が悪化して死亡に至る危険性があったことに照らし、事故と被害者の死亡との間に相当因果関係を認めた。**名古屋地判　令2・5・27（及川勝広）【③〔40〕565頁】**は、信号待ちで停車していた被害車（メルセデスベンツS550）の左後部に、路外から道路に進入するため後退してきた加害車の右後部が衝突した事故の衝撃は大きなものではなかったが、被害車運転者（女・26歳）及び同乗者（女児・9歳）の約2か月間の頸椎捻挫・腰椎捻挫等に関わる通院加療について、事故との相当因果関係を認めた。**横浜地判　令2・5・28（郡司英明）【③〔42〕582頁】**は、原告（男・45歳・動物病院経営）の事故による右肩腱板損傷の受傷の有無につき、前面が原型をとどめないほどの原告車両の損傷の程度、医師の診断経過に加えて、約5か月間の通院中断については合理的根拠が

あり、その後原告が訴えに沿う通院を続けていることなどから、当該受傷を認めた。**神戸地判　令2・6・4（岸本寛成）【③〔44〕617頁】**は、事故から約2か月後に治療が開始された頸部痛について、被害者（女・82歳・主婦）は、事故により身体が揺さぶられていること、事故の翌月には倦怠感のあること、翌々月の診断において「頸部痛が増しており」と訴えており、以前から頸部痛があったことがうかがえること、事故後に頸部を損傷するような出来事があったとは認められないことに照らし、頸部痛が事故によるものであるとしても不自然でないとして、事故との因果関係を認めた。**神戸地判　令2・6・18（大島道代）【③〔55〕744頁】**は、事故による原告の受傷内容につき、頸椎捻挫等の傷害を認めたが、原告の愁訴には事故に起因しないものも含まれていたこと等から事故と相当因果関係のある治療は5割を超えないとした。**名古屋地判　令2・7・31（及川勝広）【④〔70〕961頁】**は、被害者の受傷の有無及び程度、後遺障害の有無につき、本件事故によって被害者が頸部挫傷の傷害を負ったことは否定できないものの、事故による衝撃は大きなものであったとは認められず、被害者が訴える頸部痛や右上肢痛の症状が全て本件事故によるものとは認められないとして、事故から3か月までの通院治療を相当因果関係のある損害と認め、被害者が事故による後遺障害と主張する症状（頸部痛及び左上肢しびれ）を事故によるものと認めなかった。**大阪地判　令2・9・11（寺垣孝彦）【⑤〔83〕1102頁】**は、本件事故前から腰部脊柱管狭窄症、頸椎症、両側変形膝関節症、骨粗鬆症の既往症により通院していた原告B（女・69歳・主婦、原告車の同乗者）が、本件事故により右肘頭不全骨折等の傷害を負い、約11か月間通院した場合に、本件事故前は2日に1度程度の通院であったが、本件事故後はほぼ毎日の通院になっていることに鑑み、本件事故と通院との間の相当因果関係を認めた。**大阪地判　令2・10・29（石丸将利）【⑤〔99〕1323頁】**は、頭頸部愁訴ないし頸椎捻挫の治療につき、事故後約7か月間の治療の限りで事故との相当因果関係を認めつつ、入院治療（約2か月半）の必要性は認めなかった。**名古屋地判　令2・11・4（前田亮利）【⑥〔104〕1383頁】**は、事故直後に、被告が原告車に怒鳴りながら近づき、同車運転席の横で大声をあげたうえ、同車のドアを開けようとするなど、原告らに不安を与える行動をしていたとして、原告車運転者が罹患した適応障害、原告車に同乗していたA（男・13歳）が罹患した変換症（転換性障害）、B（男・4歳）が罹患した心的外傷、不安神経症、不眠症、PTSD等について、事故及び事故後の被告とのやり取りとの間の相当因果関係を認めた。**名古屋地判　令2・11・30（前田亮利）【⑥〔118〕1563頁】**は、停車中の原告車（普通貨物自動車）が被告車（普通乗用自動車）に追突された事故による原告（男・年齢不明・会社員）の受傷の有無につき、頸椎捻挫、腰椎捻挫、左膝挫傷については、事故当日に医療機関を受診、初診時に頸椎から腰椎及び左膝のレントゲン検査を希望し、医師に対して膝をダッシュボードにぶつけた旨述べていること等を理由として、事故による受傷を認める一方、反応性うつ病については、事故前から継続的に心療内科に通院しており、

事故前後を通じ通院頻度に変化がないことや通院時の訴えは会社・仕事への不満や業務の繁忙感が多くみられる点などを理由として、事故がなくとも同種・同程度の通院治療が行われていたものと認められるとして、事故との間の相当因果関係を認めなかった。

　(イ)　認めなかったもの
　名古屋地判　令2・7・31（及川勝広）【④〔70〕961頁】は、被害者の受傷の有無及び程度、後遺障害の有無につき、本件事故によって被害者が頸部挫傷の傷害を負ったことは否定できないものの、事故による衝撃は大きなものであったとは認められず、被害者が訴える頸部痛や左上肢痛の症状が全て本件事故によるものとは認められないとして、事故から3か月までの通院治療を相当因果関係のある損害と認め、被害者が事故による後遺障害と主張する症状（頸部痛及び左上肢しびれ）を事故によるものと認めなかった。**大阪地判　令2・10・29（石丸将利）**【⑤〔99〕1323頁】は、頭頸部愁訴ないし頸椎捻挫の治療につき、事故後約7か月間の治療の限りで事故との相当因果関係を認めつつ、入院治療（約2か月半）の必要性は認めなかった。また、**同判決**は、事故により発生した頸椎捻挫による交感神経障害に起因してジストニア（メイジ症候群）が発生したとの原告の主張につき、心因性であることや身体表現性障害であることを排斥できないとして、これを認めなかった。**名古屋地判　令2・11・30（前田亮利）**【⑥〔118〕1563頁】は、停車中の原告車（普通貨物自動車）が被告車（普通乗用自動車）に追突された事故による原告（男・年齢不明・会社員）の受傷の有無につき、頸椎捻挫、腰椎捻挫、左膝挫傷については、事故当日に医療機関を受診し、初診時に頸椎から腰椎及び左膝のレントゲン検査を希望し、医師に対して膝をダッシュボードにぶつけた旨述べていること等を理由として、事故による受傷を認める一方、反応性うつ病については、事故前から継続的に心療内科に通院しており、事故前後を通じ通院頻度に変化がないことや通院時の訴えは会社・仕事への不満や業務の繁忙感が多くみられる点などを理由として、事故がなくとも同種・同程度の通院治療が行われていたものと認められるとして、事故との間の相当因果関係を認めなかった。

　(ウ)　治療期間（症状固定時）の認定
　金沢地判　令2・8・31（佐野尚也）【④〔78〕1046頁】は、被害者（男・症状固定時39歳・会社員）に事故後に生じた右肩部痛につき、肩部手術（観血的関節授動術）は必要かつ相当なものであったとして、症状固定診断日までの治療費を事故と相当因果関係のある損害と認めた。**横浜地判　令2・10・22（川嶋知正）**【⑤〔95〕1278頁】は、被害者（女・55歳・私立高校非常勤講師）の受傷（頸椎捻挫、腰椎捻挫及び右肘挫傷）につき、右肩腱板損傷及び右肩挫傷の主張については、従前の甲病院での診断はなく、事故発生後5か月が経過した時点で新たに受診した乙病院での診断はあるがその診断根拠が判然

としないこと等から事故による傷害とは認めず、被害者はほぼ同時期に甲乙と複数の病院に高頻度で通院しているが、治療内容等から重ねての受診につき医学的な必要性及び相当性が明らかでないとして、従前より通院する甲病院が概ねリハビリテーションに終始し、事故の約4か月後の時点で被害者に対する診療を中止しようとしていたこと等から、被害者が受けた事故後約9か月間の治療期間のうち、必要かつ相当な治療の範囲は甲病院における事故の約4か月後の時点までにされた診療に限られるとした。

　　(エ)　後遺障害程度の認定
　京都地判　令2・6・17（村木洋二）【③〔52〕705頁】は、事故と第1腰椎圧迫骨折等（8級相当）との相当因果関係につき、原告（男・49歳・給与所得者）には事故前から第1腰椎圧迫骨折（11級7号相当）が生じていたとしたうえで、事故により腰椎変形が著明に進行したとの医学所見に基づき、これを認めた。

10　素因減責（寄与度減額）

(1)　心因的素因
　　(ア)　認めたもの
　東京地判　令2・3・27（綿貫義昌）【②〔36〕502頁】は、被害者（男・症状固定時45歳・ハイヤー運転手）の後遺障害（頸部及び腰部の痛み—14級9号、非器質性精神障害—12級13号、併合12級）の素因減額について、約11年前の事故においても整形外科的には回復していたにもかかわらず、全身の痛みや不安感などの不定愁訴があり、非器質性精神障害の後遺障害が認定されたこと、本件事故についても身体的外傷は改善がみられ、症状を裏付ける他覚所見はないにもかかわらず、全身の痛みや胸部圧迫感などが改善せず症状固定に至ったことから、被害者の心因的要素が寄与しているとして、症状固定時の症状を勘案して素因減額の割合を15%と認めた。**大阪地判　令2・9・25（溝口優）【⑤〔86〕1135頁】**は、事故後約1年4か月もの間、継続的に頸部、腰部、背部の痛みを中心とする様々な症状を訴え、治療を継続した原告（男・50歳・会社員）の素因減額につき、原告には既往の頸椎症が認められるほか、心気症の診断がされており、その症状には既往症、特に自らの症状を重篤なものと考える心理的要因が大きく寄与しているとして、身体的・心理的素因の影響を考慮し40%の減額を認めた。

　　(イ)　認めなかったもの
　名古屋地判　令2・11・30（前田亮利）【⑥〔118〕1563頁】は、停車中の原告車（普通貨物自動車）が被告車（普通乗用自動車）に追突された事故による原告（男・年齢不明・会社員）のパニック障害、不安等の精神疾患の既往を理由とする素因減額につき、心療

内科への通院は事故と相当因果関係が認められず、整形外科についても事故後5か月弱までであり、既往の精神疾患のために治療が長引いたとは認められないとして、素因減額を認めなかった。

(2)　身体的素因
(ア)　認めたもの

　京都地判　令2・6・24（野田恵司）【③〔60〕801頁】は、事故により頸部捻挫、腰部捻挫、左股関節捻挫の傷害を負った被害者（女・47歳）の素因減額につき、事故前からあった左股関節裂隙の軽度狭小状態及びそれに関連する左股関節軟骨の薄弱性による脆弱性という素因が、事故を契機として左股関節及びその周辺の症状を発現・持続させ、治療を遷延させるうえで一定の寄与をしたとして、損害全体に対して40％の減額を認めた。**名古屋地判　令2・7・17（及川勝広）【④〔65〕903頁】**は、追突事故により、頸椎捻挫、左膝関節捻挫、両肩挫傷と診断された原告（男・62歳・給与所得者）の入通院治療について、本件事故との間の相当因果関係を否定することはできないが、左膝の症状につき高尿酸血症や痛風の影響があったことが認められるほか、本件事故後に変形性頸椎症等が増悪した可能性を否定できず、これらの事情は素因減額において考慮するのが相当であるとして、その割合を30％と認めた。**大阪地判　令2・8・19（永野公規）【④〔71〕973頁】**は、事故により外傷性頸部捻挫、腰部打撲傷、頭部打撲傷の傷害を受けた被害者（男・55歳・職業不明）には、C5／6の椎間板膨隆・神経の圧迫、L1／2椎間板変性・膨隆という頸部及び腰部の神経症状に易発化・重篤化・難治化に寄与する素因のほか、本件事故の8か月前に遭った交通事故による傷害に起因し、2か月前に固定したばかりの、①頸部痛等、②腰痛、③左肋部痛等、④精神的不安定の後遺障害の既往（①～③はそれぞれ14級9号該当、④は非該当）があり、被害者が本件事故後に訴えた症状はいずれも既往が増悪したもので、本件事故による他覚的所見がない場合に、素因及び既往が寄与した割合を20％と認めた。**金沢地判　令2・8・31（佐野尚也）【④〔78〕1046頁】**は、腰痛（11級7号）、右肩部痛（14級9号）、併合11級の後遺障害を残した被害者（男・症状固定時39歳・会社員）につき、腰痛については、既往の腰椎分離の寄与が大きいこと、右肩部痛については、肩部手術のうち少なくとも骨棘の切除は事故前からの病変に対する治療であったとして、全体の損害額から30％の素因減額を認めた。**大阪地判　令2・9・25（溝口優）【⑤〔86〕1135頁】**は、事故後約1年4か月もの間、継続的に頸部、腰部、背部の痛みを中心とする様々な症状を訴え、治療を継続した原告（男・50歳・会社員）の素因減額につき、原告には既往の頸椎症が認められるほか、心気症の診断がされており、その症状には既往症、特に自らの症状を重篤なものと考える心理的要因が大きく寄与しているとして、身体的・心理的素因の影響を考慮し40％の減額を認めた。**東京地判　令2・10・6（鈴木秀雄・島﨑・今村）【⑤〔89〕1183頁】**

は、事故により、硬膜下血腫等の傷害を負って入院し、入院中に多臓器不全で死亡した被害者Ａ（女・93歳、死亡時94歳・年金受給者）につき、事故がＡの死亡を早めたことは否定できないとしても、慢性腎不全の既往症が死亡に影響を与えた可能性は極めて高く、既往症による素因減額が20％を下回ることはないとの被告主張について、判決認定の諸般の事情を踏まえて、既往症による寄与の程度は10％と認めるのを相当とした。

㈠　認めなかったもの

大阪地判　令2・1・28（古賀英武）【①（6）75頁】は、約1年2か月前に発生した前回事故により腰椎捻挫等の傷害を負った被害者（男・症状固定時59歳・タクシー乗務員）が、本件事故により腰椎打撲傷等の傷害を負い、腰痛の治療を受けた場合に、本件事故発生日においても前回事故により生じた腰部症状が残存している点は否定できないが、本件においては、症状固定日を事故から約6か月半後としており、従前の症状が原因で治療期間が長期化したり、症状が重くなったと認めることはできず、損害の公平な分担から素因減額をすることが相当であるとはいえないとした。**名古屋地判　令2・3・25（中町翔）【②（32）452頁】**は、被害者（男・死亡時76歳・年金受給者）が頸椎カラーを外したことが死亡に寄与した以上、素因減額ないし割合的減額がされるべきであるとの被告の主張につき、被害者が頸椎カラーを意識的に外した可能性は乏しく、かかる行為に及ぶ一因となるような既往症があったとも認められないとして、被告の主張を認めなかった。**大阪地判　令2・9・11（寺垣孝彦）【⑤（83）1102頁】**は、原告車を運転していた原告Ａ（男・76歳・無職）が、本件事故により右腓骨・距骨不全骨折、前距腓靭帯損傷等の傷害を負って約11か月間通院した場合に、本件事故の約3年前の距骨・踵骨の骨折は、本件事故による前記傷害に影響しているとは認められないとして、既往症を理由とする素因減額を認めなかった。また、**同判決**は、本件事故前から腰部脊柱管狭窄症、頸椎症、両側変形膝関節症、骨粗鬆症の既往症により通院していた原告Ｂ（女・69歳・主婦）が、本件事故により右肘頭不全骨折等の傷害を負い、約11か月間通院した場合に、既往症が本件事故による損害の発生や拡大に寄与したと明らかに認めるに足る証拠はなく、また既往症の治療と本件事故による治療とが診療録上明確に分離されており、本件の治療費に既往症の治療費は含まれていないことから、素因減額をする必要性を認めなかった。

11　責任能力（民法713条）

⑴　責任を認めなかったもの

名古屋地判　令2・10・21（中町翔）【⑤（94）1272頁】は、被告Ｙが運転する被告車（普通乗用自動車）が、Ｙの意識喪失の状態で発進し、Ａ社の所有する店舗用建物に衝突し

て建物が損壊したので、Ａ社と保険契約を締結していたＸ保険会社がＡ社に損害保険金を支払い、Ａ社のＹに対する損害賠償請求権を保険法 25 条 1 項に基づき代位取得したとして、Ｙに対し損害賠償金の支払を求めた事件において、Ｘが、Ｙには、道路交通法66 条に違反して被告車を運転した点に民法 713 条ただし書の過失があり、仮にこれが同条ただし書の過失にあたらないとしても、民法 709 条の過失にあたるから、Ｙは本件事故について損害賠償責任を負うと主張したのに対し、民法 713 条ただし書の過失とは意識喪失を招くことについての予見可能性に基づく結果回避義務違反をいうとし、本件においてＹの意識喪失を招いた敗血性ショックの原因は不明であり、Ｙが運転中に敗血性ショックを発症して意識喪失の状態に陥ることについて予見可能性は認められないとして同条ただし書の過失を認めず、また、本件事故の直接的な原因はＹが被告車を急発進させたことにあり、道路交通法 66 条に違反して被告車を運転した行為と本件事故との間に相当因果関係はないとして、Ｘの主張を認めなかった。

第2　損害賠償の範囲と損害額の算定

1　積極損害

⑴　治療費

　横浜地判　令2・3・19（郡司英明）【②〔29〕399頁】は、治療関係費の診療報酬単価1点20円につき、健康保険法に基づく診療報酬体系による単価10円に引き直すべきとの被告主張に対し、治療内容や薬の処方が過剰といった事情もなく、不相当に高額とはいえないとして被告主張を認めなかった。**名古屋地判　令2・7・1（中町翔）【④〔62〕851頁】**は、室料差額（42万円）につき、原告（女・81歳・主婦）が、入院時において右下肢への荷重制限、筋力低下等により車椅子生活で、排泄、更衣等日常生活動作全般に介助を要する状態であったことから、原告について見守り条件を付し、看護師のサービスステーション近くの差額部屋に入院させた医師の判断は合理的であるとして事故との相当因果関係を認めた。**神戸地判　令2・7・16（岸本寛成）【④〔64〕894頁】**は、鍼灸院のはり、きゅう、マッサージでの1回1万2000円の施術費につき、労災給付の基準等に照らして、1回6000円の限度で事故との相当因果関係を認めた。**大阪地判　令2・9・25（溝口優）【⑤〔87〕1166頁】**は、尺骨神経亜脱臼を受傷し、医師から手術を勧められたが、妊娠が発覚し、その後出産して育児を行う必要があることから、手術治療を受けなかった結果、右小指、環指のしびれ等の症状が継続した被害者（女・30歳・客室乗務員）の治療費につき、手術治療を実施していた場合の症状固定日以後の治療費（薬剤費及び通院交通費を含む）についても、妊娠中の手術を回避することや、育児の都合上、手術治療のための入院が困難であることは通常生じうる事態であるとして、事故と相当因果関係のある損害と認めた。**横浜地判　令2・10・22（川嶋知正）【⑤〔95〕1278頁】**は、診療報酬の算定につき、健康保険法の診療報酬体系に従って1点単価を10円と算定すべきであるとする被告側の主張は、損害賠償実務において広く定着するに至っているとまではいえないとして、事故直後の受診病院（1点15円）と、その後の受診病院（1点20円）の算定に基づく治療関係費全額を損害と認めた。**東京地判　令2・11・4（久保雅志）【⑥〔103〕1374頁】**は、被害者（女・年齢不明・パート兼業主婦）が事故の翌々日にA整形外科を受診し、約1週間の安静加療を必要とする頸椎捻挫、背部打撲傷と診断され、事故の1週間後に痛みが軽減し、その後2回通院した後、A整形外科への通院を約5か月間中断し、その期間中、3ないし4日に1回程度の頻度でB接骨院への通院を継続した場合に、接骨院への通院については、A整形外科では特に相談していないことなどを考慮しても、事故と相当因果関係が認められるとして、5か月間の施術費

全額（合計 25 万 8930 円）を損害と認めた。**横浜地判　令 2・11・10（角井俊文・藤原・鈴木）【⑥〔106〕1403 頁】**は、被告車（普通乗用自動車）が停車中の原告車（普通乗用自動車）に追突し、原告が頸椎捻挫及び腰椎捻挫を受傷して整骨院に通院したことについて、医師が整骨院への通院を禁止しておらず、整骨院の施術内容は主にマッサージであり、一時的には症状が緩和しており、通院期間（88 日間）にも照らし、整骨院利用について一応の必要性、有効性を認め、通院期間が著しく長いということもできないとしつつ、医師は整骨院への治療を指示したり、積極的に勧めておらず、原告は、整骨院の施術を受けても翌日には再度痛みを生じていたうえに、88 日間の通院期間のうち約 7 割に相当する 61 日間も通院しており、事故の態様からして衝撃の程度はさほど大きくないとして、整骨院に係る治療費及び通院交通費の 50％の限度で事故との相当因果関係を認めた。また、**同判決**は、診療報酬に関し医院が 1 点 25 円、薬局が 1 点 20 円として算出していることに対し、被告が、健康保険法の診療報酬である 1 点 10 円として算出すべきであると主張する考え方は損害賠償実務において広く定着するに至っているとまではいえず、治療期間の相当性は既に考慮しており、治療費の金額が不当に高額になることもないとして、被告の主張を認めなかった。

(2)　将来（症状固定後）の治療費

横浜地判　令 2・1・9（郡司英明）【①〔3〕35 頁】は、原告（男・症状固定時 50 歳・水泳等のインストラクター）の将来の治療費（神経疼痛に対する投薬治療、リハビリテーション・カテーテル処方等のための通院治療）として、症状固定から 3 年後の 1 年間に要した費用（46 万 2129 円）を基礎に、症状固定日から平均余命の 81 歳までの 31 年間につきライプニッツ方式で算定した額を認めた。

(3)　付添看護費

(ア)　入院・通院・自宅

名古屋地判　令 2・7・1（中町翔）【④〔62〕851 頁】は、原告（女・81 歳・主婦）の入通院につき付添いの必要性が認められるとして、付添人である原告娘の交通費（バス、タクシー、自家用車）、入院付添費（日額 6500 円）及び通院付添費（日額 3300 円）を損害と認めた。**神戸地判　令 2・10・8（岸本寛成）【⑤〔92〕1237 頁】**は、被害者（男・症状固定時 51 歳・バス運転手）につき、受傷（右大腿骨骨折・距骨下関節脱臼骨折・左足部骨折等）状況等から、入通院への親族付添いの必要性を認め、親族が付き添った入院中の 49 日間につき、1 日当たり 6000 円、通院中の 38 日間につき 1 日当たり 3000 円の付添看護費を認めた。

⑷　将来の付添看護費（介護費）

　横浜地判　令2・1・9（郡司英明）【①〔3〕35頁】は、原告（男・症状固定時50歳・水泳等のインストラクター）の将来の介護費用につき、後遺障害（脊髄損傷による完全対麻痺―1級1号）により、車椅子の生活で階段が全介助必要、入浴、排便及び風呂等は監視等を要するが自立と評価されていること、リハビリテーション病院の医師の意見等から、当面の間職業介護人の介護が必要とまでは認められないが、65歳以降においてその必要性を認めることができるとして、日額1万円を基礎に65歳から平均余命の81歳までの17年間につきライプニッツ方式により算定した。**大阪地判　令2・3・31（古賀英武）【②〔39〕543頁】**は、高次脳機能障害及び身体性機能障害（別表第一第1級1号）の後遺障害を残した被害者（男・症状固定時16歳）の平均余命62年の将来介護費用について、職業介護人による介護費用は1か月当たり48万円を相当として計9392万0256円を認め、後遺障害の内容や程度や状況に照らすと、被害者の父母による介護も必要であり、職業介護人による介護で、父母の負担は、一定程度軽減されることを考慮して、日額5000円を相当として計2975万7720円（合計1億2367万7976円）を認めた。**名古屋地判　令2・11・20（安田大二郎・前田・谷）【⑥〔111〕1473頁】**は、原告（女・症状固定時55歳・主婦（有職））の後遺障害による介護費用（施設費用）、車椅子購入費用、装具購入費用及び福祉車両費用の算定例。**東京地判　令2・11・26（中村さとみ・田野井・齊藤）【⑥〔115〕1531頁】**は、X（男・症状固定時65歳・一人会社である有限会社代表）の将来介護費（後遺障害等級2級1号）につき、口頭弁論終結時までは、職業介護分（自己負担分72万4628円）及び近親者介護分（1日当たり平均3000円を基礎に3年分（298万1904円））を認め、口頭弁論終結後は、1日当たり1万3000円を基礎に、平均余命である19年に対応するライプニッツ係数から口頭弁論終結時までの3年に対応するライプニッツ係数を控除して算定した額（4442万3164円）（以上の将来介護費合計4812万9696円）を認めた。

⑸　弁護士費用

　東京地判　令2・10・30（綿貫義昌）【⑤〔100〕1349頁】は、原告会社が、事故により受傷した原告（原告会社代表者）が休業したにもかかわらず、役員報酬を支払っていた場合に、反射損害（民法422条類推適用による損害賠償請求権の代位）は、原告会社が原告に支払をした限度で原告の休業損害に相当する損害賠償請求権が原告会社に移転するものであり、弁護士費用は代位の対象外であるから、原告会社は弁護士費用を請求することはできず、遅延損害金は、代位の日の翌日から発生するとした。**名古屋地判　令2・11・20（安田大二郎・前田・谷）【⑥〔111〕1473頁】**は、弁護士費用に関し、原告が訴訟提起前に自賠責保険金の被害者請求をしていないことなどから事故と相当因果関係にあるのは認容額の5％を超えないとする被告の主張に対し、被害者請求をするか否かは原

告の選択に委ねられており、実務的に、任意保険の保険者の一括払いがあることも考慮すると、被害者請求をしていないことをもって弁護士費用を減額することは相当でないとした。

⑹　交通費等（将来含む）

横浜地判　令2・1・9（郡司英明）【①〔3〕35頁】は、原告（男・症状固定時50歳・水泳等のインストラクター）の将来の通院（交通）費として、症状固定日から64歳までは（自分の）車で通院することを前提に、1回当たりの費用921円を基礎に、65歳以降平均余命の81歳までは体力の低下により介護タクシーを利用するとして1回当たりの費用2万2060円を基礎にライプニッツ方式により算定した額を認めた。**大阪地判令2・3・31（古賀英武）【②〔39〕543頁】**は、頸部外傷後遷延性意識障害及び四肢・体幹運動障害等の傷害を負って入院中の被害者（男・15歳）の父母が、別々に見舞いに行く場合には、父が仕事に車を使用しており、病院は鉄道の駅が近くになかったため、母がレンタカーを使用して見舞いに行っていた場合に、レンタカーを利用するにやむを得ない状況があるとして、レンタカー費用は事故と相当因果関係を有するが、レンタカーの利用がもっぱら見舞い目的であったことを認めるに足りる証拠はないとして、レンタカー費用10万6380円のうち、50%相当の5万3190円を損害と認めた。また、**同判決**は、高次脳機能障害及び身体性機能障害（別表第一第1級1号）の後遺障害を残した被害者（男・症状固定時16歳）の父母が、症状固定後も34か月間被害者の見舞いに病院へ赴いていた場合に、被害者の症状に照らすと、症状固定後の見舞い交通費（1回の片道の交通費8150円）は事故と相当因果関係を有する損害と認められるが、その頻度については、症状固定後であること等の事情に照らし、月4回が相当であるとして、合計221万6800円を認めた。**大阪地判　令2・6・10（永野公規）【③〔45〕630頁】**は、原告（女・16歳・高校1年生）が事故翌日に、親族（母、叔母）と行くことを予定していたテーマパーク（ユニバーサルスタジオジャパン）行きを中止したことによる損害4万5800円（東京在住の叔母の交通費2万4860円、原告、母、叔母のチケット代2万940円）の賠償を認めた。**名古屋地判　令2・11・20（安田大二郎・前田・谷）【⑥〔111〕1473頁】**は、原告（女・症状固定時55歳・主婦（有職））の夫及び2人の子は今後も週3〜4回の頻度で継続的に原告が入所している施設に見舞いに行く予定であるとの原告の主張について、将来の見舞いの頻度を現時点で予測することは困難であるが、少なくとも原告の夫及び2人の子のうちの1人が週1回の頻度で見舞いに行く蓋然性があるとして、近親者の固有慰謝料とは別に、将来分の見舞人交通費を認めた。**さいたま地判　令2・11・24（吉村美夏子）【⑥〔112〕1483頁】**は、事故により急性硬膜下血腫等を受傷し、埼玉県内の医療機関に入院している原告（男・65歳・給与所得者）を見守るための駆け付け費用につき、秋田県、横浜市、静岡県在住の親族らが事故後約1か月間に複数回

来院したことに伴う交通費・宿泊費・休業補償・諸費用（合計 60 万 1127 円）は、被告
もその金額を確認していること、また、身近に原告の世話ができる者がいないこと等を
理由として事故による損害と認めた。

(7)　家屋購入・改造費等

　横浜地判　令 2・1・9（郡司英明）【①〔3〕35 頁】は、原告（男・症状固定時 50 歳・
水泳等のインストラクター）の自宅建設関連費用につき、旧宅をリフォームして車椅子
で生活できるようにすることは、現実的に著しく困難でかつ非利便的、非経済的である
といわざるを得ず、旧宅を取り壊して新築する必要性を認めることができるとし、その
新築が介護を要する高齢の父親と同居するためであったとしても、本件事故と新築に係
る損害発生との間の因果関係は否定されないとして、新宅の建築代金（2751 万 6000 円）
から福祉設備を除いた同規模の住宅を建築する費用（1901 万 9307 円）との差額（849
万 6693 円）の請求は正当なものであるとし、これに加えて設計費用、旧宅解体工事費
用、測量費用、擁壁工事費用を認めた。**大阪地判　令 2・3・26（古賀英武）【②〔35〕489
頁】**は、事故により左下腿切断の傷害を受けた被害者（女・症状固定時 48 歳・兼業主
婦）の自宅浴室、洗面室等の家屋改造費 143 万円について、同居家族（夫と 2 人の子）
の利便性を向上させていることを理由として 30％にあたる 42 万 9000 円の限度で、事
故との相当因果関係を認めた。**名古屋地判　令 2・7・1（中町翔）【④〔62〕851 頁】**は、
骨盤骨折の傷害を負い、12 級 7 号の後遺障害（右股関節の可動域制限）を残した原告
（女・症状固定時 82 歳・主婦）につき、住宅改修費（18 万 9000 円）、浴室改修費（39
万 4560 円）、介護ベッドレンタル代（1 万 6200 円）、介護用シャワー椅子代（2289 円）、
歩行器代（1 万 9000 円）、杖代（4800 円）等を損害として認めた。

(8)　車両購入費・車両改造費

　横浜地判　令 2・1・9（郡司英明）【①〔3〕35 頁】は、原告（男・症状固定時 50 歳・
水泳等のインストラクター）の車椅子用のクッションシート（耐用年数 4 年）、便座の
クッション（耐用年数 4 年）、マットレス（耐用年数 3 年）、バリアフリー小判型便座
（耐用年数 8 年）、大型浴槽用ベンチ（耐用年数 8 年）、自動車改造費（耐用年数 5 年）
として、それぞれ平均余命の 81 歳までの耐用年数に応じた買換えの必要性を認めた。
名古屋地判　令 2・11・20（安田大二郎・前田・谷）【⑥〔111〕1473 頁】は、原告（女・症状
固定時 55 歳・主婦（有職））の後遺障害による介護費用（施設費用）、車椅子購入費用、
装具購入費用及び福祉車両費用の算定例。

(9)　車椅子購入費（レンタル含む）

　横浜地判　令 2・1・9（郡司英明）【①〔3〕35 頁】は、原告（男・症状固定時 50 歳・

水泳等のインストラクター)の車椅子代(室内用19万4900円、室外用35万100円)
につき、耐用年数6年で平均余命の81歳まで5回買換えが必要であるとして認めた。
名古屋地判 令2・11・20(安田大二郎・前田・谷)【⑥〔111〕1473頁】は、原告(女・症状
固定時55歳・主婦(有職))の後遺障害による介護費用(施設費用)、車椅子購入費用、
装具購入費用及び福祉車両費用の算定例。

⑽ 介護器具購入費(レンタル含む)

横浜地判 令2・1・9(郡司英明)【①〔3〕35頁】は、原告(男・症状固定時50歳・
水泳等のインストラクター)の車椅子用のクッションシート(耐用年数4年)、便座の
クッション(耐用年数4年)、マットレス(耐用年数3年)、バリアフリー小判型便座
(耐用年数8年)、大型浴槽用ベンチ(耐用年数8年)、自動車改造費(耐用年数5年)
として、それぞれ平均余命の81歳までの耐用年数に応じた買換えの必要性を認めた。
名古屋地判 令2・7・1(中町翔)【④〔62〕851頁】は、骨盤骨折の傷害を負い、12級7
号の後遺障害(右股関節の可動域制限)を残した原告(女・症状固定時82歳・主婦)
につき、住宅改修費(18万9000円)、浴室改修費(39万4560円)、介護ベッドレンタ
ル代(1万6200円)、介護用シャワー椅子代(2289円)、歩行器代(1万9000円)、杖
代(4800円)等を損害として認めた。

⑾ 将来の雑費

横浜地判 令2・1・9(郡司英明)【①〔3〕35頁】は、原告(男・症状固定時50歳・
水泳等のインストラクター)の将来の雑費(お尻ふきシート、手袋、おむつ等)とし
て、1月当たり1万6386円を基礎に、平均余命の81歳までの31年につき、ライプ
ニッツ方式により算定した額を認めた。

⑿ 装具代

大阪地判 令2・2・28(丸山聡司)【①〔20〕298頁】は、右足変形の後遺障害のため、
起立すると右足かかとが地面に着かなくなっている被害者(女・症状固定時26歳・専
業主婦)の将来装具費として、平均余命61.64年について、1回の靴型装具代15万
1200円を耐用年数10年として合計6回買い換えるものとし、1回の本底代1万5400
円を対応年数5年として合計12回買い換えるものとし、1本の杖代6890円を耐用年数
5年として12回買い換えるものとし、1回の替えゴム代310円を耐用年数2年として
合計30回買い換えるものとし、それぞれライプニッツ方式により算定した。**大阪地判
令2・3・26(古賀英武)【②〔35〕489頁】**は、事故により左下腿切断の傷害を受けた被害
者(女・症状固定時48歳・兼業主婦)の将来の器具装具費(杖、介護用風呂椅子、介
護用シューズ)につき、症状固定時の平均余命期間40.19年間について、各器具等の耐

用年数ごとに買換えを行うものとして、ライプニッツ方式により算定した。**大阪地判令2・3・31（古賀英武）【②〔39〕543頁】**は、高次脳機能障害及び身体性機能障害（別表第一第1級1号）の後遺障害を残した被害者（男・症状固定時16歳）につき、車椅子及び座位保持装置購入費303万0087円、障害者用車（車椅子用の車両）購入費266万8954円、介護用品（電動ベッド、エアマットレス、吸引器、リフト等、安楽キャリー椅子）購入費591万0040円を損害と認めた。**名古屋地判　令2・11・20（安田大二郎・前田・谷）【⑥〔111〕1473頁】**は、原告（女・症状固定時55歳・主婦（有職））の後遺障害による介護費用（施設費用）、車椅子購入費用、装具購入費用及び福祉車両費用の算定例。

⒀　転居費用等

京都地判　令2・10・28（野田恵司）【⑤〔97〕1304頁】は、事故により必要となった会社営業所の引越作業を自力で行うため、原告会社が無許可業者から借り入れたレンタカー代を交通事故の損害として加害者に請求することは、当該業者の行政法規違反の問題が生じることは格別、レンタカー代の実体法上の請求権は有効に発生し、交通事故の被害者が加害者に対して損害賠償請求をすることは妨げられないとして、その請求を認めた。

⒁　事故調査費用

札幌地判　令2・8・24（武部知子・目代・川野）【④〔73〕990頁】は、被害車両に評価損が発生した場合に、一般財団法人日本自動車査定協会の事故減価額証明書は評価損の発生及びその価額を認定するにあたって一定の参考となる資料であるとして、同証明書を取得するために要した査定料1万2390円を事故と相当因果関係のある損害と認めた。

⒂　成年後見費用

名古屋地判　令2・11・20（安田大二郎・前田・谷）【⑥〔111〕1473頁】は、原告（女・症状固定時55歳・主婦（有職））の成年後見費用に関し、原告の成年後見人は夫であり、経済的同一性が認められるから、その報酬は事故による損害とはいえないとする被告の主張について、基準となるのは原告本人の財産であり、これが減少した以上は原告に損害が生じているとして、被告の主張を認めなかった。

⒃　テーマパークチケット代

大阪地判　令2・6・10（永野公規）【③〔45〕630頁】は、原告（女・16歳・高校1年生）が事故翌日に、親族（母、叔母）と行くことを予定していたテーマパーク（ユニバーサルスタジオジャパン）行きを中止したことによる損害4万5800円（東京在住の叔母の

交通費2万4860円、原告、母、叔母のチケット代2万940円）の賠償を認めた。

2　消極損害

(1)　休業損害

(ア)　主婦（夫）等

(i)　家事専従

大阪地判　令2・2・28（丸山聡司）【①〔20〕298頁】は、事故により右脛骨・腓骨開放骨折、右距骨骨折、右足背デグロービング損傷等の傷害を受けた被害者（女・24歳・専業主婦）が、事故後症状固定時まで約2年4か月の間、5度にわたり入退院を繰り返した場合の休業損害について、事故前の賃金センサス女性全年齢平均賃金を基礎として、入院中につき100%、各退院期間につき休業損害の割合を80%から27%まで漸次逓減させて算定し、合計503万6025円を認めた。**神戸地判　令2・6・4（岸本寛成）**【③〔44〕617頁】は、事故により神経痛及び頸部痛の傷害を受けた被害者（女・82歳・主婦）の休業損害につき、賃金センサス女子学歴計70歳以上の平均賃金を基礎収入とし、通院状況及び事故前に足の手術を受け通院していたことを考慮し、通院日（65日）について20%の労働能力喪失を認めて算定した。**名古屋地判　令2・7・1（中町翔）**【④〔62〕851頁】は、脳梗塞の既往症がある夫及び娘と同居し、原告の夫の世話は原告娘が担い、料理、買物等の家事労働を主として担っていた原告（女・81歳・主婦）の休業損害につき、原告が心臓ペースメーカー植え込みにより身体障害者手帳1級であることは、体力等への影響は特段指摘されていないから、これを重視することは相当でないとして、賃金センサス女性・学歴計・70歳〜の80%を基礎とし、家事への支障の程度として入院期間118日については100%、通院期間245日については70%と認めて算定した。

(ii)　有職

横浜地判　令2・2・10（藤原和子）【①〔10〕143頁】は、原告A（女・症状固定時35歳・主婦・パートタイマー）の休業損害につき、基礎収入を就労分と家事労働分を合わせ賃金センサス産業計・企業規模計・学歴計・女子全年齢平均賃金とし、事故後もパートを休業したことがないこと等を理由として、実通院日数57日につき、50%の休業を認めた。**東京地判　令2・3・10（鈴木秀雄・石井・今村）**【②〔24〕346頁】は、原告（女・32歳・兼業主婦（アパレル販売員））の腰部打撲、左足関節捻挫の傷害による休業損害の算定例について同居する娘のために従事していた家事労働の内容等としては、事故時の女性・学歴計・全年齢平均賃金額に相当するものであったと認める一方で、アパレル販売員としては同額を超えて収入を得ることはできなかったとして、基礎収入を前記平均賃金とするのが相当とし、傷害の内容・程度、治療経過等から、治療期間121日間を

通じて20％の家事労働の制限を認めて算定した。**大阪地判　令2・3・26(古賀英武)【②〔35〕489頁】**は、事故により左下腿切断の傷害を受けて163日間入院した被害者(女・47歳・兼業主婦)の休業損害について、事故日から症状固定日までの189日間について、被害者主張にかかる労災保険給付の給付基礎日額3910円を基礎収入とし、入院期間中の163日間については100％、退院後の26日間については80％の割合で算定した。**東京地判　令2・6・12(綿貫義昌)【③〔47〕655頁】**は、交通事故によって骨折し、237日間入院し、併合9級の後遺障害が残り、利き手が不自由になり、階段の昇降ができなくなったことから、症状固定まで1752日間休業が必要になった原告(女・73歳・主婦(有職))の休業損害について、義理の息子Aの同居の親族としてAの家事を行っていたが、Aが成人男性であること及び原告の年齢に鑑み、家事労働の程度は専業主婦に比べるとかなり少なかったとして、Aの所有するビルの清掃業務及び家事の分担をしていたことを合わせて、基礎収入をAから受けていた給与(月額15万円)の半分強の月額8万円と認めて算定した。**名古屋地判　令2・6・12(及川勝広)【③〔48〕662頁】**は、事故時、夫と小学生の子2人と同居し、家事を行うとともに、デイサービスセンターで就労していた被害者(女・41歳・主婦(有職))の休業損害につき、事故後、デイサービスでの仕事を休んでおらず、減収もなかったことから、家事労働に対する制限の程度も限定的であったが、少なくとも通院治療に要する時間は家事労働が制限されたということもできるとして、基礎収入を賃金センサス・女・学歴計・全年齢平均賃金とし、実通院日数26日につき、その30％の限度で認め、離婚して元夫や子らと別居した後は家事労働を行う兼業主婦ということはできないとして休業損害を認めなかった。**横浜地判　令2・10・22(川嶋知正)【⑤〔95〕1278頁】**は、被害者(女・55歳・私立高校非常勤講師)の休業損害につき、被害者をいわゆる兼業家事従事者であったと認め、事故年賃金センサス女性労働者の平均年収額を基礎収入とし、実通院日につき家事労働に50％の制限が生じたと認めて算定した。**東京地判　令2・11・4(久保雅志)【⑥〔103〕1374頁】**は、被害者(女・年齢不明・パート兼業主婦)の休業損害について、頸椎捻挫、背部打撲傷の症状は重い物を持ったり、洗濯機の中に手を入れたりするなど、何か作業をする際に痛みが出ることがあるというものであって、事故後、パート(小学校における給食の調理補助等)も欠勤しておらず、事故の影響は限定的なものにとどまっていた場合に、通院日(合計47日)について、通院により家事への支障が30％生じたものと認められるとして、賃金センサス女性学歴計全年齢平均賃金を基礎収入として算定した。**名古屋地判　令2・11・20(安田大二郎・前田・谷)【⑥〔111〕1473頁】**は、原告(女・54歳・主婦(有職)(新聞配達(年収約86万円)))の休業損害について、原告は、フルタイムで勤務する夫及び成年の子2人と同居し、家事を担っていたことから、賃金センサス女性学歴計全年齢平均賃金を基礎収入として算定した。

㈅　給与所得者

(i)　会社員

大阪地判　令2・9・25（溝口優）【⑤〔86〕1135頁】は、原告（男・50歳・会社員）の休業損害につき、受傷結果は打撲や捻挫であり、一般的には休業を要する程度の症状が発現することは考え難く、休業が必要になるとは通常考えられないが、原告の症状は主観的には軽減することなく継続しているので、素因減額を行うこととの均衡上、休業損害の算定にあたって、実際の休業日数（119日）を減じないとした。**名古屋地判　令2・11・30（前田亮利）【⑥〔118〕1563頁】**は、停車中の原告車（普通貨物自動車）が被告車（普通乗用自動車）に追突された事故による原告（男・年齢不明・会社員）の休業損害につき、傷病休暇（有給）は負傷・病気のため療養する必要がある場合に限って取得できるものであり、時季を指定して使用できる年次有給休暇とは異なり、傷病休暇の取得によって年次有給休暇を使用した場合と同様の財産的損害があったとみることは困難だとして、傷病休暇の取得日分として支給された給与の金額分の休業損害を認めなかった。

(ii)　飲食店勤務

京都地判　令2・6・24（野田恵司）【③〔60〕801頁】は、たこ焼き店等の仕事に従事していた被害者（女・47歳）の休業損害につき、左股関節捻挫の影響で連続での立ち仕事が困難な状態が継続し、短期間で従前の仕事に復帰するのは困難であったが、自動車を運転して通院することに支障はなかったことなどから、事故後3か月間は100％、その後3か月間は平均50％、その後は実通院日数81日に限り50％の休業損害を認めた。**大阪地判　令2・10・29（石丸将利）【⑤〔99〕1323頁】**は、飲食店に勤務する原告（男）の休業損害につき、事故との相当因果関係を認める約7か月の治療期間のうち、器具等による消炎鎮痛等処置がなされた事故後約5か月間に限り休業の必要性を認めた。

(iii)　客室乗務員

大阪地判　令2・9・25（溝口優）【⑤〔87〕1166頁】は、受傷により勤務日数を減らさざるを得なかったとして休業損害を求める被害者（女・30歳・客室乗務員）の主張につき、事故後に勤務日数が減少していることは認められるが、事故翌月の休暇取得期間と勤務日数の状況、及び、その後の長期休暇期間中に頻回の通院をしたものではないことによれば、事故による負傷の影響で、勤務日数が減少したと認めることはできないとして、同主張に係る休業損害は認めなかった。また、**同判決**は、受傷通院中に婚姻し、転居して夫と同居を開始し、妊娠による休暇取得を経て退職した被害者（女・30歳・客室乗務員）の休業損害につき、転居後については家事労働者と評価できるとし、この頃の主たる症状が右肘関節伸側の痛みと右小指のしびれであることから、休業率は5％

として、妊娠による治療中断期間を除いた通院期間の休業損害（8.5か月）につき、基礎収入を事故年の賃金センサス・女・学歴計・全年齢平均として算定した。

(iv) パチンコ店勤務

大阪地判 令2・11・25（石丸将利・溝口・須藤）【⑥〔114〕1505頁】は、交通事故により右脛骨高原骨折及び右腓骨頭骨折、非器質性精神障害（14級相当の後遺障害が残存）の傷害を負った被害者（女・57歳・パチンコ店の清掃業務等に従事）につき、被害者が事故による入院中に勤務先を退職しているところ、その退職は、事故により清掃の業務に従事できなかったためであると推認され、事故と退職との間には相当因果関係があるうえ、退職をもって、退職日の翌日以降は休業損害が発生しないということになるわけではないとして入院期間（125日）は100％、症状固定日までの通院期間（1115日）は平均して35％の割合で休業損害を認めた。

(v) バス運転手

神戸地判 令2・10・8（岸本寛成）【⑤〔92〕1237頁】は、被害者（男・症状固定時51歳・バス運転手）の休業損害につき、事故前年の年収を基礎収入とし、入院期間（168日）及び退院から再手術までの通院期間（237日）につき100％の、再手術後の退院日から再就職するまでの期間（527日）につき傷害の影響はあるものの通常勤務をしていること等から平均して50％の休業の必要性を認めて算定した。

(vi) 職種不明

名古屋地判 令2・7・17（及川勝広）【④〔65〕903頁】は、事故により頸椎捻挫、左膝関節捻挫、両肩挫傷と診断された原告（男・62歳・給与所得者）の退院後の休業期間及び休業割合につき、退院翌日からの11日間は出勤5日、欠勤4日、その後の1か月は出勤12日、欠勤10日であり、退院約2か月後の病院診療録には、退院2か月後から本勤務、今まではならし運転である旨の記載があり、原告が退院時に早く仕事復帰するように医師から指導されていたことも考慮して、退院翌日から20日間につき70％、その後の41日間につき40％と認めた。

(ウ) 事業所得者

(i) 会社代表者

神戸地判 令2・2・27（大島道代）【①〔19〕280頁】は、原告（女・事故時55歳・建築設計等を行う会社の代表取締役）の休業損害につき、労働対価部分を認めるに足りる証拠がないとして、健康保険協会が傷害手当金の支給に際し、原告の報酬につき役員報酬月額30万円のうち3分の2が労働対価部分と算定して日額6667円としたことに準じ

て、177 日（入院 85 日、通院 92 日）につき約 118 万円を認めた。

(ii)　鍼灸師

大阪地判　令2・2・12（石丸将利・山﨑・久保）【①〔11〕157 頁】は、本件事故の後、別件事故による治療も受けた被害者（男・44 歳・鍼灸師）の休業損害につき、事故前年の所得に将来の事業継続のために支出を免れない固定費（損害保険料及び減価償却は認め、地代家賃は住居費の可能性があるとして否定）を加算して基礎収入としたうえで、入院日（33 日）は 100％、退院後、別件事故発生日までの通院日（174 日）は 50％、その後症状固定日までの通院日（57 日）は 25％の限度で本件事故との相当因果関係を認めた。

(iii)　理容・美容師業

東京地判　令2・7・22（田野井蔵人）【④〔68〕944 頁】は、理容業を営む被害者（男・年齢不明）の休業損害につき、事故後 1 か月程度は左肩の可動域制限が大きい一方、その後の関節腔内注射で大分楽になった等の供述や、事故から約 2 か月後以降に登山等していることなどに基づき、事故後当初 30 日間は 60％、続く 30 日間は 20％の限度で就労に支障があったとし、事故前年の所得額を基礎として算定した。

(iv)　動物病院経営者

横浜地判　令2・5・28（郡司英明）【③〔42〕582 頁】は、原告（男・45 歳・動物病院経営）の事故による休業損害につき、事故後も動物病院を開院し続けており、通院に要した時間は 2、3 時間程度であったことを踏まえ、通院日（合計 67 日）につき 50％の休業割合を認めたうえ、事故前年の青色申告を前提に、売上金額から売上原価及び固定経費を控除した金額を基礎収入として算定した。

(v)　飲食店経営

名古屋地裁岡崎支判　令2・8・6（近田正晴）【⑥〔70 の2〕1629 頁】は、農業に従事しカフェを営む原告（男・54 歳）の休業損害につき、カフェ休業中はその利益だけでなく、固定費等の損害が発生すると認め、原告の年齢相応の損害が発生するとして、賃金センサス男子学歴計 50 歳から 54 歳の平均賃金を基礎収入として算定した。**東京地判　令2・11・16（島﨑卓二）【⑥〔109〕1454 頁】**は、休業損害の算定に関し、賃金センサスと同程度の収入が得られる蓋然性はないとして、原告（男・39 歳・居酒屋経営者）の事故直前の利益に固定経費を加えた額（約 280 万円）を基礎収入と認めた。

⒱　建築請負業等 (リフォーム業含む)

大阪地判　令2・9・8 (須藤隆太)【⑤〔81〕1076頁】は、リフォーム工事等を行う個人事業主として稼働する被害者亡A (男・73歳) の休業損害及び逸失利益算定の基礎収入につき、原告らが主張する所得は、売上高から原価を控除した粗利益であり、経費等の控除がなく、また、正確な金額の算定が困難になったのは一切の税務申告もしていなかった被害者の不作為にも原因があり、休業損害の算定にあたっては多少控え目な認定をすることもやむを得ないとして、原告らが主張する所得金額 (年額316万4697円) の80%とした。また、**同判決**は、事故により、右肩腱板損傷、右膝関節捻挫等の傷害を負い、10級10号の後遺障害を残して症状固定した被害者 (男・症状固定時74歳・リフォーム工事業) の休業損害につき、事故日から60日間については100%、その後の51日間は80%、その後の69日間については60%、その後の22日間については40%の休業を要したものと認めて算定した。

㋓　エステティシャン

東京地判　令2・6・23 (川崎博司)【③〔57〕779頁】は、頸椎捻挫、肩関節打撲等を受傷した被害者 (女・43歳・エステティシャン) の休業損害につき、エステティシャンとして稼働するとともに、内縁の夫のために家事に従事していたが事故の約10か月後に内縁関係が解消された事実から、事故により一定の支障が生じたことを認め、事故前年の賃金センサス女性学歴計全年齢平均日額を基礎に、症状固定 (後遺障害等級14級) までの418日間につき、25%の労働能力喪失を認めて算定した。

㋔　外国人

さいたま地判　令2・2・7 (加藤靖)【①〔9〕133頁】は、パキスタン国籍の被害者 (男・年齢不明・個人企業従業員) の休業損害につき、休業損害を認める余地のある事故日から症状固定日までの期間のうち、パキスタンに帰国していた期間については、日本で支給を受けていた毎月の給料よりも高額の給料を得ていたことからこれを認めず、休業損害を認めることができる期間は日本に滞在していた合計23日間に限られるとして、事故前の給料支給額を考慮して20万円を認めた。

㋕　無職

神戸地判　令2・6・18 (大島道代)【③〔55〕744頁】は、原告 (女・事故時48歳・症状固定時49歳・家族経営の美容院で美容師として稼働) の休業損害及び後遺障害逸失利益につき、美容師としての稼働は、就労実態が客観的に明らかではないうえ、原告自身も無報酬であったと供述し、所得証明書にも収入として計上されていないこと、また、家事従事者の点についても、原告に夫がいることは認められるものの、住民票によれば

原告の世帯は原告のみの単身世帯であり、家事提供の家族を確認することができない等実態が明らかでないことから、いずれについても認めなかった。

㈭ 生活保護受給者

大阪地判 令2・11・25（石丸将利・溝口・須藤）【⑥〔114〕1505頁】は、生活保護費は困窮のため最低限度の生活を維持することのできない者に対して給付されるものであって休業補償の性質を有するものでないうえ、交通事故の被害者が事故により休業を余儀なくされ、生活保護を受けるに至った場合、そのことにより加害者が賠償を免れるべき理由はないから、被害者が生活保護を受給したからといって、被害者に休業損害が生じないとはいえないとした。

㈯ 僧職

神戸地判 令2・7・16（岸本寛成）【④〔64〕894頁】は、寺の住職として勤務する原告（男・症状固定時29歳）が、本件事故による傷害のため、檀家を回って経をあげる、いわゆる棚経をあげることができなかったとして求める休業損害につき、事故翌年から給与の増額があり、棚経によるお布施が給与とは別の原告の収入であったことを認めるに足りる客観的証拠がないとして、認めなかった。

(2) 後遺障害による逸失利益

㋐ 高校生・大学生等

(i) 高校生

大阪地判 令2・3・19（古賀英武）【②〔30〕420頁】は、被告（女・症状固定時18歳・高校生）の後遺障害（頸部鈍重感、頸椎の運動制限等の症状につき、脊柱に変形を残す―11級7号）による逸失利益につき、事故時高校生だったが、卒業後に化粧品会社に就職していること、その収入状況から、症状固定年の賃金センサス女・高専短大卒・全年齢の平均賃金額を基礎収入とするのを相当とし、労働能力喪失率につき残存症状（頸部の痛みが残っており、首が右後ろに回りにくい状態）の内容を踏まえ14%とし、労働能力喪失期間を49年間として、ライプニッツ方式により算定した。

(ii) 大学生

大阪地判 令2・3・2（寺垣孝彦・永野・須藤）【②〔21〕313頁】は、原告（男・症状固定時18歳・大学生）の後遺障害（右母指IP関節・DIP関節の自動屈曲不可―12級13号）による逸失利益につき、症状固定年の賃金センサス産業計・企業規模計・男・大学卒・全年齢の平均賃金を基礎収入とし、労働能力を大学卒業予定の4年後から67歳になる49年後まで、平均14%喪失したものとしてライプニッツ方式により算定した。

(iii)　専門学校生

大阪地判　令2・6・10（永野公規）【③〔45〕630頁】は、13級6号（右小指の可動域制限）の後遺障害を残した原告（女・16歳・高校1年生、症状固定時18歳・夜間部4年制専門学校1年生）の逸失利益につき、賃金センサス産業計・企業規模計・女・高専短大卒・全年齢平均賃金を基礎収入とし、労働能力を9％喪失したと認め、労働能力喪失期間につき、治療の時間を確保するため、昼間部3年制を諦め、夜間部4年制に進学したことは、事故と因果関係が認められるとして、症状固定日において、昼間部3年生の卒業予定である3年後から67歳までの49年と認めた。

(イ)　主婦（夫）等

(i)　家事専従

大阪地判　令2・2・28（丸山聡司）【①〔20〕298頁】は、被害者（女・症状固定時26歳・専業主婦）の後遺障害（右足関節の機能障害—10級11号、右下肢の植皮瘢痕・線状痕—12級、左下肢の植皮瘢痕・線状痕—14級5号、併合9級）による逸失利益につき、後遺障害のうち身体の可動に影響があるのは右足関節の機能障害のみであるとして、10級相当・27％の割合で労働能力を喪失したと認め、賃金センサス女性全年齢平均賃金を基礎に、就労可能年数41年にわたりライプニッツ方式により算定した。

(ii)　有職

大阪地判　令2・3・26（古賀英武）【②〔35〕489頁】は、被害者（女・症状固定時48歳・兼業主婦）の後遺障害（左下腿切断—5級5号）による逸失利益について、賃金センサス女・学歴計・全年齢平均賃金を基礎として、労働能力喪失率を79％、労働能力喪失期間を19年としてライプニッツ方式により算定した。**名古屋地判　令2・10・7（中町翔）【⑤〔91〕1209頁】**は、被害者（女・47歳・洋服販売員・兼業主婦）の後遺障害（高次脳機能障害—9級10号と醜状痕—併合9級、併合8級）による逸失利益につき、外貌醜状による醜状痕について仕事への直接的な支障を生ずるものと認めつつも、洋服販売員の収入が賃金センサスを下回るものであったため、基礎収入につき家事従事者として賃金センサスの金額を採用するのが相当としたことから、当該醜状痕について賃金センサスの基礎収入を前提とした逸失利益の発生を認めることは困難であるとして、高次脳機能障害の9級に対応する35％の限度で、労働能力喪失率を認めた。**名古屋地判　令2・11・20（安田大二郎・前田・谷）【⑥〔111〕1473頁】**は、原告（女・症状固定時55歳・主婦（有職））の後遺障害（両側性片麻痺、高次脳機能障害（神経系統の機能又は精神に著しい障害を残し常に介護を要する）—別表第一第1級1号該当）による逸失利益について、賃金センサス女性学歴計全年齢平均賃金を基礎収入とし、67歳までの12年間、労働能力を100％喪失したものとして算定した。

㈡　給与所得者

（ⅰ）会社役員

横浜地判　令2・3・26（郡司英明）【②〔33〕470頁】は、被害者（男・症状固定時49歳・会社役員）の後遺障害（頸部痛、両側手指しびれ、ふるえ、ふらつき―9級10号）による逸失利益の算定にかかる基礎収入について、役員報酬の金額や従業員3名という会社の規模、被害者がミシンの修理や販売という会社の中心的業務を担い、ほかから収入を得ていないとして、役員報酬の全額を労働の対価と認め、会社の規模からして売上げが大きく変動し、連動して役員報酬も変動しているとして、会社の開業時から事故前までの8事業年度の平均値（525万7500円）を基礎収入として算定することとし、労働能力喪失率35％、労働能力喪失期間18年として、ライプニッツ方式により算定した。

（ⅱ）会社員

名古屋地判　令2・1・28（吉田彩・谷池・谷）【①〔7〕86頁】は、被害者（男・症状固定時46歳・新聞販売店店長）の後遺障害（右眼右側約3cmの線状痕―12級14号、頭痛、右顔面から後頭部のしびれ感等の神経症状―14級9号）による逸失利益につき、外貌醜状についてはその位置・形状、被害者の年齢、職業等を考慮すると労働能力が低下したとまでは認められず、神経症状について労働能力喪失率を5％、労働能力喪失期間を10年として、事故前の年間給与額を基礎にライプニッツ方式により算定した。**東京地判　令2・3・9（石井義規）**【②〔23〕337頁】は、被害者（男・症状固定時35歳・会社員）の後遺障害（左下肢の短縮障害―10級8号、左肩関節の機能障害―12級6号、左肘・左大腿部の痛み―12級13号、併合9級）による逸失利益につき、労働能力喪失期間を原告主張の症状固定時の35歳から60歳までの25年間とし、基礎収入を事故以前の給与収入額（年272万円）、転職をめぐる諸事情を勘案して年300万円としたうえ、事故以前と概ね変わらない雇用条件確保について雇用者による継続的な配慮が期待できるとして労働能力喪失率を12％として算定した。**神戸地判　令2・6・11（大島道代）**【③〔46〕642頁】は、被害者（男・症状固定時37歳・会社員）の12級相当の外貌醜状（顔面挫創、顔面皮膚欠損症、顔面肥厚性瘢痕に伴う左眼下部に長さ3cm以上の線状痕、左頬の2か所に11mm、10mmの線状痕の残存）による損害につき、外貌醜状による労働能力の喪失に関し、外貌醜状の状況（部位）や職業・職種などを考慮のうえ、個別具体的に逸失利益の有無やその程度を検討すべきであり、従前営業業務に従事していたこともあったが、配達業務の際に顔の瘢痕を指摘されることもあり、転職活動においては、配達業務等不特定多数の者と接する機会が少ない業種かどうかを確認し、接客や営業の仕事を避けるようになっているとして、労働能力を7％喪失するとし、労働能力喪失期間を67歳までの30年としてライプニッツ方式により後遺障害逸失利益を算定するとともに、外貌醜状による後遺障害慰謝料280万円を認めた。**東京地判　令2・7・22**

(綿貫義昌)【④〔67〕932頁】は、被害者（男・症状固定時41歳・電気工事会社従業員）の後遺障害（右膝後十字靱帯損傷に伴う動揺関節による右膝関節の不安定―12級7号該当）による逸失利益について、被害者の収入が症状固定後に事故前と比べて減少していないこと及び被害者の就労態様に照らして、労働能力喪失率は12級7号の喪失率14％より減じた12％、労働能力喪失期間は67歳までの26年間とし、基礎収入については60歳までの19年間は事故前年の年収額、61歳から67歳までの7年間はその65％に相当する金額として、ライプニッツ方式により算定した。**金沢地判　令2・8・31（佐野尚也)【④〔78〕1046頁】**は、被害者（男・症状固定時39歳・会社員）の後遺障害（腰痛―11級7号、右肩部痛―14級9号、併合11級）による逸失利益につき、事故後減収は生じておらず、建設コンサルタントとしての業務に制限はありつつも可能な動作も多いことがうかがわれること、年齢（判決時47歳）及び転職の可能性も考慮して、労働能力喪失率を14％とし、症状固定診断時の年収を基礎に、39歳から67歳までの28年間就労可能としてライプニッツ方式により算定した。**大阪地判　令2・9・25（溝口優)【⑤〔86〕1135頁】**は、原告（男・症状固定時51歳・会社員）の後遺障害（局部の神経症状―14級相当）による逸失利益につき、事故前の収入等から算定された基礎収入を基礎に、労働能力喪失率を5％としたうえで、原告の症状は心理的要素によるところが大きく、近い将来に症状が緩解し、あるいは馴化する蓋然性が高いとはいえないとして、労働能力喪失期間を10年とし、ライプニッツ方式により算定した。**東京地判　令2・10・21（久保雅志)【⑤〔93〕1259頁】**は、基本的にはパソコンを用いて作業する業務を行い、長時間作業に苦痛が生じ、残業時間が短くなっている被害者（男・34歳・会社員）の後遺障害（左頬骨部痛、右眼痛―14級9号）による逸失利益につき、事故前年の収入を基礎に、労働能力喪失率5％、同喪失期間5年と認めてライプニッツ方式により算定した。

(iii)　公務員（嘱託職員含む）

神戸地判　令2・2・20（岸本寛成)【①〔15〕215頁】は、被害者（男・症状固定時57歳・地方公務員）の後遺障害（頸部・両手のしびれ―14級9号、耳鳴―12級、併合12級）による逸失利益につき、後遺障害による減収はなかったものの、仕事に対する影響は否定できず、また定年後の再就職等への影響も十分考えられるとして、事故前年の収入を基礎とし、労働能力喪失率を5％、労働能力喪失期間を67歳までの10年間として、ライプニッツ方式により算定した。また、**同判決**は、被害者（女・症状固定時25歳・地方公務員）の後遺障害（頸部の緊張・痛み―14級9号、両眼調節障害―11級1号、併合11級）による逸失利益につき、後遺障害による減収はなかったものの、仕事に対する影響は否定できず、また将来の昇進、昇給に対する影響も十分考えられるとして、賃金センサス女大学卒全年齢平均賃金を基礎とし、労働能力喪失率を9％（13級

相当)、労働能力喪失期間を67歳までの42年間として、ライプニッツ方式により算定した。**東京地判 令2・6・15(今村あゆみ)**【③〔49〕676頁】は、被害者(男・症状固定時48歳・地方公務員)の後遺障害(骨折後の右手関節痛、右尺骨茎状突起骨折の偽関節―12級8号)による逸失利益につき、事故によって収入が減少することがなかったのは、業務に支障が生じ、作業効率が低下しているところを本人の努力や工夫で対応しているものであり、将来の昇進、昇給、転職等に影響が出る可能性は否定できないとして、67歳までの19年間にわたり、5%の労働能力喪失を認め、ライプニッツ方式により算定した。**大阪地判 令2・8・27(石丸将利)**【④〔75〕1006頁】は、原告(男・症状固定時44歳・地方公務員)の後遺障害(左肩上方痛等―12級13号、左肩関節の可動域制限―12級6号)に伴う逸失利益につき、事故年の年収を基礎とし、労働能力喪失率14%、労働能力喪失期間を67歳までの23年としたうえで、事故後に減収は生じていないが、業務に支障が出ており職場の配慮により対処できていることや、将来の人事考課にも影響を及ぼすことを考慮し、2分の1の限度で認めた。

(iv) パチンコ店勤務

大阪地判 令2・11・25(石丸将利・溝口・須藤)【⑥〔114〕1505頁】は、被害者(女・症状固定時59歳・パチンコ店の清掃業務等に従事)の後遺障害(非器質性精神障害―14級)による逸失利益につき、労働能力喪失割合5%、労働能力喪失期間10年として算定した。

(v) 運転手

東京地判 令2・3・27(綿貫義昌)【②〔36〕502頁】は、被害者(男・症状固定時45歳・ハイヤー運転手)の後遺障害(頸部及び腰部の痛み―14級9号、非器質性精神障害―12級13号、併合12級)による逸失利益につき、労働能力喪失率を14%とし、局部の神経症状は5年、非器質性精神障害は10年で労働能力の制限が解消するとして、労働能力喪失期間を症状固定時から10年として、ライプニッツ方式により算定した。**神戸地判 令2・10・8(岸本寛成)**【⑤〔92〕1237頁】は、被害者(男・症状固定時51歳・バス運転手)の後遺障害(右股関節・左足関節の機能障害、右下肢の短縮障害―併合10級)による逸失利益につき、現在の年収は事故前年の年収よりも10から20万円程度低いだけであり、後遺障害による減給はないこと等に照らして、事故前年の年収を基礎収入とし、労働能力喪失率を27%、喪失期間を16年として、ライプニッツ方式で算定した。

　(vi)　職種不明

　東京地判　令2・2・21(鈴木秀雄)【①〔17〕252頁】は、原告(男・症状固定時22歳・高校卒・給与所得者)の後遺障害(顔面の瘢痕及び複数の線状痕や顔面正中部の瘢痕—9級16号、眉毛上〜頭頂部しびれ—14級9号、併合9級)による逸失利益について、神経症状は就労に一定程度の影響を及ぼすおそれがあるが、醜状は直ちに労働能力喪失に具体的に影響を生じさせるものとみることができないとして、高校卒男子の年齢別平均賃金も参考にした380万円を基礎収入とし、労働能力喪失率5％、労働能力喪失期間10年としてライプニッツ方式により算定した。**大阪地判　令2・3・19(古賀英武)【②〔30〕420頁】**は、原告(女・症状固定時26歳・給与所得者)の後遺障害(頸椎捻挫及び外傷性頸部症候群に伴う頭痛及び頸部痛—14級9号)による逸失利益につき、事故後に減収が生じていないのは原告の努力によるものであり、逸失利益を認めるのが相当であるとし、事故前年の年収額を基礎収入として、労働能力喪失期間を5年、喪失率を5％として、ライプニッツ方式により算定した。**京都地判　令2・6・17(村木洋二)【③〔52〕705頁】**は、第1腰椎の変形(11級7号)の既往がある原告(男・49歳・給与所得者)の後遺障害(第1腰椎の変形及びこれに付随する胸腰部痛—8級相当)による労働能力喪失率につき、第1腰椎の変形自体による体幹の支持機能や運動機能等に顕著な障害が生じたとは認められず、腰痛以外の原因による就労への支障はないとして、専ら胸腰部痛の増強が及ぼす影響に着目したうえで、その増悪に他覚所見がないこと等を理由として5％と認めた。

　(エ)　事業所得者
　(i)　会社代表者(会社役員含む)

　東京地判　令2・11・26(中村さとみ・田野井・齊藤)【⑥〔115〕1531頁】は、X(男・症状固定時65歳・一人会社である有限会社代表)の後遺障害(両上下肢の弛緩性麻痺—2級1号該当)による逸失利益について、自ら自動車を運転して荷物を配送する業務に従事して得ていた事故前年の年収300万円を基礎に労働能力喪失率100％、症状固定後7年間についてライプニッツ方式により算定した。

　(ii)　建築請負業(リフォーム業含む)

　大阪地判　令2・9・8(須藤隆太)【⑤〔81〕1076頁】は、リフォーム工事等を行う個人事業主として稼働する被害者亡A(男・73歳)の休業損害及び逸失利益算定の基礎収入につき、原告らが主張する所得は、売上高から原価を控除した粗利益であり、経費等の控除がなく、また、正確な金額の算定が困難になったのは一切の税務申告もしていなかった被害者の不作為にも原因があり、休業損害の算定にあたっては多少控え目な認定をすることもやむを得ないとして、原告らが主張する所得金額(年額316万4697円)

の 80％ とした。

(iii)　飲食店経営

東京地判　令2・11・16（島﨑卓二）【⑥〔109〕1454 頁】 は、原告（男・症状固定時 40歳・居酒屋経営者）の後遺障害（右手の疼痛—12 級 13 号、右母指の機能障害—10 級 7号、併合 9 級）による逸失利益の算定に関し、賃金センサスと同程度の収入が得られる蓋然性はないとし、事故後毎年 180 万円の役員報酬を受け取っているが、事故前年の所得（約 114 万円）、店舗の売上高や経費等を考慮すると、当該役員報酬全額が労務対価性を有するとはいえないとして、150 万円を基礎収入とし、労働能力喪失率 35％、労働能力喪失期間 27 年間と認めて、ライプニッツ方式によった。

(iv)　理容・美容師業

大阪地判　令2・9・11（寺垣孝彦）【⑤〔82〕1092 頁】 は、原告（男・年齢不明・妻と 2人で美容院経営）の後遺障害（頸部痛、右上肢のしびれ等—12 級 13 号）による逸失利益算定に際し、原告主張の賃金センサス高校卒 50 ～ 54 歳男性労働者平均賃金（568 万5100 円）を得る蓋然性が立証されていないとして、賃金センサス第 3 巻第 6 表の理容・美容師（男）50 ～ 54 歳経験年数 15 年以上の年額 327 万 7500 円を基礎収入として、労働能力喪失率 14％、労働能力喪失期間 10 年としてライプニッツ方式によった。

(v)　動物病院経営

横浜地判　令2・5・28（郡司英明）【③〔42〕582 頁】 は、原告（男・症状固定時 47 歳・動物病院経営）の事故による後遺障害（右肩痛、上肢の筋力低下及び右肩関節可動域制限（健常な左肩の 2 分の 1 以下に制限）—自賠責による後遺障害等級認定は非該当）による逸失利益につき、基礎収入を、事故前年の所得額と青色申告特別控除額及び減価償却費とを合算した 1057 万円余りとし、労働能力喪失率を 14％、労働能力喪失期間を症状固定時から 67 歳までの 20 年間として、ライプニッツ方式により算定した。

(オ)　医師

大阪地判　令2・2・5（石丸将利・永野・久保）【①〔8〕117 頁】 は、被害者（男・年齢不明・医療法人理事長兼医師）の後遺障害（右肩から右上股にかけての痛み・しびれ等—14 級 9 号）による逸失利益につき、被害者は、事故時、年額 1 億 2000 万円の役員収入を得ていたところ、医療法人の理事長兼唯一の常勤医師であり、実質的に被害者 1 人で同法人を経営していたこと、事故時の同法人の従業員数が約 30 名であったことなどから、少なくとも上記役員報酬の 10％相当の年額 1200 万円は労務対価部分と認められるとして、これを基礎に、5 年間にわたり 5 ％の労働能力喪失を認めた。

㈎ 鍼灸師

大阪地判 令2・2・12（石丸将利・山﨑・久保）【①〔11〕157頁】は、被害者（男・症状固定時47歳・鍼灸師）の後遺障害（脊柱に中程度の変形を残すもの―8級相当）に伴う逸失利益につき、事故前年の所得を基礎収入としたうえで、労働に最も影響を与えているのが腰部痛にとどまることから、症状固定時から20年間にわたり20％の限度で労働能力喪失を認めた。

㈏ アクセサリー作成

東京地判 令2・5・29（小沼日加利）【③〔43〕596頁】は、被害者（男・症状固定時32歳・アクセサリー作成等により生計維持）の後遺障害（左足底のしびれ―12級13号、左母趾開放骨折後の機能障害―12級12号、併合11級）による逸失利益について、長期にわたって賃金センサスに相当する収入を得られる蓋然性は認められないとして、事故前の被害者の月収（7万5000円程度）に照らして被害者の基礎収入を年額180万円とし、労働能力喪失率20％、労働能力喪失期間を症状固定時から67歳までの35年として、ライプニッツ方式により算定した。

㈐ エステティシャン

東京地判 令2・6・23（川﨑博司）【③〔57〕779頁】は、被害者（女・43歳・エステティシャン）の後遺障害（右肩の痛み等により14級相当）による逸失利益につき、エステティシャンの収入について確定申告がないことを踏まえ、事故前年賃金センサス女性学歴計全年齢平均賃金（353万9300円）の約70％に当たる250万円を基礎収入と認め、労働能力喪失率5％、労働能力喪失期間5年としてライプニッツ方式により算定した。

㈑ インストラクター

横浜地判 令2・1・9（郡司英明）【①〔3〕35頁】は、原告（男・症状固定時50歳・水泳等のインストラクター）の後遺障害（脊髄損傷による完全対麻痺―1級1号）逸失利益算定に際し、事故前年の給与額（534万5314円）を基礎とし、67歳までの17年間にわたり労働能力を100％喪失するとしてライプニッツ方式により算定した。

㈒ 英会話教室講師

名古屋地判 令2・2・12（蒲田祐一）【①〔12〕174頁】は、英会話教室の経営者と業務委託契約を締結し、英会話教室の講師として勤務していた被害者（男・症状固定時35歳）の逸失利益につき、後遺障害（左股関節痛等―12級13号）の内容、程度、本件事故当時の仕事の内容等に加え、再勤務することとなった英会話教室からの給料及びプラ

イベートレッスンによる収入等により減収がないことも合わせ考慮して、労働能力を、症状固定時の 35 歳から 67 歳までの 32 年間、9 ％喪失したものと認め、事故当時の年収額を基準にライプニッツ方式により算定した。

(サ)　プロボクサー

名古屋地判　令 2・6・17（中町翔）【③〔53〕722 頁】は、プロボクサーとして活動しつつ、生活のために建設会社にも勤務していた原告（女・24 歳）の後遺障害（右肩の痛み―12 級 13 号、右環指・小指のしびれ―14 級 9 号、併合 12 級）による逸失利益の算定例―①事故後減収は生じていないが、プロボクサーとしての選手生命を絶たれたという状況にあって、後遺障害が原告の労働能力に与えた影響は極めて大きく、本件事故後勤務し始めた自動車タイヤ販売店での現在の業務にも労働能力の制限が生じているとして、逸失利益の発生を認め、一方、本件事故前のプロボクサーとしての年収は 100 万円程度にとどまっていることから、労働能力喪失率は原告が主張する 14 ％を認め、②労働能力喪失期間については、プロボクサーとして登録して約 1 年半と短く、プロボクサーとしての活動をいつまで継続し、その間どの程度の収入を得られていたかは不明であること、原告の症状が、症状固定期以降、わずかながら軽減している神経症状であることから、10 年と認め、③基礎収入は、賃金センサス・女性・学歴計・全年齢平均を採用して算定した。

(シ)　とび職

神戸地判　令 2・8・24（岸本寛成）【④〔72〕979 頁】は、事故により 9 級 11 号該当の後遺障害（右無機能腎）が残存した原告（男・症状固定時 18 歳・とび職）の労働能力喪失率につき、一つの腎臓を失っても残存する腎臓がこれを補い、従来の腎機能の 6 ～ 7 割程度まで回復すること、症状固定後も事故前と同じとび職として就労し、事故前より収入が増加していることなどに照らし、後遺障害の程度が「服することができる労務が相当な程度に制限されるもの」とまで認めることはできず、労働能力喪失率 35 ％を認めるのは相当ではないとして、20 ％の限度で認め、賃金センサス・男中卒・全年齢平均賃金を基礎収入とし、労働能力喪失期間を 67 歳までの 49 年間として、ライプニッツ方式により算定した。

(ス)　無職

神戸地判　令 2・6・18（大島道代）【③〔55〕744 頁】は、原告（女・事故時 48 歳・症状固定時 49 歳・家族経営の美容院で美容師として稼働）の休業損害及び後遺障害逸失利益につき、美容師としての稼働は、就労実態が客観的に明らかではないうえ、原告自身も無報酬であったと供述し、所得証明書にも収入として計上されていないこと、また、

家事従事者の点についても、原告に夫がいることは認められるものの、住民票によれば原告の世帯は原告のみの単身世帯であり、家事提供の家族を確認することができない等実態が明らかでないことから、いずれについても認めなかった。**名古屋地判　令2・12・14（中町翔）【⑥〔119〕1574頁】**は、被害者（女・症状固定時24歳・無職、統合失調症のため医療保護入院中）の後遺障害（現存障害として、高次脳機能障害―5級2号、脊柱の変形障害―11級7号、体幹骨（鎖骨及び骨盤骨）の変形障害―併合11級、併合4級。既存障害として中学生の頃から加療継続中の統合失調症がある）による逸失利益の算定例について、基礎収入を症状固定時の賃金センサス女性・学歴計・全年齢平均賃金とし、労働能力喪失率については、自賠責の後遺障害等級認定では既存障害が9級と判断されているところ、被害者の統合失調症は治療期間が長く症状の程度も重いとして、既存障害は7級4号にあたると認め、現存障害の併合4級に相当する92％から既存障害7級4号に相当する56％を控除した36％を労働能力喪失率として、24歳から67歳までの43年間についてライプニッツ方式により算定した。

　(セ)　重度の既往歴のある者

　大阪地判　令2・3・30（寺垣孝彦・古賀・須藤）【②〔38〕523頁】は、被害者（女・14歳・症状固定時22歳）の後遺障害（外貌醜状―9級16号、咀嚼障害、開口障害―12級、4歯の抜歯―14級2号、併合8級）による逸失利益につき、被害者には脳性麻痺による下肢痙直性麻痺の後遺障害等級3級相当の既往があり、逸失利益の基礎収入額を観念することはできないとの加害者側主張を認めず、被害者は、パソコンを用いた作業に従事するために有益と考えられる各種試験に合格し、臨時的任用職員（事務職）としてその力を発揮しており、事務職として勤務するうえで、脳性麻痺による下肢痙直性麻痺の影響は大きくないとして、基礎収入として賃金センサス症状固定年・女・学歴計・全年齢の平均収入を認めるのが相当と認め、労働能力喪失率は14％、労働能力喪失期間は67歳までの45年間として、ライプニッツ方式により算定した。

　(ソ)　僧職

　神戸地判　令2・7・16（岸本寛成）【④〔64〕894頁】は、左下腿の腓腹筋痛等の症状につき14級9号に該当する後遺障害を残した原告（男・症状固定時29歳・寺の住職）の逸失利益につき、症状固定時の年齢の賃金センサスによる平均賃金とほぼ同程度である症状固定時の収入を基礎収入と認め、正座を要求される住職であり、他の神経症状と同様に喪失期間を短期に制限するのは相当でないとし、症状固定時から10年について労働能力の5％を喪失するものと認めて算定した。

(タ)　職業不明

大阪地判　令2・11・10（溝口優）【⑥〔107〕1422頁】は、事故により右頬部挫創後の醜状障害（右下眼瞼横の1.5cmの線状痕、右頬部の5×6cmの色素沈着）が残った原告（女・症状固定時16歳・職業不明）の後遺障害逸失利益について、外貌の醜状障害は身体機能の障害ではなく、一般的に労働能力を制限するものではないから、醜状障害のために後遺障害逸失利益の損害が生じたというためには、醜状障害の程度が著しく、かつ、性質上、容姿や外貌が重要視される業務に従事し、あるいは従事することが予定されていたのに、醜状障害のためにその機会が失われるなど、将来の収入が減少する蓋然性がある場合に限られるとし、本件については、原告の醜状痕の状態、飲食業の職に就いたことがあることなど、原告の就労の機会等が制限され、将来における収入が減少する蓋然性があるとは認められないとして、後遺障害逸失利益を認めなかった。

(3)　死亡による逸失利益

(ア)　児童・学生等

(i)　小学生

神戸地判　令2・9・11（後藤慶一郎・大島・宮村）【⑤〔84〕1113頁】は、被害者（男児・11歳）の死亡逸失利益につき、生活費控除率に関して、将来、原告ら家族の主たる家計の担い手となることがほぼ確実であり30％が相当とする原告主張を退けて50％としたうえで、賃金センサス男子全年齢平均賃金額を基礎収入とし、就労可能期間を18歳から67歳として、ライプニッツ方式により算定した。

(ii)　短大生（高専生含む）

岡山地裁倉敷支判　令2・11・27（川原田貴弘）【⑥〔117〕1554頁】は、A（男・19歳・短大1年生）の死亡による逸失利益算定において、独身であることから生活費控除率を50％とするのが相当であり、就労可能期間中にほとんどが婚姻し、子供を養育する蓋然性が高いから、生活費控除率を30％とすべきとの原告ら主張は、その蓋然性を認めるに足りないとして採用しなかった。

(iii)　専門学校生

さいたま地判　令2・3・24（加藤靖）【②〔31〕439頁】は、被害者（女・18歳・看護専門学校生）の死亡逸失利益につき、生活費控除率を30％として、看護学校卒業までの3年間（18歳から21歳）については、事故前年のアルバイト収入額（53万4296円）を基礎とし、卒業後の46年間（21歳から67歳）については、看護師としての就労を前提に、賃金センサス女性看護師企業規模計全年齢平均賃金額（478万4700円）を基礎として、ライプニッツ方式により算定した。

　(イ)　主婦（夫）等

　　(i)　家事専従

　東京地判　令2・3・3（鈴木秀雄・中・雨宮）【②〔22〕323頁】は、家事専従の主婦（33歳）の死亡逸失利益につき、病院の臨時職員として採用内定を受けていたと認められるが具体的な収入額は不明であるとして、女性学歴計全年齢平均賃金を基礎収入としたうえで、就労可能年数を67歳までの34年間、生活費控除率を30％とし、ライプニッツ方式を用いて算定した。**さいたま地判　令2・3・27（岡部純子）【②〔37〕516頁】**は、夫と二人暮らしの被害者（女・72歳・主婦）の死亡逸失利益算定に際し、家事労働分につき、事故年賃金センサス第1巻第1表女子学歴計70歳以上の平均賃金を基礎とし、労働可能期間を9年間（平均余命の2分の1）、生活費控除率を30％とし、年金分（国民年金の振替加算額を含めた収入、及び厚生年金）につき、受給期間を18年間、生活費控除率を60％としてそれぞれライプニッツ方式によった。**神戸地判　令2・8・27（岸本寛成）【④〔76〕1022頁】**は、被害者（女・52歳・主婦（家事専従））の死亡による逸失利益につき、賃金センサス女子学歴計全年齢を基礎収入とし、生活費控除率を30％、就労可能年数を平均余命の半分の18年として算定した。

　(ウ)　給与所得者

　　(i)　会社員

　神戸地判　令2・6・18（大島道代）【③〔56〕757頁】は、被害者（男・64歳・会社員）の死亡逸失利益につき、被害者はほぼフルタイムで百貨店に勤務しており、妻に障害があり、自宅では家事を担っていたとしても、労働可能年数である67歳までにおいて、家事労働者として逸失利益を算定するのは相当とはいい難いとして、事故前年の給与所得を基礎収入とし、生活費控除率を給与所得及び年金とも40％とし、67歳以降は年金のみとなるから50％として算定し、就労可能年数経過後の家事労働については年金収入のほかに特段収入として考慮するのは相当でないとした。**東京地判　令2・6・24（齊藤恒久）【③〔59〕795頁】**は、事故車（普通乗用自動車）に同乗し死亡した被害者（男・26歳・会社員）の死亡逸失利益につき、事故年の見込み年収は賃金センサスの学歴計・年齢別平均賃金を下回っているが、下回る程度は縮小しつつあった等として、賃金センサスの男性全年齢・学歴計（551万7400円）と男性全年齢・高校卒（476万4300円）を考慮して520万円と認め、生活費控除率50％として67歳までの41年間につきライプニッツ方式を用いて算定した。**名古屋地判　令2・10・23（谷池厚行）【⑤〔96〕1296頁】**は、被害者（男・20歳・家族経営の会社の従業員、妻と子1人）の死亡による逸失利益につき、事故前年の年収額は261万2000円であるが、事故時の年齢が若年であること等を考慮し、死亡時の賃金センサス男子・高校卒業・全年齢平均賃金額481万1100

円を基礎収入とするのが相当であるとし、就労可能年数を47年、生活費控除率を35%として、ライプニッツ方式により算定した。**神戸地判　令2・11・12（大島道代）【⑥〔108〕1434頁】**は、被害者（男・53歳・会社員）の死亡による逸失利益につき、①就労収入分につき、基礎収入を、60歳までの7年は事故前の年収により、60歳から64歳までの5年間はその50%、65歳から67歳までの2年間は40%と認め、生活費控除率は、被害者が一家の支柱であったこと、同居する子は社会人として稼働していることから40%と認めて、②平均余命（80歳）までの老齢基礎年金及び老齢厚生年金につき、生活費控除率は、被害者が持ち家を有していることを考慮して40%と認めてそれぞれ算定し、③退職金差額については、定年60歳まで（7年）に対応する中間利息を控除すると、引直し後の退職金額は受領額を下回り、逸失利益は認められないとした。

(ii)　ドライバー

大阪地判　令2・11・18（永野公規）【⑥〔110〕1462頁】は、被害者（男・39歳・バス運転手）の死亡逸失利益につき、定年である60歳までは、勤務先の賃金支給規定に基づき昇給及び家族給の変動分も含めて算定した収入額を基礎とし、生活費控除率を30%（妻・子3人・両親と同居）として、定年後から就労可能年数67歳までの間は、賃金センサス男性高校卒60～64歳の平均賃金を基礎とし、当該収入で配偶者の生計を維持するものであることから生活費控除率を40%として、ライプニッツ方式により算定した。

(iii)　看護師等

大阪地判　令2・2・26（石丸将利・丸山・久保）【①〔18〕261頁】は、被害者（女・24歳・准看護師及び飲食店勤務）の死亡逸失利益につき、被害者が将来的に看護師の資格を取得する蓋然性が証明されていないとして、事故年賃金センサス准看護師（産業計・企業規模計・男女計）・全年齢平均賃金を基礎収入とし、生活費控除率を40%（結婚予定があり単身者とはいえないから30%とすべきであるとの被害者側の主張を否定）、労働能力喪失期間43年間として、ライプニッツ方式により算定した。

(エ)　大学教授

神戸地判　令2・2・14（後藤慶一郎・大島・竝木）【①〔13〕190頁】は、被害者（男・65歳・大学教授）の死亡逸失利益の算定例の労働分について、事故の約3か月後に定年退職する予定であり、その後具体的な就職先が決まっていないことから、被害者が定年退職後にこれまでの年収と同程度の収入を得る蓋然性があったとは認め難く、男性大学・大学院卒65歳ないし69歳平均賃金を基礎収入とし、被扶養者である妻と2人で暮らしていたことから生活費控除率を40%とし、就労可能年数を平均余命の2分の1以下である9年として、年金分については、受給することが確定していた老齢基礎年金及び私

学共済年金の合計額を基礎に、平均余命である19年につき、生活費控除率50％として、それぞれライプニッツ方式により算定した。

㈵　司法書士

大阪地判　令2・3・12（古賀英武）【②〔27〕372頁】は、被害者（男・40歳・司法書士）の死亡による逸失利益算定例について、事故前年と事故年とで収入が大きく異なるのは、司法書士事務所を開設して間もない時期で、事業が軌道に乗っていなかったことにあると推認されることから、事故年の収入を基準とする方が実態に即しているとして、事故年の収入（348日間）を365日分の収入に計算し直して基礎収入とし、妻との2人世帯であることから生活費控除率は30％として、労働能力喪失期間27年につき、ライプニッツ方式により算定した。

㈻　年金受給者

東京地判　令2・2・21（前田芳人）【①〔16〕240頁】は、被害者（男・87歳・年金生活者）の死亡による年金収入の逸失利益について、余命を5年とし、妻と2人暮らしであったことから生活費控除率を40％として、ライプニッツ方式により算定した。**名古屋地判　令2・3・25（中町翔）【②〔32〕452頁】**は、被害者（男・死亡時76歳・年金受給者）の死亡逸失利益につき、年金合計370万8216円（国民年金77万6679円、厚生年金155万6037円、企業年金137万5500円）を基礎に、妻と二人暮らしであったことなどを踏まえて、生活費控除率を50％として、平均余命までの11年分を認めた。**さいたま地判　令2・3・27（岡部純子）【②〔37〕516頁】**は、夫と二人暮らしの被害者（女・72歳・主婦）の死亡逸失利益算定に際し、家事労働分につき、事故年賃金センサス第1巻第1表女子学歴計70歳以上の平均賃金を基礎とし、労働可能期間を9年間（平均余命の2分の1）、生活費控除率を30％とし、年金分（国民年金の振替加算額を含めた収入、及び厚生年金）につき、受給期間を18年間、生活費控除率を60％としてそれぞれライプニッツ方式によった。**大阪地判　令2・6・18（石丸将利）【③〔54〕736頁】**は、原告（男・91歳・年金受給者）の死亡逸失利益につき、老齢基礎年金の年額（161万円余）を基礎収入額、生活費控除率を75％とし、逸失期間を3年（平均余命3.92年）としてライプニッツ方式により算定した。**神戸地判　令2・6・18（大島道代）【③〔56〕757頁】**は、被害者（男・64歳・会社員）が受給していた心身障害者扶養共済制度年金（月額4万円）は社会保障の性格の強い給付であるから、死亡逸失利益の対象となる年金とはならないとした。**東京地判　令2・10・6（鈴木秀雄・島﨑・今村）【⑤〔89〕1183頁】**は、高齢被害者（女・93歳、死亡時94歳・年金受給者）の死亡逸失利益の算定例について、受給していた年金年額を基礎として、生活費控除率50％、平均余命4.11年としてライプニッツ方式により算定した。**東京地判　令2・10・29（中村さとみ・川﨑・林）【⑤〔98〕**

1317頁】は、被害者（男・81歳・年金受給者）の死亡逸失利益につき、平均余命8年間にわたり年金を受給可能としたうえで配偶者が既に死亡し、長女とは別居していたこと等を考慮して生活費控除率を50％と認めた。

㈭　高齢者

　東京地判　令2・2・21（前田芳人）【①〔16〕240頁】は、被害者（男・87歳・年金生活者）の死亡による年金収入の逸失利益について、余命を5年とし、妻と2人暮らしであったことから生活費控除率を40％として、ライプニッツ方式により算定した。**大阪地判　令2・6・18（石丸将利）【③〔54〕736頁】**は、原告（男・91歳・年金受給者）の死亡逸失利益につき、老齢基礎年金の年額（161万円余）を基礎収入額、生活費控除率を75％とし、逸失期間を3年（平均余命3.92年）としてライプニッツ方式により算定した。**東京地判　令2・10・6（鈴木秀雄・島﨑・今村）【⑤〔89〕1183頁】**は、高齢被害者（女・93歳、死亡時94歳・年金受給者）の死亡逸失利益の算定例について、受給していた年金年額を基礎として、生活費控除率50％、平均余命4.11年としてライプニッツ方式により算定した。**東京地判　令2・10・29（中村さとみ・川﨑・林）【⑤〔98〕1317頁】**は、被害者（男・81歳・年金受給者）の死亡逸失利益につき、平均余命8年間にわたり年金を受給可能としたうえで配偶者が既に死亡し、長女とは別居していたこと等を考慮して生活費控除率を50％と認めた。

⑷　企業損害

　神戸地判　令2・2・27（大島道代）【①〔19〕280頁】は、原告が負傷したことにより、原告が代表取締役を務める原告会社（建築企画、設計、工事監理等）が主張する請負契約が締結できなくなった損害については、具体的な契約内容や契約締結の確実性を認め難いとし、予備的な売上減少に関する主張についても、原告会社がもともとデザイナーである原告の夫との共同事務所であったこと、原告より夫の売上金額が多いこと等から原告会社と原告とを実質的に同一とみることはできず、また原告の売上も一定しておらず就労内容、時間と売上の関係も明らかでないとして、いずれも認めなかった。**大阪地判　令2・3・26（古賀英武）【②〔34〕479頁】**は、被害者が代表取締役である原告会社の休業損害につき、①原告会社は、化粧品の企画、販売等を扱っている会社であること、②原告会社は、代表取締役である被害者が全ての資本金を出資して設立した会社であること、③事故当時、原告会社には、3名の従業員が在籍し、うち1名は、デザイナーとして顧客の要望を前提に自身のオリジナリティーを発揮する仕事をしているという場合に、③の事情に照らせば、原告会社は、小規模ではあるが、実質的に被害者の個人会社ということはできず、被害者と原告会社の経済的同一性があるとまでは認められないとして、被害者の受傷による原告会社の休業損害を認めなかった。**京都地判　令2・10・**

28（野田恵司）【⑤〔97〕1304頁】は、原告会社の営業所閉鎖に伴う事務所兼倉庫の引越作業を、原告会社の代表取締役Aが自力で行うこととしていたところ、Aが被告車による追突事故により受傷したため、Aが自力での引越作業を予定の期限に行うことが不可能となり、引越業者による見積もりも被告加入の任意保険会社が難色を示したため、梱包及び解梱を自力作業で従業員1名も加わって作業を行い、その引越関連費用として、①事務所明渡しの延滞賃料、②トラックレンタル代金、③高速道路代、④ガソリン代及び⑤従業員の交通費を、本件事故による原告会社の損害と認めた。**東京地判　令2・10・30（綿貫義昌）【⑤〔100〕1349頁】**は、原告会社（エアコン等取り付けの下請け業）は、出資者は原告のみであり、原告以外に役員及び従業員はいないが、信用を高め、事業を拡張するために設立された会社であり、工具や車両運搬具などの会社名義の資産及び会社名義の銀行口座を有し、会社名義で取引をして請求書を発行していたことからすれば、原告と原告会社が経済的に一体であるとはいえないとして、原告会社に生じた損害が、原告が受傷した事故と相当因果関係のある損害とはいえないとした。**東京地判　令2・11・6（鈴木秀雄）【⑥〔105〕1398頁】**は、洗車場の特殊器具や店舗のガラスが損傷した事故による営業損害につき、損傷状況から営業上の支障が生じて一定程度、利益喪失が発生したと認められるとしたうえで、事故後1か月で店舗ガラスの修繕が終了していることや、機器の修理に要する期間が1か月程度であること等に照らし、事故後約3か月間について、月次営業利益と事故前年の月次平均営業利益の差額の7割相当額を事故と相当因果関係のある損害と認めた。

3　後遺障害の認定

(1)　治療期間（症状固定時）の認定

横浜地判　令2・3・19（郡司英明）【②〔29〕399頁】は、片側3車線の道路において、第3車線を走行していたA車（大型貨物自動車）と第1車線を走行していたB車（車両及び運転者Bの特定困難）が、同じタイミングで第2車線に車線変更を開始して鉢合わせとなり、A車が接触を避けるために第3車線に戻ろうとして、その右側からA車を追い越そうとした第3車線走行のC車（普通乗用自動車）と衝突した事故により頸椎捻挫及び腰椎捻挫の傷害を負い、腰痛について後遺障害（14級9号該当）の認められる原告（男・年齢不明・保険代理店経営）の相当な治療期間につき、事故翌日の医学的所見や事故直後から原告が車を運転し仕事をしていた事実を踏まえ、後遺障害等級診断書にある症状固定日（事故の約1年後）までの治療期間は長すぎるとして、むち打ち損傷について6か月以上の治療を要するものは約3％であるという事案分析にかかる文献の記述を参考に、事故から6か月弱の日までと認めた。**大阪地判　令2・3・30（寺垣孝彦・古賀・須藤）【②〔38〕523頁】**は、脳性麻痺による両下肢不全麻痺の既往のある被害者

（女・14歳・症状固定時22歳）が、事故により右下顎骨骨折、全身打撲、一過性意識障害の傷害を受けた場合の治療期間の認定例について、事故後のリハビリテーションを経て、事故約1年後頃には、下肢の機能が回復しており、事故約1年5か月後に行われた右腓腹筋腱延長等の手術は私病である脳性麻痺による下肢痙性麻痺の根治治療であった蓋然性を排除できないこと、本件事故により同手術の時期が早まったと認めるに足りないことから、事故と相当因果関係のある治療期間を事故約1年後の日までと認めた。**東京地判　令2・6・23（川﨑博司）【③〔57〕779頁】**は、頸椎捻挫、肩関節打撲等を受傷した被害者（女・症状固定時44歳・エステティシャン）の、自賠責保険の事前認定手続では非該当とされた右肩の痛み等につき、事故直後から右肩付近の痛みを訴えていたこと、その後の診療経過を踏まえ後遺障害の残存を認め、後遺障害等級14級に相当するとし、診療経過から症状の改善が認められなくなった事故の約1年2か月後の時点をもって症状固定日と認めた。

(2)　後遺障害程度の認定

　名古屋地判　令2・2・12（蒲田祐一）【①〔12〕174頁】は、被害者（男・症状固定時35歳・英会話教室講師）は、症状固定時、左股関節部に常時鈍痛を感じており、長時間歩いたり、立ったり、走ろうとしたり、飛び跳ねようとしたときには鋭い痛みを感じる状態であるところ、本件事故による傷害は程度の激しい左大腿骨転子部の粉砕骨折であること、髄内釘2本を挿入する骨接合術が行われたこと、その先端が骨から突き出た状態で残置されていること等から、痛みは医学的に証明できるとし、髄内釘の先端は既に骨で覆われて今後抜釘手術が行われる可能性はないと認められることから、被害者の体内に髄内釘が残置された状態は本件事故との間に相当因果関係があるとして、被害者の後遺障害を、後遺障害等級12級13号に該当する左股関節痛等の症状と認めた。**大阪地判　令2・3・30（寺垣孝彦・古賀・須藤）【②〔38〕523頁】**は、被害者（女・14歳・症状固定時22歳）の下顎部に残存する長さ5.5cmの線状瘢痕の後遺障害等級認定につき、線状痕については医学技術の進歩により、治療の現状を反映した後遺障害等級の新たな評価を行うことが可能であると判断されて基準の改正がなされていることから、事故（平成20年8月11日発生）後に改正された基準（平成23年5月2日公布の政令、平成22年6月10日以後に発生した事故に適用するとされている）に基づく中間等級を適用するのが相当であるとして、改正後基準の9級16号該当と認めた（改正前基準では7級12号該当となる）。**横浜地判　令2・5・28（郡司英明）【③〔42〕582頁】**は、原告（男・症状固定時47歳・動物病院経営）の事故による後遺障害（右肩痛、上肢の筋力低下及び右肩関節可動域制限（健常な左肩の2分の1以下に制限）―自賠責による後遺障害等級認定は非該当）の慰謝料として290万円を認めた。**名古屋地判　令2・6・17（中町翔）【③〔53〕722頁】**は、損害保険料率算出機構における後遺障害等級認定手続及び自賠責保険・

共済紛争処理機構における紛争処理手続において、いずれも非該当とされた原告（女・24歳・プロボクサー）の後遺障害の有無及び程度について、①右肩の痛みにつき、原告の供述内容が具体的で、自身の身体の状態について通常人よりも注意を払っていると推認される原告の供述の信用性は高く、当初の診断書及び診療録にこれを直接裏付ける記載がないことは、原告の同供述を採用する妨げにはならないとし、右肩の痛みは外傷性右腕神経叢障害を原因とすると認めて12級13号とし、②事故直後から訴えている右環指・小指のしびれにつき、他覚的所見のある神経症状ではないとして14級9号とし、③全体として併合12級と認めた。**大阪地判　令2・8・27（石丸将利）【④〔75〕1006頁】**は、自賠責保険の事前認定で左肩上方痛等につき14級9号該当とされた後遺障害の程度につき、左肩上方痛等は左肩腱板損傷及び左肩鎖関節炎に起因し画像所見により裏付けられている等として12級13号に、また、左肩関節の可動域制限は12級6号に該当するとしたうえで、左肩関節の可動域制限は、左肩上方痛が残存するために生じたものであるとして、併合11級とは評価せず、12級相当と認めた。**金沢地判　令2・8・31（佐野尚也）【④〔78〕1046頁】**は、被害者（男・症状固定時39歳・会社員）に事故後に生じた腰痛等は、事故により事故前から存在した無症状の第5腰椎分離が有症化したものであるとして、症状固定診断日までの治療費及び腰椎固定術後の症状と事故との相当因果関係を認め、後遺障害の程度につき、「脊柱に変形を残すもの」（11級7号）と認めた。**大阪地判　令2・9・8（須藤隆太）【⑤〔81〕1076頁】**は、事故により右肩腱板損傷を受傷し、右肩関節の機能障害について、損害保険料率算出機構により14級9号該当との判断を受けた被害者亡A（男・症状固定時74歳・リフォーム工事業）の後遺障害の内容及び程度につき、受傷後、通院して継続的に加療及びリハビリ（ＲＯＭｅｘを含む）を施術されたものの、右肩の疼痛及び関節可動域の制限は続き、ＭＲＩ検査によると右肩の損傷（腱板の部分断裂）が残存しており、症状固定日の時点での右肩の主要運動である外転についての患側（右肩）他動値70度、健側（左肩）他動値175度であることが認められるとして、亡Aは、腱板断裂を伴う態様で右肩を受傷し、患側（右肩）の関節可動域角度が健側（左肩）の2分の1以下に制限されるに至ったものと認め、右肩の関節可動域の測定方法及び測定結果に特段不自然な点はなく、後遺障害診断書の記載は信用することができるとして、10級10号該当と認めた。

(3)　労働能力喪失率の認定

神戸地判　令2・8・24（岸本寛成）【④〔72〕979頁】は、事故により9級11号該当の後遺障害（右無機能腎）が残存した原告（男・症状固定時18歳・とび職）の労働能力喪失率につき、一つの腎臓を失っても残存する腎臓がこれを補い、従来の腎機能の6～7割程度まで回復すること、症状固定後も事故前と同じとび職として就労し、事故前より収入が増加していることなどに照らし、後遺障害の程度が「服することができる労務が

相当な程度に制限されるもの」とまで認めることはできず、労働能力喪失率35%を認めるのは相当ではないとして、20%の限度で認め、賃金センサス・男中卒・全年齢平均賃金を基礎収入とし、労働能力喪失期間を67歳までの49年間として、ライプニッツ方式により算定した。

(4) 外傷性ストレス障害(PTSD)

(ア) 認めたもの

東京地判　令2・3・27(綿貫義昌)【②〔36〕502頁】は、時速約60kmで走行する普通乗用自動車どうしが正面衝突した事故(加害車がセンターラインを越えて反対車線に進入し、被害車に衝突)の被害者につき、ＩＣＵで経過観察を受けるほどの重傷を負ったことや、事故後、不眠、不安感、恐怖感、過覚醒の症状があり、ＰＴＳＤ尺度評価が49点であったことから、精神科の医師がＰＴＳＤと診断したこと等に基づき、本件事故により12級13号該当の非器質性精神障害の後遺障害が残存したと認めた。

(5) 低髄液圧症候群

(ア) 認めなかったもの

名古屋地判　令2・7・14(吉田彩・及川・谷)【④〔63〕872頁】は、事故により頸部、両肩、腰部、背部挫傷の傷害を受けた被害者(女・49歳・主婦(家事専従))が、事故によって脳脊髄液漏出症又は低髄液圧症候群を発症したか否かについては、基本的には厚労研究班が平成23年に公表した「脳脊髄液漏出症画像判定基準・画像診断基準」に従って判断するのが相当であるとし、被害者に同基準が掲げる起立性頭痛を認めるのは困難であること、同基準が脳脊髄液漏出症の治療方法として有効とするブラッドパッチが被害者の症状に対する治療法として有効であったとは認められないこと、被害者について髄液圧を計測した形跡はうかがわれず、髄液の漏出があったと認定するには困難であること等を根拠に、同基準に照らし、被害者が事故により脳脊髄液漏出症、低髄液圧症候群、脳脊髄液減少症を発症したとは認められないとした。

(6) 高次脳機能障害

(ア) 認めたもの

名古屋地判　令2・10・7(中町翔)【⑤〔91〕1209頁】は、自賠責保険では7級4号と認定された被害者の高次脳機能障害につき、被害者に生じたのは局在性脳損傷であり、症状との関連性を検討する必要があるとして、症状経過等を踏まえ、物忘れ症状を中心に高次脳機能障害の程度を認定するのが相当であるとして、9級10号と認めた。

　㈡　認めなかったもの

　名古屋地判　令2・1・28（吉田彩・谷池・谷）【①〔7〕86頁】は、事故により、骨盤骨折、外傷性くも膜下出血、肺挫傷、顔面骨折、顔面挫傷の傷害を受けた被害者（男・44歳・新聞販売店店長）について、脳の器質的損傷の存在を裏付ける意識障害、脳萎縮や脳室拡大を含めた画像上の異常所見が認められず、神経心理学的検査所見、事故による臭覚低下・てんかん発作も認められないとして、被害者に高次脳機能障害が残存したとは認めなかった。

4　慰謝料

⑴　被害者本人分の慰謝料請求

　㈠　傷害（入通院）による慰謝料

　さいたま地判　令2・2・7（加藤靖）【①〔9〕133頁】は、パキスタン国籍の被害者（男・年齢不明・個人企業従業員）の通院慰謝料につき、被害者のパキスタンにおける収入は日本で得られる収入と大差なく、被害者は日本人の配偶者として日本の永住権を取得していることも考慮し、慰謝料を減額するべき理由はないとして、通院期間（事故日から症状固定日まで76日）及び症状を考慮して45万円を認めた。**横浜地判　令2・2・10（藤原和子）【①〔10〕143頁】**は、原告A（女・症状固定時35歳・主婦・パートタイマー）の通院慰謝料につき、最も重い傷害である前額部挫創についての通院が3日であることや、主な通院は他覚的所見のない頚椎捻挫等の傷害のためであること等を理由として110万円が相当と認めた。**大阪地判　令2・2・28（丸山聡司）【①〔20〕298頁】**は、事故により右脛骨・腓骨開放骨折、右距骨、右足背デグロービング損傷等の傷害を受けた被害者（女・24歳・専業主婦）の入通院慰謝料として、事故後症状固定時まで入通院を繰り返した約2年4か月の間につき430万円を認めた。**大阪地判　令2・3・26（古賀英武）【②〔35〕489頁】**は、事故により左下腿切断の傷害を受けて163日入院した被害者（女・47歳・兼業主婦）の入院慰謝料として、傷害の内容・程度等のほか、加害者が、当初、通行区分違反を否定するという事実に反する説明を行ったこと等の事情を考慮し、300万円を認めた。**東京地判　令2・3・27（綿貫義昌）【②〔36〕502頁】**は、事故により全身打撲、肝挫傷、肺挫傷、第4～第6肋骨骨折、右膝打撲等の傷害を受けた被害者（入院32日、通院期間353日）の傷害慰謝料として182万円を認めた。**大阪地判　令2・9・24（瓜生容）【⑤〔85〕1123頁】**は、通院慰謝料（頚椎捻挫、右肩打撲傷、右肩峰骨挫傷の受傷）として83万円（通院期間約6か月半、実通院日数15日）を認めた。**大阪地判　令2・11・10（溝口優）【⑥〔107〕1422頁】**は、事故により2日間入院し、症状固定日まで約1年間通院していた原告（女・15歳・職業不明）の傷害慰謝料について、原告の実際の入通院日（87日間）を3.5倍した304日を基準に傷害慰謝料を算定すべ

きとの被告主張に対し、事故の6か月後以降の通院は月2回程度にとどまっており、通院がやや少ないということはできるが、原告の通院は不定期でなく定期的に継続していたものであるから、通院期間を基準として算定するのが相当として、被告主張を採用しなかった。

(イ)　後遺障害による慰謝料

横浜地判　令2・1・9（郡司英明）【①〔3〕35頁】は、原告（男・48歳・水泳等のインストラクター）の後遺障害（脊髄損傷による完全対麻痺等—1級1号）慰謝料として2800万円を認めた。**名古屋地判　令2・1・28（吉田彩・谷池・谷）【①〔7〕86頁】**は、被害者（男・症状固定時46歳・新聞販売店店長）の後遺障害（右眼右側約3cmの線状痕—12級14号、頭痛、右顔面から後頭部のしびれ感等の神経症状—14級9号）による慰謝料について、被害者の外貌醜状は労働能力を喪失したとまでは認められないとしても、顔面に人目につく線状痕が残ったことによる精神的な苦痛は多大であるとして500万円を認めた。**横浜地判　令2・2・10（藤原和子）【①〔10〕143頁】**は、原告A（女・症状固定時35歳・主婦・パートタイマー）の後遺障害慰謝料につき、左前額部生え際付近に9級16号相当の線状痕が残存したが、その位置・形状からして後遺障害逸失利益は認められないとしたうえで、原告Aが被っている心理的影響は後遺障害慰謝料で考慮するとして800万円を認めた。**東京地判　令2・2・21（鈴木秀雄）【①〔17〕252頁】**は、原告（男・症状固定時22歳・高校卒・給与所得者）の後遺障害（顔面の瘢痕及び複数の線状痕や顔面正中部の瘢痕—9級16号、眉毛上～頭頂部しびれ—14級9号、併合9級）による慰謝料について、原告が若年であることや醜状が顔面にあること及びその程度等に鑑み、醜状が原因で原告が対人関係や転職において消極的になったりするなど心理的影響が今後も生じることが想定されることは否めないことも考慮し、790万円を認めた。**大阪地判　令2・2・28（丸山聡司）【①〔20〕298頁】**は、被害者（女・症状固定時26歳・専業主婦）の後遺障害（右足関節の機能障害—10級11号、右下肢の植皮瘢痕・線状痕—12級、左下肢の植皮瘢痕・線状痕—14級5号、併合9級）による慰謝料につき、複数の外貌醜状が残存していることや、症状固定時の被害者の年齢（26歳）等を考慮して、800万円を認めた。**大阪地判　令2・3・26（古賀英武）【②〔35〕489頁】**は、被害者（女・症状固定時48歳・兼業主婦）の後遺障害（左下腿切断—5級5号）による慰謝料として1440万円を認めた。**東京地判　令2・3・27（綿貫義昌）【②〔36〕502頁】**は、被害者（男・症状固定時45歳・ハイヤー運転手）の後遺障害（頸部及び腰部の痛み—14級9号、非器質性精神障害—12級13号、併合12級）慰謝料として290万円を認めた。**大阪地判　令2・3・31（古賀英武）【②〔39〕543頁】**は、被害者（男・症状固定時16歳）の後遺障害（高次脳機能障害及び身体性機能障害—別表第一第1級1号）による慰謝料につき、本人分として2800万円、近親者固有分として、父母に各200万円

（合計 3200 万円）を認めた。**神戸地判　令2・6・11（大島道代）【③〔46〕642 頁】**は、被害者（男・症状固定時 37 歳・会社員）の 12 級相当の外貌醜状（顔面挫創、顔面皮膚欠損症、顔面肥厚性瘢痕に伴う左眼下部に長さ 3 cm 以上の線状痕、左頬の 2 か所に 11mm、10mm の線状痕の残存）による損害につき、外貌醜状による労働能力の喪失に関し、外貌醜状の状況（部位）や職業・職種などを考慮のうえ、個別具体的に逸失利益の有無やその程度を検討すべきであり、従前営業業務に従事していたこともあったが、配達業務の際に顔の瘢痕を指摘されることもあり、転職活動においては、配達業務等不特定多数の者と接する機会が少ない業種かどうかを確認し、接客や営業の仕事を避けるようになっているとして、労働能力を 7％喪失するとし、労働能力喪失期間を 67 歳までの 30 年としてライプニッツ方式により後遺障害逸失利益を算定するとともに、外貌醜状による後遺障害慰謝料 280 万円を認めた。**東京地判　令2・6・12（綿貫義昌）【③〔47〕655 頁】**は、交通事故によって骨折した原告（女・症状固定時 78 歳・主婦（有職））の後遺障害（右肩関節の機能障害—10 級 10 号、右膝関節の機能障害—10 級 11 号、併合 9 級）慰謝料について、後遺障害による支障（自宅階段の昇降ができず、ベッドの起き上がりもできないため、失禁することがあり、入浴、調理、掃除、買い物等ができなくなる等）を増額事由とすべきであるとの原告の主張を採用せず、それらは原告の年齢、居住環境等に照らし、併合 9 級の後遺障害から派生する支障の範囲内であるとして、690 万円を認めた。**名古屋地判　令2・6・17（中町翔）【③〔53〕722 頁】**は、プロボクサー（女・24 歳）の後遺障害（右肩の痛み—12 級 13 号、右環指・小指のしびれ—14 級 9 号、併合 12 級）による慰謝料として 300 万円を認めた。**名古屋地判　令2・7・1（中町翔）【④〔62〕851 頁】**は、原告（女・症状固定時 82 歳・主婦）につき、後遺障害（右股関節の可動域制限—12 級 7 号）による慰謝料として 300 万円を認めた。**名古屋地判　令2・10・7（中町翔）【⑤〔91〕1209 頁】**は、被害者（女・47 歳・洋服販売員・兼業主婦）の後遺障害（高次脳機能障害—9 級 10 号と醜状痕—併合 9 級、併合 8 級）による慰謝料につき、醜状痕の影響により洋服販売員としての仕事を継続することが困難となったこと、抑うつ状態などの精神的な症状が残存していること、事故についての被告の過失が重大であることなどを考慮して、1100 万円を認めた。**大阪地判　令2・11・10（溝口優）【⑥〔107〕1422 頁】**は、事故により右頬部挫創後の醜状障害（右眼瞼横の 1.5cm の線状痕、右頬部の 5×6 cm の色素沈着）が残った原告（女・症状固定時 16 歳・職業不明）の後遺障害慰謝料について、原告の後遺障害は、自動車損害賠償保障法施行令別表 7 級 12 号に該当するものであり、醜状障害が顔面部であること、症状固定時 16 歳の若年女性であること、多感な少年、青年期を醜状による精神的苦痛を抱えつつすごしていくと考えられることなどを考慮して、原告主張の 1051 万円を認めた。**名古屋地判　令2・11・20（安田大二郎・前田・谷）【⑥〔111〕1473 頁】**は、原告（女・症状固定時 55 歳・主婦（有職））の後遺障害（神経系統の機能又は精神に著しい障害を残し、常に介護を

要する一別表第一第1級1号)による慰謝料につき、本人分2800万円、近親者分として夫に200万円、2人の子に各100万円(合計3200万円)を認めた。**名古屋地判　令2・12・14(中町翔)【⑥〔119〕1574頁】**は、被害者(女・症状固定時24歳・無職、統合失調症のため医療保護入院中)の後遺障害(現存障害として、高次脳機能障害―5級2号、脊柱の変形障害―11級7号、体幹骨(鎖骨及び骨盤骨)の変形障害―併合11級、併合4級。既存障害として中学生の頃から加療継続中の統合失調症がある)による慰謝料について、被害者の現存障害である併合4級と既存障害である7級4号の一般的な慰謝料差額は670万円程度であるが、併合4級は重度な後遺障害であること、被害者の現存障害には統合失調症とは系列を異にする脊柱及び体幹骨の変形障害が含まれていることなどを考慮し、670万円を1割程度増額した740万円と認めた。

(ウ)　死亡による慰謝料
(i)　一家の支柱

神戸地判　令2・2・14(後藤慶一郎・大島・竝木)【①〔13〕190頁】は、被害者(男・65歳・大学教授)の死亡慰謝料につき、本人分として2500万円、近親者固有分として、妻に150万円、子2人に各75万円(計2800万円)を認めた。**大阪地判　令2・3・12(古賀英武)【②〔27〕372頁】**は、被害者(男・40歳・司法書士)の死亡慰謝料につき、本人分として2400万円、近親者固有分として妻に200万円、両親に各100万円(合計2800万円)を認めた。**神戸地判　令2・6・18(大島道代)【③〔56〕757頁】**は、被害者(男・64歳・会社員)の死亡慰謝料について、被害者は妻と2人で生活をしており、妻が障害を有しており、家計は被害者の給与所得及び年金が主たるものであったことに鑑み、2800万円を認めた。**名古屋地判　令2・10・23(谷池厚行)【⑤〔96〕1296頁】**は、被害者(男・20歳・家族経営の会社の従業員、妻と子1人)の死亡による慰謝料につき、本人分として2400万円、近親者固有分として妻に200万円、子に100万円(合計2700万円)を認めた。**神戸地判　令2・11・12(大島道代)【⑥〔108〕1434頁】**は、一家の支柱である被害者(男・53歳・会社員)の死亡慰謝料につき、本人分として2300万円、近親者固有分として妻及び子に各200万円、非同居の母に100万円(合計2800万円)を認めた。**大阪地判　令2・11・18(永野公規)【⑥〔110〕1462頁】**は、被害者(男・39歳・バス運転手)の死亡慰謝料につき、本人分として2000万円、近親者固有分として妻に200万円、3人の子に各100万円、同居する両親に各90万円(合計2680万円)を認めた。

(ii)　主婦(夫)等

京都地判　令2・2・19(山中耕一)【①〔14〕205頁】は、居眠り運転の加害車(中型貨物自動車)により追突され炎上した被害車(普通乗用自動車)内で焼死した被害者(女・68歳・主婦)の死亡慰謝料につき、過失の程度や悲惨な経過を考慮して、本人分

として 2500 万円、近親者固有分として夫に 150 万円、子 2 名に各 100 万円、母親と姉弟に各 50 万円（合計 3000 万円）を認めた。**東京地判 令 2・3・3（鈴木秀雄・中・雨宮）【②〔22〕323 頁】**は、家事専従の主婦（33 歳）の死亡慰謝料につき、本人分 2400 万円のほか、近親者固有分として子 2 名に各 200 万円（合計 2800 万円）を認めた。**さいたま地判 令 2・3・27（岡部純子）【②〔37〕516 頁】**は、夫と二人暮らしの被害者（女・72 歳・主婦）の死亡慰謝料として、本人分 2000 万円、近親者固有分として、夫に 200 万円、3 人の子に各 100 万円（合計 2500 万円）を認めた。**神戸地判 令 2・8・27（岸本寛成）【④〔76〕1022 頁】**は、被害者（女・52 歳・主婦（家事専従））の死亡による慰謝料につき、本人分として、1500 万円、近親者固有分として、夫に 200 万円、子 3 名に各 150 万円、母に 100 万円（合計 2250 万円）を認めた。

(iii) 高齢者・独身者・年少者

東京地判 令 2・2・21（前田芳人）【①〔16〕240 頁】は、被害者（男・87 歳・年金生活者）の死亡慰謝料につき、本人分として 2100 万円、近親者固有分として、妻に 200 万円、前妻の子 2 名に各 100 万円（合計 2500 万円）を認めた。**大阪地判 令 2・2・26（石丸将利・丸山・久保）【①〔18〕261 頁】**は、被害者（女・24 歳・准看護師及び飲食店勤務）の死亡慰謝料につき、飲酒運転中に発生した事故であること等を考慮し、本人分として 2800 万円、近親者固有分として、母に 250 万円、弟に 100 万円（計 3150 万円）を認めた。**さいたま地判 令 2・3・24（加藤靖）【②〔31〕439 頁】**は、被害者（女・18 歳・看護専門学校生）の死亡慰謝料につき、本人分として 2050 万円、近親者固有分として父・母に各 150 万円、同居の姉妹 2 人につき父母と実質的に同視するべき身分関係が存在したものと認められるとして各 75 万円（合計 2500 万円）を認めた。**名古屋地判 令 2・3・25（中町翔）【②〔32〕452 頁】**は、被害者（男・死亡時 76 歳・年金受給者）の死亡慰謝料につき、被告が任意保険に加入していなかったため、原告らは、人身傷害保険金のほかに賠償金を受けておらず、誠意ある謝罪もされていないと受けとめていたことなどの諸事情に照らし、本人分として 2200 万円、近親者固有分として、妻に 200 万円、子 2 人に各 100 万円（合計 2600 万円）を認めた。**さいたま地判 令 2・6・16（加藤靖）【③〔51〕700 頁】**は、被害者（男・80 歳・年金受給者）の死亡慰謝料につき、本人分 1800 万円、近親者分として妻に 200 万円、2 人の子に各 100 万円（合計 2200 万円）を認めた。**大阪地判 令 2・6・18（石丸将利）【③〔54〕736 頁】**は、原告（男・91 歳・年金受給者）の死亡慰謝料につき、本人分として 2100 万円、近親者固有分として事故の態様を考慮し 209 万円（子につき 95 万円、孫 2 名につき原告との交流の程度に鑑み 47 万 5000 円と 66 万 5000 円）、総額 2309 万円を認めた。**東京地判 令 2・6・24（齊藤恒久）【③〔59〕795 頁】**は、事故車（普通乗用自動車）に同乗し死亡した被害者（男・26 歳・会社員）の死亡慰謝料につき、最高速度制限を約 68km 上回る速度超過と著しい前方不

注視の危険な運転であること等を考慮して、本人分として 2700 万円、近親者固有分として父母に各 150 万円（合計 3000 万円）を認めた。**神戸地判　令 2・9・11（後藤慶一郎・大島・宮村）【⑤〔84〕1113 頁】**は、被害者（男児・11 歳）の死亡慰謝料につき、事故態様、被害者の身体損傷の程度が殊の外著しいこと、加害者が事故状況について虚偽の説明をしていたこと等を考慮し、本人分として 2000 万円、近親者固有分として父母に各 250 万円、姉妹に各 50 万円（合計総額 2600 万円）を認めた。**東京地判　令 2・10・6（鈴木秀雄・島﨑・今村）【⑤〔89〕1183 頁】**は、高齢被害者（女・93 歳、死亡時 94 歳・年金受給者）の死亡慰謝料につき、加害者加入の自動車保険から搭乗者傷害補償 1000 万円が支払われたことなどを考慮し、本人分として 1600 万円、近親者固有分として 4 人の子に各 100 万円（合計 2000 万円）を認めるのが相当とした。**東京地判　令 2・10・29（中村さとみ・川﨑・林）【⑤〔98〕1317 頁】**は、被害者（男・81 歳・年金受給者）の死亡慰謝料につき、本人分 2000 万円、近親者（子）固有分として 200 万円（合計 2200 万円）を認めた。**さいたま地判　令 2・10・30（石垣陽介・玉本・牧野）【⑤〔101〕1358 頁】**は、アルツハイマー型認知症を患い要介護状態であったが単身で生活していた被害者（男・81 歳・年金受給者）の死亡による慰謝料として、本人分 2000 万円、子 1 名の固有分 100 万円の合計 2100 万円を認めた。**岡山地裁倉敷支判　令 2・11・27（川原田貴弘）【⑥〔117〕1554 頁】**は、A（男・19 歳・短大 1 年生）の死亡による慰謝料につき、本人分として 2100 万円、近親者固有分として養父と実母に各 200 万円、合計 2500 万円を認めた。**東京地判　令 2・12・22（中村さとみ）【⑥〔120〕1599 頁】**は、被害者（男・7 歳・小学 1 年生）の死亡慰謝料につき、本人分として 2100 万円、近親者固有分として、離婚して被害者と 2 人暮らしをしていた母に 300 万円、再婚して被害者と同居していなかった父に 100 万円（合計 2500 万円）を認めた。

(2)　近親者の慰謝料請求

㋐　後遺障害の場合

(ⅰ)　認めたもの

大阪地判　令 2・3・31（古賀英武）【②〔39〕543 頁】は、被害者（男・症状固定時 16 歳）の後遺障害（高次脳機能障害及び身体性機能障害—別表第一第 1 級 1 号）による慰謝料につき、本人分として 2800 万円、近親者固有分として、父母に各 200 万円（合計 3200 万円）を認めた。**名古屋地判　令 2・11・20（安田大二郎・前田・谷）【⑥〔111〕1473 頁】**は、原告（女・症状固定時 55 歳・主婦（有職））の後遺障害（神経系統の機能又は精神に著しい障害を残し、常に介護を要する—別表第一第 1 級 1 号）による慰謝料につき、本人分 2800 万円、近親者分として夫に 200 万円、2 人の子に各 100 万円（合計 3200 万円）を認めた。

(イ)　死亡の場合

(i)　認めたもの

　神戸地判　令2・2・14（後藤慶一郎・大島・竝木）【①〔13〕190頁】は、被害者（男・65歳・大学教授）の死亡慰謝料につき、本人分として2500万円、近親者固有分として、妻に150万円、子2人に各75万円（計2800万円）を認めた。**京都地判　令2・2・19（山中耕一）【①〔14〕205頁】**は、居眠り運転の加害車（中型貨物自動車）により追突され炎上した被害車（普通乗用自動車）内で焼死した被害者（女・68歳・主婦）の死亡慰謝料につき、過失の程度や悲惨な経過を考慮して、本人分として2500万円、近親者固有分として夫に150万円、子2名に各100万円、母親と姉弟に各50万円（合計3000万円）を認めた。また、**同判決**は、被害者の姉・弟は民法711条に規定された者に該当しないが、実質的には同条所定の者と同視可能な身分関係があり、被害者の死亡により甚大な精神的苦痛を受けたとして、同条を類推適用し固有の慰謝料を認めた。**東京地判　令2・2・21（前田芳人）【①〔16〕240頁】**は、被害者（男・87歳・年金生活者）の死亡慰謝料につき、本人分として2100万円、近親者固有分として、妻に200万円、前妻の子2名に各100万円（合計2500万円）を認めた。**大阪地判　令2・2・26（石丸将利・丸山・久保）【①〔18〕261頁】**は、被害者（女・24歳・准看護師及び飲食店勤務）の死亡慰謝料につき、飲酒運転中に発生した事故であること等を考慮し、本人分として2800万円、近親者固有分として、母に250万円、弟に100万円（計3150万円）を認めた。**東京地判　令2・3・3（鈴木秀雄・中・雨宮）【②〔22〕323頁】**は、家事専従の主婦（33歳）の死亡慰謝料につき、本人分2400万円のほか、近親者固有分として子2名に各200万円（合計2800万円）を認めた。**大阪地判　令2・3・12（古賀英武）【②〔27〕372頁】**は、被害者（男・40歳・司法書士）の死亡慰謝料につき、本人分として2400万円、近親者固有分として妻に200万円、両親に各100万円（合計2800万円）を認めた。**さいたま地判　令2・3・24（加藤靖）【②〔31〕439頁】**は、被害者（女・18歳・看護専門学校生）の死亡慰謝料につき、本人分として2050万円、近親者固有分として父・母に各150万円、同居の姉妹2人につき父母と実質的に同視するべき身分関係が存在したものと認められるとして各75万円（合計2500万円）を認めた。**名古屋地判　令2・3・25（中町翔）【②〔32〕452頁】**は、被害者（男・死亡時76歳・年金受給者）の死亡慰謝料につき、被告が任意保険に加入していなかったため、原告らは、人身傷害保険金のほかに賠償金を受けておらず、誠意ある謝罪もされていないと受けとめていたことなどの諸事情に照らし、本人分として2200万円、近親者固有分として、妻に200万円、子2人に各100万円（合計2600万円）を認めた。**さいたま地判　令2・3・27（岡部純子）【②〔37〕516頁】**は、夫と二人暮らしの被害者（女・72歳・主婦）の死亡慰謝料として、本人分2000万円、近親者固有分として、夫に200万円、3人の子に各100万円（合計2500万円）を認めた。**さいたま地判　令2・6・16（加藤靖）【③〔51〕700頁】**は、被害者（男・80歳・年金

受給者)の死亡慰謝料につき、本人分1800万円、近親者分として妻に200万円、2人の子に各100万円(合計2200万円)を認めた。**大阪地判　令2・6・18(石丸将利)【③〔54〕736頁】**は、原告(男・91歳・年金受給者)の死亡慰謝料につき、本人分として2100万円、近親者固有分として事故の態様を考慮し209万円(子につき95万円、孫2名につき原告との交流の程度に鑑み47万5000円と66万5000円)、総額2309万円を認めた。**東京地判　令2・6・24(齊藤恒久)【③〔59〕795頁】**は、事故車(普通乗用自動車)に同乗し死亡した被害者(男・26歳・会社員)の死亡慰謝料につき、最高速度制限を約68km上回る速度超過と著しい前方不注視の危険な運転であること等を考慮して、本人分として2700万円、近親者固有分として父母に各150万円(合計3000万円)を認めた。**神戸地判　令2・8・27(岸本寛成)【④〔76〕1022頁】**は、被害者(女・52歳・主婦(家事専従))の死亡による慰謝料につき、本人分として、1500万円、近親者固有分として、夫に200万円、子3名に各150万円、母に100万円(合計2250万円)を認めた。**神戸地判　令2・9・11(後藤慶一郎・大島・宮村)【⑤〔84〕1113頁】**は、被害者(男児・11歳)の死亡慰謝料につき、事故態様、被害者の身体損傷の程度が殊の外著しいこと、加害者が事故状況について虚偽の説明をしていたこと等を考慮し、本人分として2000万円、近親者固有分として父母に各250万円、姉妹に各50万円(合計総額2600万円)を認めた。**東京地判　令2・10・6(鈴木秀雄・島﨑・今村)【⑤〔89〕1183頁】**は、高齢被害者(女・93歳、死亡時94歳・年金受給者)の死亡慰謝料につき、加害者加入の自動車保険から搭乗者傷害補償1000万円が支払われたことなどを考慮し、本人分として1600万円、近親者固有分として4人の子に各100万円(合計2000万円)を認めるのが相当とした。**名古屋地判　令2・10・23(谷池厚行)【⑤〔96〕1296頁】**は、被害者(男・20歳・家族経営の会社の従業員、妻と子1人)の死亡による慰謝料につき、本人分として2400万円、近親者固有分として妻に200万円、子に100万円(合計2700万円)を認めた。**東京地判　令2・10・29(中村さとみ・川﨑・林)【⑤〔98〕1317頁】**は、被害者(男・81歳・年金受給者)の死亡慰謝料につき、本人分2000万円、近親者(子)固有分として200万円(合計2200万円)を認めた。**さいたま地判　令2・10・30(石垣陽介・玉本・牧野)【⑤〔101〕1358頁】**は、アルツハイマー型認知症を患い要介護状態であったが単身で生活していた被害者(男・81歳・年金受給者)の死亡による慰謝料として、本人分2000万円、子1名の固有分100万円の合計2100万円を認めた。**神戸地判　令2・11・12(大島道代)【⑥〔108〕1434頁】**は、一家の支柱である被害者(男・53歳・会社員)の死亡慰謝料につき、本人分として2300万円、近親者固有分として妻及び子に各200万円、非同居の母に100万円(合計2800万円)を認めた。**大阪地判　令2・11・18(永野公規)【⑥〔110〕1462頁】**は、被害者(男・39歳・バス運転手)の死亡慰謝料につき、本人分として2000万円、近親者固有分として妻に200万円、3人の子に各100万円、同居する両親に各90万円(合計2680万円)を認めた。**岡山地裁倉敷支判　令2・**

11・27（川原田貴弘）【⑥〔117〕1554頁】は、A（男・19歳・短大1年生）の死亡による慰謝料につき、本人分として2100万円、近親者固有分として養父と実母に各200万円、合計2500万円を認めた。**東京地判　令2・12・22（中村さとみ）【⑥〔120〕1599頁】**は、被害者（男・7歳・小学1年生）の死亡慰謝料につき、本人分として2100万円、近親者固有分として、離婚して被害者と2人暮らしをしていた母に300万円、再婚して被害者と同居していなかった父に100万円（合計2500万円）を認めた。

(3)　慰謝料算定の斟酌事由

大阪地判　令2・9・25（溝口優）【⑤〔87〕1166頁】は、妊娠のための治療中断期間を挟んだ通院がある被害者（女・30歳・客室乗務員）の傷害（通院）慰謝料につき、実質的な治療期間は、治療中断前の通院日までの9か月というべきであるとし、症状（右肘や右手首の痛み、右手の小指及び環指のしびれ等）は重くはないが、手術適応があるとされながら、妊娠・出産及び育児のため手術を受けず、その結果尺骨神経亜脱臼が根治することなく、右小指、環指のしびれの残存を被害者が受忍していること、今後、手術を受ける場合には、その治療費の負担も発生すると考えられることは、慰謝料の増額事由として考慮するのが相当であるとして、120万円を認めた。**名古屋地裁岡崎支判　令2・10・15（近田正晴）【⑥〔92の2〕1643頁】**は、片側2車線の高架道路の第1車線において、被告が原告車両（普通軽四輪乗用自動車）の前に被告車両（普通乗用自動車）を停止させて原告車両を停止させたうえ、被告車両から降りて原告車両の運転席側に立ち、原告X₁及びX₁の妻Aに暴行、脅迫するなどして脱出を困難にしていたところ、後続車両（中型貨物自動車）が原告車両に追突した事故により、X₁が負傷し、Aが負傷し入院後死亡した場合に、前件民事判決（X₁らが被告らに対し、本件交通事故について損害賠償を請求した事件）は、被告に対し、自動車損害賠償保障法3条に基づく自動車の運行によって生じた人身損害が損害賠償の対象とされたものであり、被告の故意の監禁行為によって生じた損害については賠償されていないとして、加重結果による慰謝料の増額分の請求を認めた。また、**同判決**は、被告の監禁行為によって原告車両から脱出することができず、後続車両に追突された事故により、原告X₁が負傷し、X₁の妻Aが負傷し入院後死亡した場合に、被告の監禁行為による慰謝料の増額分として、Aに300万円、X₁に100万円、Aの両親X₂、X₃に各50万円を認めた。

5　物件損害

(1)　車両損害

㋐　全損

さいたま地判　令2・6・16（加藤靖）【③〔51〕700頁】は、事故により全損となった自

転車の時価額につき、一般に自転車の時価額を立証するための的確な証拠を集めるのは極めて困難であるとして、民事訴訟法248条を適用し、被害車の時価額を5000円と認めた。**東京地判　令2・11・4（久保雅志）【⑥〔103〕1374頁】**は、経済的全損となった原告車（普通乗用自動車）につき、事故の約14年4か月前に初度検査の軽自動車であり、事故の約1年5か月前の時点で走行距離が8万900kmであったこと、及び事故の約2年後の時点における原告車と同型で走行距離も同程度の中古車価格などから、原告車の時価額は新車価格の1割（14万6000円）を相当と認めた。

(イ)　評価損

大阪地判　令2・2・5（石丸将利・永野・久保）【①〔8〕117頁】は、原告車（平成24年式のポルシェ・パナメーラ4）につき、事故時、初度登録から約3年6か月経過し、走行距離が1万3704kmであったこと、損傷部位が右後部フェンダー部分であり、事故後に売却した際、損傷部位の板金修理歴が売買代金の減額要素とされたことなどから、修理費用の10%である7万1430円の評価損を認めた。**東京地判　令2・3・10（中村さとみ）【②〔25〕357頁】**は、駐車中の原告車（普通乗用自動車、1958年製英国バックラーDD2、動く車としては日本に1台しかないといわれている）の右フロントコーナー部に被告車（普通乗用自動車）が接触し、原告車が損傷した事故について、原告車は希少な車であるが、事故前からボディパネル全体に修復歴やクラックがあったこと、他方、原告車の修理内容は一体となっているボディパネルについて部分塗装を行うものであり、ほかの部分と色調の差異が若干生じる可能性は否定できず、修復歴が残るとして、修理費用の半額の評価損（12万1792円）を認めた。**大阪地判　令2・3・10（安田仁美）【②〔26〕364頁】**は、車両損害を被った原告車（国産軽自動車）の評価損につき、事故による損傷が内部骨格部位に及んでいることは否定できないとしてもその程度は軽微であり、国産軽自動車であることも考慮すれば、評価損は発生しないともいい得るが、事故の約4か月前に初度登録を受けた車両であることから、事故が原告車の中古市場における価格に影響を及ぼすことが全くないとはいえないとして、修理費用47万円の5％相当額（2万3500円）を損害として認めた。**札幌地判　令2・8・24（武部知子・目代・川野）【④〔73〕990頁】**は、被害車両はクライスラー社のジープラングラーサハラという希少な車両であるところ、損傷がリヤフレームクロスメンバーという車体の骨格部分に及んでいること、修理費用として42万5559円を要したこと、一般財団法人日本自動車査定協会の事故損傷による減価額を24万1000円とする査定や、下取り価格の査定において車両の後部に修復歴があることを理由に40万3000円が差し引かれていることを考慮して、25万円の評価損を認めた。**大阪地判　令2・9・24（瓜生容）【⑤〔85〕1123頁】**は、被害車両（初度登録から事故まで約6か月、国産高級車、時価567万円余）につき、第三者による所有権留保があるものの、契約上、基本骨格（フレーム）に係る評価

損が生じた場合の損害は被害者（車両購入者）に帰属させるとの黙示の合意があるといえ同損害の帰属主体は被害者であるとし、434万円余の修理費用を要し、損傷が内部骨格を含む相当部分に及んでいることを踏まえ、評価損として修理費の約30％相当の130万円を認めた。

(ウ)　修理費用

東京地判　令2・3・10（中村さとみ）【②〔25〕357頁】は、駐車中の原告車（普通乗用自動車、1958年製英国バックラーＤＤ２、動く車としては日本に１台しかないといわれている）の右フロントコーナー部に被告車（普通乗用自動車）が接触し、原告車が損傷した事故について、損傷箇所（右フロントコーナー部の数センチ程度の擦過傷、右ヘッドライトのアクリル樹脂製カバー表面のわずかな擦り傷）の修理は部分塗装などで足りるが、原告車は希少な車であり、その修理を請け負う業者も限定されるとして、被告車の任意保険会社による見積額の２倍の修理費用（24万3584円）を認めた。**大阪地判　令2・8・28（永野公規）**【④〔77〕1038頁】は、山間を南北に走る直線路の登坂車線内に運転手仮眠のため駐車していた原告車両（原告会社Ａ所有のコンテナ積載セミトレーラ、原告Ｂ所有のトラクタで構成）に、被告車両（被告会社所有のトラクタ、セミトレーラ及びコンテナで構成）が追突し、原告車両、被告車両が損傷した事故における、原告会社Ａの被った損害（コンテナ買替費用、セミトレーラ修理費用、休車損害）及び被告会社の被った損害（コンテナ修理費用、セミトレーラ修理費用、トラクタ時価）の認定例。

(エ)　保管料

東京地判　令2・5・29（小沼日加利）【③〔43〕596頁】は、全損状態にある原告車（自家用大型自動二輪車）の買換えの要否を判断する期間の車両保管代につき、原告車を運転していた被害者が入院中であったことも考慮し、修理見積を取得した日から２週間程度経過した日までの間（事故後57日）につき、日額3000円として損害と認めた。

(2)　代車料

京都地判　令2・2・19（山中耕一）【①〔14〕205頁】は、被害者の夫のレンタカー代につき、夫が事故後の対応に奔走していたことから被害車両の買換えまでに期間を要したことはやむを得ないとして、約３か月の使用期間を認めた。**東京地判　令2・3・10（中村さとみ）**【②〔25〕357頁】は、駐車中の原告車（普通乗用自動車、1958年製英国バックラーＤＤ２、動く車としては日本に１台しかないといわれている）の右フロントコーナー部に被告車（普通乗用自動車）が接触し、原告車が損傷した事故について、原告車の修理は長くとも１週間程度であり、原告は、雨の降らない日に限り、原告車を通勤や

買い物に出かける際に使用していたにすぎないとして、代車費用の損害が生じたと認めなかった。**名古屋地判 令2・5・27(及川勝広)【③〔40〕565頁】**は、信号待ちで停車していた被害車(メルセデスベンツS 550)の左後部に、路外から道路に進入するため後退してきた加害車の右後部が衝突して被害車が損傷したことによる代車料として、被害車は顧客の接待等に使用されていたものではなく原告の日常に使用する車両であったから、代車は事故車と同等車種である必要はなく国産高級車で必要にして十分であるとして1日2万円を認め(原告が使用した代車(被害車と同等車種であるメルセデスベンツS 300 h)の1日単価は5万1300円)、また原告は代車を34日間使用しているものの、被害車の修理内容及び修理費用に照らし、損害の公平な分担の見地から、相当な代車使用期間を2週間と認めた。**名古屋地判 令2・5・27(及川勝広)【③〔41〕575頁】**は、片側2車線の直線道路において、甲車(大型貨物自動車)が第1車線から左折して路外駐車場に進入しようとしたところ、第2車線を後方から直進してきた乙車(中型貨物自動車)のリアボデー左側面等と甲車の右後部が接触した事故により損傷した甲車(大型貨物自動車)の代車費用につき、甲車の損傷の程度は軽微であり、事故発生から2年以上経過した現時点でも修理していないことから、今後、修理を行うことや代車使用の蓋然性が高いとは認められず、また、遊休車を有しないことの立証もないとして、代車使用の必要性を認めなかった。**大阪地判 令2・8・25(須藤隆太)【④〔74〕995頁】**は、A車(ポルシェ)の代車費用につき、代車は修理等に必要な比較的短期間において自動車を使用することができないことによる損害の発生を回避するために認められる代替手段であるから、代車の種類については、使用目的に照らして相当な範囲内で認められるとしたうえで、取引先や銀行等への移動や子の送迎等に使用する目的で使用料日額4万3200円のグレードの高い車両を使用する必要はないとし、代車を使用した42日間のうち、初日の日額2万9160円、2日目以降(27日分)の日額2万1600円(28日分計61万2360円)を事故と相当因果関係のある損害と認めた。**大阪地判 令2・9・24(瓜生容)【⑤〔85〕1123頁】**は、保険会社が第三者から賃借し、これを被害者に無償貸与していた代車につき、保険会社と被害者との間で、必要かつ相当な代車期間が満了するまでを不確定期限とする使用貸借契約の成立を認定し、被害車両の損傷程度等から61日間(修理期間として36日間、修理か買換えかの検討期間として25日間)を必要かつ相当な代車期間と認めて、当該期間を超えて被害者が代車を保険会社に返却せず使用を継続したことにより保険会社に生じた損害(第三者への賃借料支払額約40万円)の限度で保険会社の被害者に対する不当利得返還請求権を認めた。**大阪地判 令2・11・27(溝口優)【⑥〔116〕1549頁】**は、原告車(マセラッティクワトロポルテ)の代車費用のうち、日額単価について、外国産高級車に相応のクラスの代車(ジープラングラー)を使用することが不相当とはいえず、国産車でもレンタカー料金が2万円を上回る場合があるとして日額2万3760円を認める一方、使用期間については、軽微な損傷状況や修理内容

を踏まえると部品待ちの期間は代車使用の必要性はないとし、見積りに必要な3日間と実修理期間1週間の合計10日間に限り事故との相当因果関係を認めた。

(3)　休車損害

横浜地判　令2・7・20（藤原和子）【④〔66〕916頁】は、原告が、原告車両（クレーン車）以外に、クレーンアームが2段に折れるクレーン車を保有していなかったとしても、原告車両の稼働率は、1か月当たり平均4.66日であり、修理期間（8日）に原告車両を必要とする受注があったことが認められないとして、休車損害を認めなかった。

大阪地判　令2・8・28（永野公規）【④〔77〕1038頁】は、山間を南北に走る直線路の登坂車線内に運転手仮眠のため駐車していた原告車両（原告会社A所有のコンテナ積載セミトレーラ、原告B所有のトラクタで構成）に、被告車両（被告会社所有のトラクタ、セミトレーラ及びコンテナで構成）が追突し、原告車両、被告車両が損傷した事故における、原告会社Aの被った損害（コンテナ買替費用、セミトレーラ修理費用、休車損害）及び被告会社の被った損害（コンテナ修理費用、セミトレーラ修理費用、トラクタ時価）の認定例。

(4)　その他

㋐　洗車場機器

東京地判　令2・11・6（鈴木秀雄）【⑥〔105〕1398頁】は、事故により損傷し、交換の必要を生じた洗車場の特殊機器（ジェットクリーナー・エアインフレーター。購入時期及び購入価格不明）の損害につき、中古市場価格が形成されているとみることは困難であるとしたうえで、その製造時期や販売価格に加え、事故前に特に動作不良が認められた等の具体的事情も見出せないことも考慮し、販売価格の7割相当額をもって相当因果関係のある損害と認めた。

㋑　着衣損傷

大阪地判　令2・6・10（永野公規）【③〔45〕630頁】は、事故により損傷した原告（女・16歳・高校1年生）の制服スカート及び制服ブラウスにつき、その用途・期間が極めて限定される特殊な性質から、新品購入価格を損害と認めた。

㋒　損害の帰属

東京地判　令2・12・25（小沼日加利）【⑥〔121〕1606頁】は、割賦販売契約によって買い受けた自動車に生じた車両損害について、同契約では販売物件に生じた滅失毀損の危険は買受人が負担する旨合意されていたとして、買受け自動車の車両損害は買受人に帰属すると認めた。

6　遅延損害金

⑴　起算点

　仙台高判　令2・1・15（上田哲・岡口・島田）【⑥〔2の2〕1618頁】は、後期高齢者医療給付を行った後期高齢者医療広域連合は、その給付事由が第三者の不法行為によって生じた場合、当該第三者に対し、当該給付により代位取得した損害賠償請求権に係る債務について、当該給付が行われた日の翌日からの遅延損害金を求めることができるとした。**名古屋地判　令2・1・14（吉田彩・谷池・谷）【①〔4〕57頁】**は、自動車損害賠償保障法16条1項による損害賠償請求に係る遅延損害金の起算日につき、事故及び賠償額の確認に要する調査をするために必要とされる合理的な期間（同法16条の9第1項）を、保険会社への訴状送達から1か月と認定した。**東京地判　令2・10・30（綿貫義昌）【⑤〔100〕1349頁】**は、原告会社が、事故により受傷した原告（原告会社代表者）が休業したにもかかわらず、役員報酬を支払っていた場合に、反射損害（民法422条類推適用による損害賠償請求権の代位）は、原告会社が原告に支払をした限度で原告の休業損害に相当する損害賠償請求権が原告会社に移転するものであり、弁護士費用は代位の対象外であるから、原告会社は弁護士費用を請求することはできず、遅延損害金は、代位の日の翌日から発生するとした。**神戸地判　令2・11・12（大島道代）【⑥〔108〕1434頁】**は、被告車について締結された自動車保険契約の対歩行者等傷害特約に基づく保険金請求権の遅延損害金の起算日につき、同特約において、保険金請求権者が加害者に対して有する法律上の損害賠償責任の額について、原告らと被告との間で判決が確定した時から発生し、これを行使できるものとされているから、各原告らと被告との間の判決確定の日の翌日からとするのが相当と認めた。

7　損益相殺・損害の填補

⑴　遅延損害金への充当

　東京地判　令2・3・9（石井義規）【②〔23〕337頁】は、労働災害総合保険の保険金は、損害が現実化するのに対応して被保険者たる雇用主に支払われ、その後速やかに被害者たる被用者に支払われることが予定されているから、原則として消極損害の元金から充当されるとして、まず遅延損害金から控除されるべきであるとの原告の主張を認めなかった。

⑵　生活費控除

　さいたま地判　令2・6・16（加藤靖）【③〔51〕700頁】は、被害者（男・80歳・年金受

給者)の死亡逸失利益算定における生活費控除率について、稼働収入のない年金生活者において年金額が少ない場合、年金の多くが生活費として費消されていることが多いと考えられ、他方、配偶者がいる場合には配偶者の年金収入があること及び夫婦の一方が死亡したことによっても支出額が変わらない固定的な生活費があることを考慮して、60%と認めた。**さいたま地判 令2・10・30(石垣陽介・玉本・牧野)【⑤〔101〕1358頁】**は、一人暮らしの被害者(男・81歳・年金受給者)が受給していた年金額(年額約116万円)では生活費及び介護費用を賄うことができず、被害者の死亡逸失利益は認められないとの加害者の主張について、被害者の受給していた年金がすべて生活費等に費消されていたことを認める証拠はないとして、死亡逸失利益を認め、生活費控除率を60%と認めた。

(3) 労働災害総合保険

東京地判 令2・3・9(石井義規)【②〔23〕337頁】は、労働災害総合保険(労災上積み補償のための任意保険)の保険金の支払により、被害者は事故によって損害を受けるのと同時に、同一の原因によって利益を受けたものであり、かつ、その損害と利益との間に同質性があるとして、公平の見地から、保険金の額を被害者の消極損害(休業損害、逸失利益)の額から控除することにより損益相殺的調整を行うのが相当であるとした。

(4) 遺族年金

神戸地判 令2・11・12(大島道代)【⑥〔108〕1434頁】は、事故により死亡した被害者(男・53歳・会社員)の妻が受領した遺族年金は、受給権者(妻)の損害額から控除するのが相当であるとし、過失相殺後の損害額につき損益相殺をした。

(5) その他

大阪地判 令2・3・31(古賀英武)【②〔39〕543頁】は、高次脳機能障害及び身体性機能障害(別表第一第1級1号)の後遺障害を残した被害者(男・症状固定時16歳)につき、住宅改造費352万7200円を事故と相当因果関係のある損害と認め、障害者総合支援法に基づき支給された20万円については、同法の目的や代位規定が存在しないことから損益相殺を認めなかった。**大阪地判 令2・9・8(須藤隆太)【⑤〔81〕1076頁】**は、既払金について、通院慰謝料、慰謝料仮払い、及び休業損害の名目での支払は、支払われた金額と費目との結びつきが明確にされており、被害者と任意保険会社との間には、少なくとも既払金についての元本充当に係る黙示の合意、及び既払金に対する遅延損害金について請求を放棄する旨の黙示の合意があったものと認めるべきであるとした。**同判決**は、仮払仮処分申立事件の和解に基づく損害賠償金の仮払金としての支払は休業損

害の名目で支払われたものとみなすべきであり、和解条項の形式的記載をもってこれを遅延損害金に充当すべきではないとした。**神戸地判　令2・9・11(後藤慶一郎・大島・宮村)【⑤〔84〕1113頁】**は、被告が被害者の葬儀等を執り行うにあたり支払った230万円余につき、損益相殺の対象としない旨の合意がなされたとはいえないとして、葬儀関係費用の賠償として支払われたものと評価し、同費用を負担した近親者(被害者の父)の損害と損益相殺するのが相当とした。

8　過失相殺

⑴　絶対的過失割合

大阪地判　令2・3・12(古賀英武)【②〔27〕372頁】は、信号機による交通整理の行われていない夜間の丁字路交差点において、直進するA車(普通乗用自動車)と、対向車線から右折するB車(自動二輪車)が衝突し(第1事故)、事故により路上に横臥しているBを、A車後続車両のC車(中型貨物自動車)が轢過した事故(第2事故)について、第1事故と第2事故は時間的場所的にも近接していること、B死亡の結果が、第1事故により生じたものか、第2事故により生じたものか不明であることから、過失割合は、A車が制限速度を相当超過する速度で進行していたこと、夜間であり、Cにとって路上に倒れているBを発見することは可能であったとはいえ、相当困難であったことなどから、B 60%、A 30%、C 10%と認め、過失相殺の方法は、いわゆる絶対的過失相殺を採用した。

⑵　認定事例

㋐　自動二輪車対歩行者事故

(i)　横断中の事故

(a)　認めたもの

神戸地判　令2・6・18(大島道代)【③〔56〕757頁】は、信号機による交通整理の行われていない交差点において、加害者運転の自動二輪車が交差点内を横断中の被害者(男・64歳・会社員)に衝突し、被害者が死亡した事故について、加害者には交差点付近には歩行者などがいないと軽信し、前方左右を十分確認せずに進行した過失があり、一方、被害者も、被害者の進行方向からは左右の見とおしが悪く、一定数の交通量(車について5分間約40台)があるにもかかわらず、左右を見ずに下を向いて横断しており、進行方向の左右の確認を怠った過失があるとして、過失割合を被害者20%、加害者80%と認めた。**さいたま地判　令2・11・24(吉村美夏子)【⑥〔112〕1483頁】**は、信号機による交通整理が行われていない丁字路交差点において、直進する被告車(普通自動二輪車)が右方向の交差道路から自転車を押しながら横断していた原告(男・65歳・給

与所得者）に衝突した事故につき、被告には前方・左右を注視すべき義務を怠って漫然と時速約50kmで運転した過失がある一方、原告には十分な安全確認をせず横断歩道から離れたところを横断した過失があるとして、過失割合を原告30％対被告70％と認めた。

(イ)　自動車対歩行者事故

(i)　横断中の事故

(a)　認めたもの

名古屋地判　令2・3・25（中町翔）【②〔32〕452頁】は、南北道路と東西道路が交差する、信号機及び横断歩道が設置されていない交差点において、南北道路を南進してきた被告車（普通（軽四）貨物自動車）が、交差点出口付近を西から東に横断歩行中であった被害者（男・75歳）に衝突した事故につき、南北道路が優先道路であること、同道路を横断しようとした被害者において、同道路の安全を慎重に確認すべきであったこと、事故が発生したのは午後8時頃であって、加害者において被害者を視認しにくい状況であったこと、被害者が高齢であったことなどを踏まえて、20％の過失相殺を認めた。**大阪地判　令2・6・18（石丸将利）【③〔54〕736頁】**は、横断歩道ではない場所を横断していた原告（男・91歳・年金受給者）と被告車（タクシー）との衝突事故につき、被告はカーナビ画面に視線を移し、脇見運転をしており、自動車運転上の基本的な注意義務の違反があり、日の入り後ではあったが事故現場付近はやや明るく被告の過失は大きいとし、他方、原告にも横断歩道でない場所を横断歩行していた過失があるとし、原告が高齢者であることを考慮して、両者の過失割合を原告5％、被告95％とした。**名古屋地判　令2・7・1（中町翔）【④〔62〕851頁】**は、信号機の設置されていない十字路交差点において、右折進入した被告車（普通乗用自動車）が、自転車を引いて交差道路を横断歩行していた原告（女・81歳・主婦）に衝突した事故につき、被告には原告の有無及び安全確認不十分のまま被告車を右折させた過失があり、原告には、交通頻繁な優先道路を横断するに際しては、通常の道路を横断するよりも慎重に左右の安全を確認すべきであったから、原告の年齢を踏まえても若干の過失があったといわざるを得ないとして5％の過失相殺を認めた。**大阪地判　令2・9・25（溝口優）【⑤〔87〕1166頁】**は、横断歩道歩行者（被害者）と加害車両（普通乗用自動車）が衝突した事故において、被害者が横断開始から約1.6m地点で加害車両に衝突していることから、横断開始時点において、加害車両は横断歩道に相当に接近していたことが明らかであり、被害者には安全確認を行わずに横断を開始した過失があるとして、10％の過失相殺を認めた。**東京地判　令2・10・29（中村さとみ・川﨑・林）【⑤〔98〕1317頁】**は、歩車道の区別のある片側3車線の道路を徒歩で横断中の被害者（男・81歳・年金受給者）が加害車（都営バス）に衝突された事故につき、加害車運転者は、前方に道路横断を開始し第1車線を横切っ

て第2車線に進入した歩行者を認めることができたにもかかわらず、これに気づかず、又は、気づきながら同人が引き返すことを想定せず、漫然と時速40km弱で第1車線を走行したもので、バスの運転者であることに照らしてもその過失は相応に重いが、他方、被害者は、横断禁止の規制がされている幹線道路を、歩車道の間に設置されたフェンスの切れ目から横断を開始し、第2車線で信号待ち停止していた車両の間から第1車線に引き返しており、加害車運転者からの視認可能性は極めて低かったとして、40%の過失相殺を認めた。**神戸地判　令2・11・12（大島道代）**【⑥〔108〕1434頁】は、夜間、中央分離帯があり、北行5車線の信号機による交通整理の行われている横断歩道上において、赤信号で横断を開始した被害者（男・53歳・会社員）に、法定制限速度（時速50km）を15～20km超過する速度で、対面青信号に従って走行した被告車（普通乗用自動車）が衝突した事故につき、被告車がスモーク仕様に改造されており、フォグランプが片方しか点灯していなくても、横断歩道から被告車の存在を視認することは可能であり、事故の発生は、基本的には赤信号に従わなかった歩行者である被害者の過失に起因するところが大きいとして、両者の過失割合を、被害者60%、被告40%と認めた。**名古屋地判　令2・12・14（中町翔）**【⑥〔119〕1574頁】は、歩道と車道の間にガードパイプが設置されていた片側3車線の国道をガードパイプの隙間を通って横断しようとした被害者（女・22歳・無職、統合失調症のため医療保護入院中）に加害車（中型貨物自動車）が衝突した事故について、加害車運転者には事故直前に地図を見ていたために被害者の発見が遅れた前方不注視の過失があるが、被害者にも道路の横断を開始するにあたり加害車の存在及びその動静に何ら注意を払っておらず、その不注意の程度は著しく、被害者と加害車運転者の過失の程度は同程度であるとして、50%の過失相殺を認めた。**東京地判　令2・12・22（中村さとみ）**【⑥〔120〕1599頁】は、信号機により交通整理の行われていない丁字路交差点において、直進する加害車（路線バス）と加害車走行道路を歩行横断しようとした被害者（男・7歳・小学1年生）とが衝突した事故につき、横断歩行者の有無を十分に確認することなく、被害者の存在に全く気づかないまま漫然と時速25ないし30kmで交差点を直進した加害車運転者には、路線バスの運転手として極めて重大な過失があり、他方、一時停止規制のある突き当たり路から小走りで横断を開始した被害者の過失も小さくはないとして15%の過失相殺を認めた。

　(ii)　その他
　　(a)　認めたもの

名古屋地判　令2・1・15（中町翔）【①〔5〕66頁】は、歩車道の区別のない道路を歩行中の原告（男・47歳）と被告車（普通乗用自動車）が接触した事故につき、被告車が時速20km程度の速度で、路外北側の自動販売機付近に立っている原告の傍を通過しようとしたところ、原告が、同自動販売機付近から後頭部を道路に向けて後ろ向きに倒れ

出たため、被告車のボンネット左前部、左フェンダー及びサイドミラーに接触した事故と認め、過失割合につき、被告には道路北端まで約1.2mの間隔しか空けないまま、徐行を超える時速20kmの速度で原告の側方を通過しようとした過失が認められ、他方、原告にも本件道路に向けて倒れ出たことについて落ち度が認められるとして、被告70%、原告30%と認めた。**大阪地判　令2・3・12(古賀英武)【②〔27〕372頁】**は、信号機による交通整理の行われていない夜間の丁字路交差点において、直進するA車(普通乗用自動車)と、対向車線から右折するB車(自動二輪車)が衝突し(第1事故)、事故により路上に横臥しているBを、A車後続車両のC車(中型貨物自動車)が轢過した事故(第2事故)について、第2事故によりA車及びB車が損傷した事実は認められないことから、Bの物的損害及びAの損害についての過失割合は、B60%、A40%と認めた。**神戸地判　令2・6・18(大島道代)【③〔55〕744頁】**は、被告車(普通乗用自動車)を発進させた被告とドアの取っ手に手をかけた原告との事故につき、被告には原告の動静を十分確認しなかった注意義務違反があったとする一方で、原告は、被告車が発進しようとしていることを認識しながら、これに近づき、発進直後にドアの取っ手を持ち転倒するに至ったとして、過失割合を原告80%、被告20%と認めた。**東京地判　令2・11・25(田野井蔵人)【⑥〔113〕1493頁】**は、夜間、街灯等がなく視認状況が悪い片側1車線道路上において、単独事故により転倒し路上に横臥していた原動機付自転車の運転者A(男・38歳・職業不明)に、直進してきた被告車(普通乗用自動車)が衝突した事故につき、被告には前照灯をロービームにしたうえで、その照射範囲に応じた安全な速度に減速せず、最高速度を時速20km超過する時速約70kmで進行し、前方を注視せず進路の安全確認不十分のまま進行した過失があるとしたうえで、Aにも単独事故により路上に転倒していた過失があるとして、過失割合をA30%対被告70%と認めた。**東京地判　令2・11・26(中村さとみ・田野井・齊藤)【⑥〔115〕1531頁】**は、道路上に車両を駐車して、長さ約2mのアクリル板の荷下ろし作業をしていたXの右側を通過しようとしたY運転の被告車(普通乗用自動車)が、アクリル板に接触したうえXに接触した事故につき、YにはXがアクリル板を動かすことを予見し、徐行するとともに、アクリル板との間隔を保持しながら進行すべき注意義務を怠った過失があり、他方、Xにおいてもアクリル板を被告車に接触させないよう注意すべき義務を怠った過失があるとして、過失割合をX40%、Y60%と認めた。

(b)　認めなかったもの

　大阪地判　令2・1・28(古賀英武)【①〔6〕75頁】は、路外の駐車場から車道へ進入しようとした加害車(普通乗用自動車)が歩道を歩行中の被害者(男・症状固定時59歳・タクシー乗務員)に衝突した事故につき、歩道における歩行者の保護は原則として絶対的であり、被害者は、進行方向左前の看板に気をとられ、転倒した時点で加害車の存在

に初めて気がついている事情は存するものの、加害者も衝突まで被害者の存在に気がつ
いていなかったことに照らして、過失相殺を認めなかった。

（ウ）　自転車事故

　（ｉ）　歩行者対自転車事故

　　（a）　交差点における事故

　　　（あ）　認めたもの

東京地判　令２・３・10（鈴木秀雄・石井・今村）【②〔24〕346頁】は、交通整理の行われ
ていない交差点において、直進しようとしたA（7歳）運転の子ども用自転車と歩行横
断者（原告）が衝突した事故につき、Aに前方不注視の過失があり、他方、原告にも交
差点を通行するに際し左右の安全確認義務を怠った過失があるとして、過失割合を原告
15％、A85％と認めた。

　（ii）　自動二輪車対自転車事故

　　（a）　認めたもの

神戸地判　令２・２・27（大島道代）【①〔19〕280頁】は、歩道から横断歩道手前の路肩
に前輪を降ろした被告車（自転車）をみて、急制動をかけ転倒した原告車（原動機付自
転車）の非接触事故につき、被告（男・10歳）は歩道から路肩に前輪を降ろして停止
していたものであり、車線に進入する動きは認められなかったが、この様子をみて、被
告が子供であったことも相まって子供が飛び出してくると判断して急制動の措置を講じ
て転倒した事故であると認め、原告には状況確認ないし把握が不十分のまま速度超過あ
るいは原動機付自転車の走行速度としては高速度（時速30～40km）で不適切な急制
動の措置をとった過失があるとし、他方、被告の行動にも車両運転者に誤解を与えかね
ず、事故を誘発させる可能性を含む点において過失があるとして、両者の過失割合を原
告80％、被告20％とした。**大阪地判　令２・３・２（寺垣孝彦・永野・須藤）【②〔21〕313
頁】**は、車道幅員4.0ｍ、南方面への勾配が下り6％、自転車を除き南方面へ一方通行
の規制がある太鼓橋上において、車道左寄り（西寄り）を北進した原告自転車の右ハン
ドルや原告の右腕に、対向してきた被告車（大型自動二輪車）の右ミラー等が衝突した
事故につき、前方の見とおしが悪い太鼓橋を走行するにあたり、被告には道路右寄りを
進行させたことについて道路交通法70条の安全運転義務に違反する過失があるが、原
告にもあらかじめ自転車から降りて歩道を通行するか、ハンドル・ブレーキ等を確実に
操作するなど同法70条の安全運転義務に違反する過失があるとして、25％の過失相殺
を認めた。

(iii)　自動車対自転車事故

(a)　交差点における事故

(あ)　認めたもの

東京地判　令2・2・21（前田芳人）【①〔16〕240頁】は、信号機による交通整理の行われていない丁字路交差点で、突き当たり路側から直進路を自転車で横断しようとした被害者（男・87歳・年金生活者）と、優先道路である直進路を走行してきた加害車（普通乗用自動車）とが衝突し、被害者が死亡した事故につき、加害車運転者には進路前方を十分に注視することなく直進路を走行し、道路横断中の被害者運転の自転車に衝突した過失があり、被害者には直進路の車両の動静を十分に注視せず、突き当たり路側から横断のため直進路に進出した過失があるところ、被害者が高齢であったことを考慮して、過失割合を被害者25％、加害車運転者75％とした。**大阪地判　令2・2・28（丸山聡司）**【①〔20〕298頁】は、信号機による交通整理の行われている丁字路交差点で、青信号に従い突き当たり路から交差点内の直進路の横断歩道を自転車で横断しようとした被害者（女・24歳・専業主婦）に、突き当たり路から交差点内を直進路へ左折進入してきた加害車（大型貨物自動車）が衝突し、転倒した被害者及び被害自転車を加害車の左前輪が轢過した事故について、加害車運転者は横断歩道を横断する自転車の有無及び安全を十分に確認して進行する義務があるのにこれを怠り、漫然と交差点を左折進行して事故を発生させた過失があるが、被害者にも横断歩道に進入して進行する際、突き当たり路から左折進入してくる車両がいないかを確認し、減速・停止すべきであったのに、安全確認を十分に行わないまま、漫然と横断歩道に進入した過失があるとして、5％の限度で過失相殺を行った。**さいたま地判　令2・3・24（加藤靖）**【②〔31〕439頁】は、信号機による交通整理の行われていない丁字路交差点での加害車（中型貨物自動車）と横断歩道を横断中の被害車（自転車）との雨天時の衝突事故につき、加害車に、制限速度超過（時速約12km超過）、携帯電話を手で保持して通話中であり、安全確認義務違反の著しい過失があるとし、他方、被害者にも、雨合羽を着ていたとしても衝突の瞬間まで加害車の存在に気がついておらず、通常の想定よりも大きな安全確認義務違反の過失があるとして、過失割合を、加害者90％、被害者10％と認定した。**大阪地判　令2・3・31（古賀英武）**【②〔39〕543頁】は、信号機による交通整理が行われていない丁字路交差点において、狭路（突き当たり路、幅員約2.0m）を走行する原告（男・15歳）運転の自転車と広路（幅員約4.7m）を走行する被告運転の普通乗用自動車が出会いがしらに衝突した事故につき、交差点の形状から広路を横切る形での直進は被告にとって予見しにくいことに照らし、過失割合を原告40％、被告60％とした。**神戸地判　令2・6・15（大島道代）**【③〔50〕688頁】は、信号機による交通整理が行われていない交差点での自転車（原告車）と普通貨物自動車（被告車）との出会いがしらの事故につき、広路と狭路が交わる交差点であっても、狭路側に一時停止規制がある場合、狭路による劣後

関係よりも一時停止規制による劣後性の方が大きいとして、両者の過失割合を、広路走行の原告車10％、狭路走行の被告車90％と認めた。**東京地判　令2・7・22（田野井蔵人）【④〔68〕944頁】**は、信号機により交通整理の行われている十字路交差点において左折中の加害車（普通乗用自動車）が、交差点出口の横断歩道を右方向から進行中の被害自転車に衝突した事故につき、加害車運転者には横断歩道上の自転車等の動静を注視する義務を怠った過失があるとする一方、被害自転車運転者には対面の歩行者用信号機が青色点滅にもかかわらず横断を開始した過失と、左折進行してきている加害車を認識したにもかかわらずその動静注視を怠った過失があるうえに、被害自転車が横断歩道に進入するのとほぼ同時に歩行者用信号機が赤変したこと、夜間で加害車側から被害自転車等を確認しづらいことを考慮し、過失割合を被害自転車55％対加害車45％と認めた。**大阪地判　令2・11・10（溝口優）【⑥〔107〕1422頁】**は、南北道路と東西道路が交わる十字路交差点において、被告運転の被告車両（普通貨物自動車）が南北道路を南進して交差点に進入しようとしたところ、原告（女・15歳・職業不明）運転の自転車が東西道路を東側から一時停止規制のある交差点に進入し、被告がブレーキをかけたが原告自転車に衝突した事故につき、北側道路から東側道路への見とおしがよくない交差点に進入するに際し徐行しなかった被告には、徐行義務違反（道路交通法42条1号）の過失があるとし、他方、一時停止規制のある交差点に進入するに際し一時停止しなかった原告の過失は相当に重いとして、40％の過失相殺を認めた。

(い)　認めなかったもの

名古屋地判　令2・11・20（安田大二郎・前田・谷）【⑥〔111〕1473頁】は、信号機による交通整理の行われている交差点において、南から東へ右折進行しようとした被告車（普通乗用自動車）が、交差点の東側出口に設けられた自転車横断帯上を北から南に横断していた原告自転車に衝突した事故について（双方の信号はいずれも青色）、被告車の時速は30km程度であり、右折進行車として通常の速度ではなく、また被告は原告自転車との距離が約4.9mになるまで原告自転車の存在にも気づいておらず不注意の程度は大きいが、原告は青信号で自転車横断帯上を通行していたにすぎず、軽度の右方の安全不注視が認められるとしても、被告の過失と比較して無視できるほど小さいとして、過失相殺を認めなかった。

(b)　追い抜き時の接触事故

さいたま地判　令2・10・30（石垣陽介・玉本・牧野）【⑤〔101〕1358頁】は、夜間、加害車（大型貨物自動車）が同一方向に向かって車道の左側端を走行していた被害車（自転車）後部に衝突して、被害者（男・81歳・年金受給者）が死亡した事故につき、道路交通法上、自転車は原則として車道を走行すべきであり、被害者の走行位置や態様に問

題はなく、加害者が前照灯を上向きにしてその照射範囲を広げたり、照射範囲に応じた
速度で走行していれば事故を回避することができたとして、過失相殺を認めなかった。

(c)　その他

　大阪地判　令2・6・10（永野公規）【③〔45〕630頁】は、市街地の歩車道の区別のある
片側1車線の道路において、歩道工事中のための仮歩道から車道に入った原告自転車
と、車道を直進した被告車（大型特殊自動車）が接触した事故において、被告車の過失
は相当大きいが、原告自転車も、仮歩道のため車道が狭くなっており、車道を進行する
車両との側方間隔を保って進行することが困難であることを予見し得たにもかかわら
ず、車道に入った過失は否定できず、たとえ対向する歩行者や自転車がいても、その通
過を待つべきで、被告らが指摘する原告の後方確認不十分の過失があったとして、原告
の過失割合を25％と認めた。**大阪地判　令2・8・19（永野公規）【④〔71〕973頁】**は、コ
ンビニエンスストアの駐車場において、通路を進行する被害者運転の自転車と、通路か
ら駐車区画に後退進入しようとする加害車（普通乗用自動車）とが衝突した事故につ
き、駐車場は、駐車のための施設であり、加害車が通路から駐車区画に進入すること
は、駐車場の目的に沿った行動であって、駐車区画への進入動作は、原則として、通路
の進行に対して優先されるべきであるとして、被害者の過失を30％と認めた。**横浜地
判　令2・9・28（川嶋知正）【⑤〔88〕1175頁】**は、いずれもマンション敷地から道路に進
出するため、マンション敷地内の通路を進行していた原告車（普通乗用自動車）と被告
車（電動自転車）とが、通路の交差部分において出会いがしらに衝突した事故につき、
普通乗用自動車を運転していた原告は、電動自転車を運転していた被告に比べ、より高
度の注意義務を負っていたものと解されることに加え、原告が、被告車が進行してくる
通路の方向を確認しなかったことを自認していることから、両者の過失割合を原告
80％、被告20％と認めた。**東京地判　令2・10・21（久保雅志）【⑤〔93〕1259頁】**は、片
側3車線道路の第2車線を、時速35kmないし40kmで走行する被告車両（タクシー）
が、道路左側の歩道上に見込客を見つけて進路変更及び減速（時速約20km）を開始し
た後、2秒程度経過して、時速約30kmで走行する原告自転車（ロードバイク）が被告
車両の後部に衝突した事故につき、①被告が進路を第1車線に変更し、第1車線内で減
速する際、後方から進行してくる車両等に注意する義務を怠った過失により生じた事故
であり、追突事故と評価することはできないとし、②過失相殺につき、原告自転車は被
告車両の後方を走行しており、被告車両は進路変更に際し合図も出していることから、
原告が先行する被告車両の挙動に注意を払うことで事故を避けることができ、原告にも
一定の過失があるとして、過失割合を、原告10％対被告90％と認めた。

　㈐　自動車対自動二輪車（原付自転車を含む）事故
　　（ⅰ）　交通整理の行われている交差点における事故
　　　（ａ）　右折自動車と直進自動二輪車との事故

名古屋地判　令2・2・12（蒲田祐一）【①〔12〕174頁】は、片側3車線の東西道路と中央線のない南北道路とが交差する交差点において、東西道路を対面信号青で東に向かって交差点に進入した被害車（大型自動二輪車）と、東西道路を西に向かって走行し、右折のため青信号で交差点に進入し、右折待機中で停止していた先行車の右横を通過して対向車線に進入した加害車（普通乗用自動車）とが衝突した事故につき、事故は交差点における直進車である被害車と、右折車である加害車との衝突事故であり、被害車・加害車いずれの対面信号機も青信号であったのであるから、被害者にも若干の過失（右前方の不注視等）が認められるものの、主として加害者の過失によるものと評価すべきであり、また加害者の運転方法は右折待機中の先行車の後から対向車線に進入するという危険なものであったとして、事故の過失割合を、被害者5％、加害者95％と認めた。

神戸地判　令2・2・14（後藤慶一郎・大島・竝木）【①〔13〕190頁】は、加害者運転の加害車両（普通乗用自動車）が東西道路を西進し、交差点を右折北進しようとしたところ、東西道路を東進し、交差点を直進しようとした被害者運転の被害車両（普通自動二輪車）が急制動により転倒し、北進中の加害車両の左側側面と被害者とが衝突し、被害者が死亡した事故につき、加害者は、交差点を右折北進する際、交差点を直進する被害車両の進行妨害をしてはならない注意義務に違反し、被害車両に気づくことなく、漫然と右折を開始した過失があり、過失の程度は大きいが、被害者も、加害車両が交差点を右折することは予見可能であり、交差点を右折しようとしていた加害車両の動静に応じ、減速するなどして適切な速度と方法で運転していれば事故回避が可能であり、過失が認められるとして、過失割合を加害者85％、被害者15％と認めた。**大阪地判　令2・3・10（安田仁美）【②〔26〕364頁】**は、信号機による交通整理が行われている交差点で、右折可の青色矢印信号に従い右折を開始した原告車（普通乗用自動車）と、対面信号が赤色に変わる直前の黄色の状態で停止せず交差点に進入した被告車（普通自動二輪車）との衝突事故につき、原告には対向車線を走行して来る車両の動向を注視し、対向車線の走行を妨げないように右折すべき注意義務を怠った過失があり、他方、被告には、黄色信号に従って交差点手前の停止線で停止すべき注意義務を怠り、停止することなく交差点に進入した過失があるとし、両者の過失割合を、車両の種類、対面信号の色等を踏まえて、原告15％、被告85％とするのが相当とした。**東京地判　令2・7・22（綿貫義昌）【④〔67〕932頁】**は、信号機により交通整理の行われている交差点で、青信号に従い直進する被害車（原動機付自転車）と、対向から右折する加害車（普通乗用自動車）とが衝突した事故について、前方を注視せず、直進の被害車があるのに右折を継続して被害車の進行を妨害した加害車運転者の過失は大きいが、被害車運転者にも右折車の動静に

対する注意を欠いた過失があるとして、過失割合を加害車運転者85％対被害車運転者15％とした。**大阪地判　令2・11・18（永野公規）【⑥〔110〕1462頁】**は、五差路交差点での、青色信号に従って交差点に進入した直進車（普通自動二輪車）と、信号機の規制効力の及ばない狭路の交差道路から交差点に右折進入した右折車（普通乗用自動車）との衝突事故につき、右折車に優先道路である交差道路の通行車両等の確認等を怠った極めて重い過失があるとし、他方、直進車にも事故現場付近の防犯カメラ映像から事故時に法定最高速度（時速60kmを超える速度（時速約82～91km超）で走行していた事実が認められる等とし、直進車に15％の過失相殺を認めた。

(b)　直進自動車と右折自動二輪車との事故

大阪地判　令2・3・19（古賀英武）【②〔30〕420頁】は、信号機による交通整理の行われている交差点において、交差点の手前で3車線（第1車線は左折及び直進、第2車線は直進、第3車線は右折）となっている道路の第1車線から右折した被告車（原動機付自転車）と、第2車線を直進した原告車（普通乗用自動車）との衝突事故につき、原告車には、被告車が原告車の前方を進行しており、その動静に対する注視が不十分だった過失があるが、交差点進入後に二段階右折規制に違反し、右ウィンカーを点灯させることもなく、直進・左折線から右折を開始した被告車の走行は、予見が不可能とはいえないまでも困難であるとして、両者の過失割合を原告車20％、被告車80％とした。**大阪地判　令2・3・26（古賀英武）【②〔35〕489頁】**は、信号機による交通整理の行われている交差点を右折しようとした被害車（普通自動二輪車）に、対向車線の左折専用車線を左折せずに直進通過しようとした加害車（普通乗用自動車）とが衝突した事故について、加害車には左折専用車線を直進した通行区分違反が認められ、また進路前方左右の安全確認が不十分なまま交差点内に直進進入した過失があり、被害車にも対向直進車の動静確認が不十分なまま右折走行した過失が認められるが、右折車と対向直進車では対向直進車が優先するのが原則であるところ、左折専用車線をあえて直進するという通行区分違反を犯した加害車は優先されるべき直進車にあたらず、本件事故に関しては加害車の過失が圧倒的に大きいとして、過失割合を被害車20％、加害車80％と認めた。

(c)　左折自動車と直進自動二輪車との事故

大阪地判　令2・8・27（石丸将利）【④〔75〕1006頁】は、交差点手前の片側3車線のうち左側車線を走行中の被告車（普通乗用自動車）が左折しようとしたところ、左側車線の左側端に引かれた車道外側線の外側（路側帯ではない）を直進進行していた原告車（普通自動二輪車）と衝突した事故につき、被告には、路側帯でない単なる車道外側線が設けられている道路においては、左折車両は車道外側線の外側部分に入って左側端に寄り、かつ左側端に沿って左折しなければならない注意義務違反（道路交通法34条1

項）及び後方の確認不十分の過失があるとする一方、原告には、車両通行帯に指定され、進行方向別通行区分の規制もされていた区間を通行していたのであるから、車両通行帯でない外側部分を通行してはならない注意義務違反及び左折が許容されている車両通行帯を走行している被告車の左側を追い抜こうとした過失があるとし、過失割合を原告25％対被告75％と認めた。

(ii)　交通整理の行われていない交差点における事故

(a)　右折自動車と直進自動二輪車との事故

大阪地判　令2・2・12（石丸将利・山﨑・久保）【①〔11〕157頁】 は、信号機による交通整理が行われていない丁字路交差点において、直進の原告車（普通自動二輪車）に対向車線から右折進行した被告車（普通乗用自動車）が衝突した事故につき、被告には、原告車に先行する大型車により視線が遮られていたにもかかわらず、一時停止するなどして周囲の安全を確認することなく漫然と右折進行した過失がある一方、原告には、法定速度を時速約15km超の速度で走行し、かつ、大型車により右折車の有無等がみえなかったにもかかわらず、漫然とその速度を継続した過失があるとして、過失割合を原告25％対被告75％と認めた。

(iii)　直進自動車と並走直進自動二輪車との事故

(a)　認めたもの

大阪地判　令2・9・25（溝口優）【⑤〔86〕1135頁】 は、被告車（普通乗用自動車）が、前方車両との衝突を回避するべくハンドルを左に切ったところ、側道の左側を走行してきた原告車（普通自動二輪車）と衝突した事故につき、被告車は原告車の進路を妨げた過失があるが、原告車にも前方車両の動静を注視し安全を確保して運転すべきところ、漫然と側道左端を直進した過失があるとして、過失割合を原告10％、被告90％と認めた。

(iv)　転回中の自動車との事故

東京地判　令2・2・21（鈴木秀雄）【①〔17〕252頁】 は、片側3車線の第2車線を直進した原告車（自動二輪車）の前部に、転回禁止場所である第1車線から転回した被告車（普通乗用自動車）の右後部が衝突した事故について、被告の転回禁止義務違反等の過失は重く、原告の制限速度超過やハンドル・ブレーキ操作等の過失を認めるに足りる証拠がないとして、原告の過失を認めなかった。**東京地判　令2・5・29（小沼日加利）【③〔43〕596頁】** は、道路左端から右転回中の加害者運転の被告車（タクシー）と、その後方から被告車の右側を通り抜けようと加速して直進してきた被害者運転の原告車（自家用大型自動二輪車）との事故における過失割合につき、加害者には交通が頻繁な道路において後方の確認不十分なまま転回を開始した過失があるとし、他方、被害者にも道路

左端からの転回車両の存在を予想することができ、被告車の動向を注視し制動措置をとることが可能であるのにかえって加速させた軽度の過失があるとして、両者の過失割合を被害者5％、加害者95％とした。

(ⅴ)　進路変更した自動二輪車と後続自動車

大阪地判　令2・9・11（寺垣孝彦）【⑤〔83〕1102頁】は、幅員4mの道路を進行中の被告車（普通乗用自動車）と道路の左端から中央に向けて発進した原告車（普通自動二輪車）が衝突した事故につき、被告には進路前方の安全を十分に確認しないで進行した過失があり、原告Aには右後方の安全確認を行わないまま道路中央に向けて斜行するように発進した過失があるとして、双方の過失割合を被告40％、原告A60％と認めた。

(ⅵ)　路外駐車場への進入自動車と直進自動二輪車との事故

東京地判　令2・6・15（今村あゆみ）【③〔49〕676頁】は、道路右方路外の車庫に右折進入しようとした加害車（大型バス）が、対向車線を直進してきた被害車（自動二輪車）と衝突した事故について、加害車運転者には対向車線から走行してくる車両の有無、動静を注視せずに右折を開始した過失がある一方、被害車運転者は事故直前まで制限速度を少なくとも30kmを超える速度で走行し、右折待ちをしていた加害車を認めてからある程度走行した後に急制動の措置を講じたこと、衝突時に加害車の右折が完了していたことなどを理由として両者の過失割合を被害者40％、加害者60％と認めた。**神戸地判　令2・10・8（岸本寛成）**【⑤〔92〕1237頁】は、片側4車線道路の第1車線を進行する原告車（普通自動二輪車）と、信号機により交通整理の行われている丁字路交差点で反対車線から転回して第2車線まで進行し、さらに第1車線に進路変更して交差点から15mほどの距離にある路外施設駐車場の出入口に進行しようとした被告車（普通乗用自動車）との衝突事故につき、原告が被告車の転回を認識していたとしても、転回後第1車線まで一気に車線変更してくることまでは想定し難かったとし、衝突の回避可能性がなかったとして、原告には過失を認めなかった。

㋔　自動車対自動車事故
（ⅰ）　交差点における事故
（a）　交通整理の行われている場合
㋐　直進車と対向右折車との事故

横浜地判　令2・2・10（藤原和子）【①〔10〕143頁】は、信号機による交通整理が行われている交差点において、青色信号に従って右折しようとした原告車（普通乗用自動車）に、赤信号にもかかわらず対向車線を直進してきた被告車（普通乗用自動車）が衝突し、原告車に同乗していた原告らが傷害を負った事故につき、後部座席の原告A

（女・症状固定時35歳・主婦・パートタイマー）には座席ベルト不着用の過失があり、原告B（女・事故時4歳・幼児）には幼児用補助装置不使用の被害者側の過失があるとして、過失割合を原告A10％対被告90％、原告B10％対被告90％と認めた。

(い)　その他

大阪地判　令2・3・26（古賀英武）【②〔34〕479頁】は、東西道路とその側道が南北道路と交差する、信号機により交通整理が行われている交差点において、被害車（普通乗用自動車）が側道から左折するにあたり、交差点南詰めの横断歩道を横断する歩行者や自転車をやり過ごすために、横断歩道手前でほぼ停止していたところ、東西道路から左折してきた加害車（大型貨物自動車）が後方から衝突した事故につき、被害車が事故を避けることは困難であったとして、過失相殺を認めなかった。

(b)　交通整理の行われていない場合
(あ)　出会いがしら

東京地判　令2・11・4（久保雅志）【⑥〔103〕1374頁】は、信号機により交通整理の行われていない十字路交差点における普通乗用自動車どうしの出会いがしらの衝突事故につき、一時停止規制に反して交差点に進入した被告車に主たる原因があるとする一方、原告車にも前方不注視の過失があるとして、過失割合を原告20％、被告80％と認めた。

(い)　右折自動車と直進自動車との事故

名古屋地判　令2・10・23（谷池厚行）【⑤〔96〕1296頁】は、信号機により交通整理の行われていない交差点における直進車（普通貨物自動車）と対向右折車（大型貨物自動車）との衝突事故につき、右折車に対向直進車の有無及び安全確認が不十分なまま漫然と右折進行を開始した過失を認め、他方、直進車にも対向右折車の有無及び安全を確認しながら進行すべき注意義務を怠った過失があるとし、両車の過失割合を直進車20％、右折車80％と認めた。

(ii)　丁字型交差点における事故

横浜地判　令2・10・22（川嶋知正）【⑤〔95〕1278頁】は、信号機による交通整理の行われている丁字路交差点における自動車どうしの衝突事故につき、両車の損傷状況、実況見分調書、診療録の記載等から、第1車両通行帯を通行していたA車（普通乗用自動車）が交差点で第2車両通行帯を通行していたB車（中型貨物自動車）の進路前方を横切るようにして転回しようとしたため発生したと認定し、過失割合の大部分はA車運転者にあるが、B車運転者にもA車の動静に対する注意を怠るなどした落ち度があるとして、両者の過失割合を、A車運転者90％、B車運転者10％と認定した。

　(iii)　駐停車車両との事故

　　(a)　認めたもの

　大阪地判　令2・8・28（永野公規）【④〔77〕1038頁】は、夜間、山間を南北に走る直線路の登坂車線内に運転手仮眠のため駐車していた原告車両（原告会社A所有のコンテナ積載セミトレーラ、原告B所有のトラクタで構成）に、被告車両（被告会社所有のトラクタ、セミトレーラ及びコンテナで構成）が追突した事故につき、原告車両の駐車は、視認不良な場所、かつ、駐車禁止場所における、仮眠という「危険を防止するため」（道路交通法44条）とはいえない理由によるものであったが、尾灯等の不点灯は認められないこと、登坂車線内に駐車されていたことによれば、右側の道路上に北行車線・南行車線の合計6mの余地があったことから駐車方法が不適切とは認められないこと、他方、被告車両には、前方不注視の過失があることから、過失割合を原告車両30%対被告車両70%と認めた。**大阪地判　令2・9・11（寺垣孝彦）【⑤〔82〕1092頁】**は、深夜、繁華街の道路（幅員4.3m、時速30km制限、駐車禁止）左端に駐車中の原告車（普通乗用自動車）に時速約30kmで走行してきた被告車（普通乗用自動車）の左側面下側が原告車のリアバンパー右側面に接触衝突した事故につき、原告車は、駐車禁止規制に反し無余地駐車という不適切な駐車方法で、視認不良とまではいえないものの薄暗い状況下において非常点滅灯も点滅させず駐車していたこと等から、20%の過失相殺を認めた。**大阪地判　令2・10・29（石丸将利）【⑤〔99〕1323頁】**は、丁字路交差点において、一方通行規制のある道路に進入した被告車（普通乗用自動車）が後退しながら交差点内に右折進入した際に、交差点手前のゼブラゾーン上に停車していた原告車（普通乗用自動車）に接触した事故につき、被告には後方確認不十分の過失がある一方、原告車が駐停車禁止場所に停車していたことも事故の原因だとして、過失割合を被告90%、原告10%と認めた。

　(iv)　車線変更車両との事故

　横浜地判　令2・3・19（郡司英明）【②〔29〕399頁】は、片側3車線の道路において、第3車線を走行していたA車（大型貨物自動車）と第1車線を走行していたB車（車両及び運転者Bの特定困難）が、同じタイミングで第2車線に車線変更を開始して鉢合わせとなり、A車が接触を避けるために第3車線に戻ろうとして、その右側からA車を追い越そうとした第3車線走行のC車（普通乗用自動車）と衝突した事故において、事故発生についてA及びBに共同不法行為が成立するとしたうえで、過失割合につき、①Cは進路変更する第1車線と第3車線走行の車両どうしの鉢合わせを予見すべきであったこと、②CがA車に接近してC車を走行させたうえ、A車が進路変更を完了していない時点で加速してトンネル内の狭いスペースから追い抜きを行おうとしたことは危険な走行態様であること、他方で、③AとBが負っていた第1車線と第3車線を走行する車両

の動静の確認義務は、進路変更の際の変更先車線の確認義務に比べて要求される注意の程度は低いとして、過失割合をＡＢ併せて30％、Ｃ70％と認めた。**大阪地判 令2・8・25（須藤隆太）【④〔74〕995頁】**は、Ａ車（普通乗用自動車）が進路変更禁止場所において進路変更した（4車線道路の第3車線から第2車線に変更）後、対向信号機の表示が黄色に変わったため停止したところ、第2車線を走行していた後続のＢ車（普通乗用自動車）の前部がＡ車の後部に衝突した事故は、純然たる追突事故ではなく、Ａ車の進路変更が主たる原因であるが、他方、Ｂ車には前方注視義務違反や車間距離保持義務違反があり、Ｂ車の過失の本質は対面信号機の表示の変化を予測せず漫然と走行し適切なブレーキ操作が遅れた点にあるとして、過失割合をＡ車60％対Ｂ車40％と認めた。**名古屋地判 令2・9・4（谷池厚行）【⑤〔80〕1070頁】**は、片側3車線の道路の第3車線（追越車線）上を進行していた被害車（普通乗用自動車）が、同車線を先行する加害車（普通貨物自動車）の急ブレーキにより、左後方の確認をすることなく第2車線に進路変更しようとして、同車線を走行してきた後続車（中型貨物自動車）に衝突した事故につき、加害車運転者には被害車に対する嫌がらせ等の悪意をもって、2度にわたってブレーキをかけ、追突の具体的危険がある状況を作出しており、その過失の程度は大きいとする一方、被害車運転者にも車間距離保持義務違反が認められるものの、悪質ではなく、過失の程度は大きいとはいえないとして、過失割合を加害車運転者70％、被害車運転者30％と認めた。**大阪地判 令2・11・27（溝口優）【⑥〔116〕1549頁】**は、片側2車線道路の第2車線を走行していた被告車（普通乗用自動車）が、前方交差点に右折待ち車両がいたため、第1車線を走行していた原告車（普通乗用自動車）に後続して第1車線に進路変更しようとしたところ、原告車が前方左折車両に続いて左折すべく減速し交差点手前でほぼ停止状態になったため、被告車の左前部が原告車の右側面後部に接触した事故につき、原告車の動静を見誤った被告の過失を主因としつつ、原告車の前方左折車両は必要以上に減速しておらず、原告車との車間距離も確保されていたことから、被告において原告車が前方左折車両と同等の速度で進行すると想定することはやむを得ないとし、原告にも道路交通法70条違反の過失があるとして、10％の過失相殺を認めた。

(v) 駐車場内の事故

大阪地判 令2・2・5（石丸将利・永野・久保）【①〔8〕117頁】は、原告車（普通乗用自動車）が、コンビニエンスストアの駐車場内の通路を、空いている駐車区画を探しながら徐行で進行していたところ、原告車の右後部フェンダー付近と駐車区画から通路に向けて後退して退出した被告車（普通乗用自動車）の後部左側が接触した事故につき、被告車が後退を開始したのは原告車が被告車の後方に相当接近した後であり、被告車の過失の方が相当に重いとして、過失割合を原告車15％、被告車85％と認めた。**名古屋地判 令2・7・31（及川勝広）【④〔70〕961頁】**は、駐車区画に後退して進入しようとし

ていた被害車（普通乗用自動車）と、隣の駐車区画から後退して退出しようとしていた加害車（普通乗用自動車）との衝突事故につき、加害車運転者には、後方の安全確認を怠って後退を開始し、被害車の進行を妨害した過失があり、他方、被害車運転者は、加害車の動静に十分注意して進行すべきであったところ、当該注意を怠って漫然と後退を開始した過失があるとして、過失割合につき、被害車20％対加害車80％と認めた。

(vi)　路外施設から進入した自動車との事故

名古屋地判　令2・6・12（及川勝広）【③〔48〕662頁】は、原告車（普通乗用自動車）が東西道路（同道路の東行車線は、交差点の手前で、直進・左折車線と右折車線に分かれている）の北側の路外ガソリンスタンドから同道路の西行車線に右折進入するため、同道路の東行車線を横切ろうとしたところ、同道路を東進し、右折車線に進入してきた被告車（準中型貨物自動車）と衝突した事故につき、原告車が右折車線に進入した時点では被告車は同車線に進入しておらず、被告車が同車線に進入した時点で原告車が既に停止していたことなどの事情から、被告車の過失の方が大きいとして、過失割合を原告車30％、被告車70％と認めた。**東京地判　令2・10・30（綿貫義昌）**【⑤〔100〕1349頁】は、路外駐車場から道路に向かって後退する被告車（普通乗用自動車）が、道路を直進する原告車（普通貨物自動車）に衝突した事故につき、被告は、後方左右の安全確認を履行せずに急に後退をはじめており、その過失の程度は著しいとし、一方、原告も、被告車の動静を注視し、同車が後退してきた場合には直ちに停止できるように進行すべきであったにもかかわらず、これを怠った過失があるとして、過失割合を被告90％、原告10％と認めた。**名古屋地判　令2・11・4（前田亮利）**【⑥〔104〕1383頁】は、道路を東進する原告車（普通乗用自動車）と、道路南側の駐車場から道路に右折進入してきた被告車（普通貨物自動車）とが衝突した事故につき、原告が被告車に気づいたのは衝突直前であったこと、原告車の右前部と被告車の左後部が衝突していることから、原告にも前方注視義務違反、安全運転義務違反の過失があるとして、過失割合を原告20％、被告80％と認めた。

(vii)　路外地に進入しようとした自動車と直進自動車との事故

名古屋地判　令2・5・27（及川勝広）【③〔41〕575頁】は、片側2車線の直線道路において、甲車（大型貨物自動車）が第1車線から左折して路外駐車場に進入しようとしたところ、第2車線を後方から直進してきた乙車（中型貨物自動車）のリアボデー左側面等と甲車の右後部が接触した事故につき、甲車を第2車線にはみ出させて後続車の進行を妨害した過失は小さくないが、はみ出しの程度は大きくないこと、乙車運転者にとって先行する甲車の動静に注意して接触を回避する措置をとることは比較的容易であったことを考慮して、過失割合を甲車運転者30％、乙車運転者70％と認めた。**東京地判**

令2・11・16（島﨑卓二）【⑥〔109〕1454頁】は、外側車線と歩道の間の幅員約1.2 mの車道を直進する原告車（普通乗用自動車、三輪のミニカー）と、進行方向右側の路外施設に入るため、右折進行した対向被告車（普通貨物自動車）とが衝突した事故につき、被告は、右折するに際し対向車線のみならず、原告車進行路を進行する車両の有無についても予見し、その動静に注視して進行すべきであるのにこれを怠り、他方、原告は、渋滞を避けて本来の走行路ではない原告車進行路を進行し、道路に沿って複数の店舗があることから路外店舗に右折又は左折進行する車両があることを予見でき、そのような車両との衝突を回避するため周囲の安全を確認し適宜減速するなどすべきであったのにこれを怠ったとし、渋滞している車列の間隙を縫って対向車線から右折してくる被告車の予見が困難であったこと、原告車が三輪のミニカーで単車に近い車両であること等を考慮して、原告に20％の過失相殺を認めた。

　　⑻　その他

　東京地判　令2・3・13（前田芳人）【②〔28〕389頁】は、上り勾配6％の坂道において、信号待ちで停止していた原告車（普通乗用自動車）が、信号が変わったので発進した際に若干後退し、後方の被告車（普通乗用自動車）と衝突した事故につき、原告にブレーキ等を適切に操作せず原告車を後退させた過失を、被告に原告車と十分な車間距離をとらずに被告車を停止させた過失を認め、両者の過失割合を原告80％、被告20％とした。**神戸地判　令2・6・4（岸本寛成）【③〔44〕617頁】**は、高速道路（3車線）のトンネル手前の、左側トンネルへ向かう第1及び第2車線と右側トンネルへ向かう第3車線が分かれる地点で、左側トンネルを通行するため、第3車線から第2車線に進入した被告車（大型貨物自動車）が第2車線を走行していた原告車（普通乗用自動車）に接触し（第1事故）、その後、第1車線に車線変更して原告車を追尾した被告車がトンネルを出た直後に原告車を停止させようとして第2車線に幅寄せして原告車と接触した事故（第2事故）につき、原告においても、第1事故については、原告車と接触するまで併走していた被告車の存在に気付いていないものの、第2事故については、第1事故後も走行を続け、被告車が原告車を追尾し、クラクションを鳴らしているのに回避行動をとらなかった落ち度があるとしたうえ、過失割合については両事故の距離及び時間的近接性に照らして、両事故を総合して判断するのが相当であるとして、原告10％、被告90％と認めた。**大阪地判　令2・7・30（石丸将利）【④〔69〕955頁】**は、南行車線を進行し、道路西側路外に出るために右折を開始したA車（普通貨物自動車）と、道路東側から南行車線を横切り、北行車線に右折進入し、少し進んで停止した後、後退したB車（普通乗用自動車）とが衝突した事故につき、B車運転者には右後方の確認をせず、右折の方向指示器を点けたA車に気づかず、後方及び左後方を注視したままB車を後退させた過失があるのみならず、北行車線においてB車を南に向かって後退させた過失は大きいとす

る一方、A車運転者にも対向車線の車両の動向にも意を払うべき義務違反があるが、北行車線に右折進行していった車両が後退することは異例であり、A車の過失は小さいとして、過失割合をA車15％対B車85％と認めた。

(カ)　高速道路での事故
(i)　車線変更時の事故

横浜地判　令2・1・9（郡司英明）【①〔3〕35頁】は、渋滞中であった片側3車線の高速道路上において、第2車線を走行していた原告車（大型自動二輪車）が、訴外自動車を左側から追い抜いた際に、その前方で被告車（普通乗用自動車）が第3車線から進路変更し、これとの衝突を避けようとして急制動をかけたところ、第1車線と第2車線との境付近で転倒した非接触事故につき、原告車の急制動・転倒は、被告車の第2車線内での更なる左側への進路変更によって余儀なくされたものということができるところ、被告には、進路変更に際し左後方を直進走行してくる車両の動静を確認すべき注意義務を怠った過失があり、他方、原告には、渋滞中の高速道路において自動車と自動車の間から追い抜きをするという明らかに危険な運転をしていたという重大な落ち度があり、また原告車が被告車にとって確認困難な左後方から現れたこと、原告車と進路変更した被告車との車間距離に少しは余裕があったこと等を踏まえると、被告の過失割合は相応に軽減されるべきであるとして、原告対被告の過失割合を55対45と認めた。

(ii)　その他

神戸地判　令2・8・24（岸本寛成）【④〔72〕979頁】は、高速道路上を時速45km程度で走行中の原告車（普通自動二輪車）に、後方から時速100km程度で進行してきた被告車（中型貨物自動車）が追突した事故につき、事故はもっぱら被告の過失によるとする一方、原告にも、未成年であったにもかかわらず高速道路上を後部座席に友人を乗せて（道路交通法71条の4第4項違反）、最低速度を下回る速度で走行（同法23条違反）していた違法行為が事故に寄与しているとして、過失割合を原告20％対被告80％と認めた。**東京地判　令2・12・25（小沼日加利）【⑥〔121〕1606頁】**は、高速道路のサービスエリア内の駐車区画に空きがなく、本線へ合流する加速車線上の路肩に寄せて停車したのちに発進し、本線第1車線への合流を完了して走行していたA車（大型貨物自動車）の後部右側に、同車線を直進してきたB車（大型貨物自動車）の前部左側が衝突した事故について、A車には高速道路上の駐停車禁止義務に違反したうえ、十分な加速をしないまま本線第1車線に進入して法定最低速度50kmを大きく下回る速度（時速15〜17km）で同車線を走行させた過失があり、他方B車もA車を事故前の1秒前後に発見しており著しい前方不注視があったといえるとして、両者の過失割合をA車70％、B車30％と認めた。

㈑ シートベルト不着用

さいたま地判 令2・3・27（岡部純子）【②〔37〕516頁】は、被告運転の普通乗用自動車が、時速45ないし50kmで緩やかに左方に湾曲する道路を走行中、対向車線に進出して路外の案内標識柱に衝突し、同車後部右側座席に同乗していた被害者（女・72歳・主婦）が死亡した事故につき、被害者はシートベルトをしておらず、このことが死亡の結果に一定程度寄与していると認めることができるところ、被告は、被害者のシートベルト不装着についても一定の責任を負うとして、5％の過失相殺を認めた。**神戸地判 令2・6・11（大島道代）【③〔46〕642頁】**は、シートベルトを着用しないでタクシーの後部座席に座っていた原告の受傷による損害につき、シートベルト不着用が原告の損害の拡大に寄与したということができるとして、損害の公平な分担の観点から、10％の過失相殺を認めるとともに、タクシー運転手によるシートベルト着用の指示等の有無にかかわらず、原告のシートベルト不着用は、原告の過失ないし注意義務違反と評価すべきとした。**大阪地判 令2・9・2（寺垣孝彦）【⑤〔79〕1063頁】**は、加害者とともにスナックで相当量の酒を飲んだ被害者が、加害者の運転する自動車（普通乗用自動車）の後部座席（助手席側）に同乗していたところ、加害者がハンドル及びブレーキの操作を誤り、自動車を路外に逸走させて道路右端の電柱に衝突させ、上顎骨骨折、歯牙損傷、眼窩吹き抜け骨折等の傷害を受けた事故について、被害者は加害者が相応の量の飲酒をして酩酊していることを十分認識していたにもかかわらず、加害者の運転する自動車に危険を承知で同乗したものであり、また同乗中にシートベルトを着用していなかったために事故の衝撃で顔面を強打したのであって、シートベルト不着用は被害者の人的損害発生の原因となったか、その損害を拡大させたものというべきであるとして、30％を過失相殺するのが相当であるとした。**名古屋地判 令2・10・7（中町翔）【⑤〔91〕1209頁】**は、職務質問で飲酒運転が発覚することを免れるため法定速度の倍以上の時速約135kmで逆走中の被告車（普通乗用自動車）が原告車（普通乗用自動車）に衝突し、その衝撃で原告車に同乗していた被害者が路上に投げ出され、頭部や顔面に重傷を負った事故につき、被害者がシートベルトを装着していれば車外に投げ出されていなかった可能性も相当程度あり、シートベルトを装着していなかったことが傷害結果の拡大に寄与した可能性はあるが、被告には時速約135kmもの高速度で被告車を走行させたことにより被告車を制御することができなくなり、対向車線を高速度で逆走した挙句、被告車を原告車に衝突させたことから、故意にも比肩すべき重過失があるとして、過失相殺を認めなかった。**岡山地裁倉敷支判 令2・11・27（川原田貴弘）【⑥〔117〕1554頁】**は、被告が運転する被告車（普通乗用自動車）が道路左側の防音壁に衝突した後、対向車線に進入し、同車線を進行してきた軽自動車と衝突した衝撃により、被告車助手席にシートベルトを着用せず同乗していたＡが、車外に投げ出されて死亡した事故において、①被告にもＡにシートベルトを着用させる義務があるのにこれを怠ったこと、被告の過失自体が

自動車運転者としての基本的な注意義務を怠る重大なものであることなど一切の事情に鑑みると、Aがシートベルトを着用していなかったことをもって、過失相殺を行うことが相当とはいえず、②また、Aが、被告の運転技術が未熟であることを知っていたにもかかわらずシートベルトの装着を怠っていることや、本件事故が、Aが通う自動車教習所に向けて、被告がAを送り届けようとした際に発生したものであるという事情があるからといって、Aにおいて、被告が危険な運転をすることを容認していたとは認められないとして、過失相殺を認めなかった。

(ｸ)　ゴルフ場のカート事故

　東京地判　令2・3・3（鈴木秀雄・中・雨宮）【②〔22〕323頁】は、ゴルフ場内カート用道路のト字型交差点において、右方に急転把した被告A運転のゴルフカートから同乗者Bが転落した事故につき、路面の矢印や看板等から、交差点を直進した後の転回が指示されており、被告Aは交差点の手前から当該指示を認識することが可能であったにもかかわらず、Bの「Uターン」という指示の下、交差点を右折すべきと思い込み、減速することなくカートの設計上の最高速度に近い時速約18kmで安易に右方に急転把した過失があるとする一方、カート後部座席に乗車中のBにも転落等を防止するために前方のバーをつかむべきであり、その旨の警告もあったにもかかわらず、両手を大腿部の上に置いたまま漫然と乗車していた過失があるとして、30％の過失相殺を認めた。

(ｹ)　クレーン車との接触事故

　横浜地判　令2・7・20（藤原和子）【④〔66〕916頁】は、車道幅員4.19m、東側路側帯幅員0.65m、西側路側帯幅員0.85mの道路において、東側路外の工事現場に鉄骨を搬入する作業を行って、クレーン部分を90度旋回させて待機していた原告車両（車幅200cm、高さ316cmのクレーン車）のクレーン部分に取り付けられている油圧ホース及び油圧配管に、北から南に直進してきた被告車両（中型貨物自動車）の荷台鳥居上部左角が接触した事故において、原告は、車道上にはみ出したクレーン部分をカラーコーン等で囲うべき注意義務に違反したと認め、被告は、原告車両の左側方を通過するにあたり、原告車両に接触しないよう適切な側方間隔を保って進行すべき注意義務を怠った過失があるとしたうえで、カラーコーン等からはみ出していた油圧ホースの折れ曲がり部分はわずかであったこと、原告車両のクレーン部分が停止している際に本件事故が生じていることから、被告の注意義務違反の程度が相当大きいとし、過失割合を原告10％対被告90％と認めた。

第3　消滅時効

1　起算点

　名古屋地判　令2・7・14（吉田彩・及川・谷）【④〔63〕872頁】は、事故による傷害（頸部挫傷等）に対する必要かつ相当な治療期間は事故の約1年後までと認められる被害者（女・49歳・主婦（家事専従））が、事故の6か月後に低髄液圧症候群と診断され、顕著な改善がみられないまま、複数の病院において治療等を継続し、事故の8年8か月後に症状固定の診断を受けていることから、同日よりも前に、被害者において、加害者らに対する損害賠償請求が事実上可能な状況の下に、それが可能な程度に損害の発生を知ったものと認定するのは困難であるとして、同日を事故による損害賠償請求の起算日と認め、加害者らの消滅時効の抗弁を認めなかった。**大阪地判　令2・9・2（寺垣孝彦）【⑤〔79〕1063頁】**は、交通事故により人的損害が生じた場合、後遺障害が残存しない場合には傷害の治療が終了した時から、後遺障害が残存する場合には症状固定日から、それぞれ消滅時効が進行するとした。

第 4　保険（共済）

1　自賠責保険

⑴　被害者による自賠法 16 条請求権（被害者直接請求権）と社会保険者が代位取得した 16 条請求権が競合した場合の優劣関係

　　大阪地判　令 2・11・2（寺垣孝彦・永野・須藤）【⑥〔102〕1365 頁】は、自動車事故の加害者と自賠責保険契約を締結していた保険会社（被告）が、自動車損害賠償保障法 16 条 1 項の直接請求権を行使した被害者（原告）に対し、国が原告に対し労災保険給付を行い労災保険法に基づき直接請求権を代位取得したとして、いわゆる按分説により国の代位取得債権額との按分額のみを支払った事案について、労災保険に係る最高裁（1 小）判平成 30 年 9 月 27 日（民集 72 巻 4 号 432 頁）は、被害者は国に優先して自賠責保険金額の限度で損害賠償額の支払を受けることができるとのいわゆる被害者優先説を採用しており、最高裁（3 小）判平成 20 年 2 月 19 日（民集 62 巻 2 号 534 頁）も、市町村長が交通事故の被害者に対し老人保健法（当時）に基づく医療給付を行って直接請求権を代位取得した場合について、被害者は市町村長に優先して自賠責保険金額の限度で損害賠償額の支払を受けることができるとの被害者優先説を採用しているとして、原告請求の国への優先を認め、原告の被告に対する自賠責保険金額の限度における損害賠償額の支払請求を認めた。

2　任意自動車保険（共済）

⑴　人身傷害補償保険

　㋐　限度支払条項

　　京都地判　令 2・6・17（村木洋二）【③〔52〕705 頁】は、家庭用自動車総合保険の人身傷害条項における限定支払条項（既往の身体傷害等の影響により事故による傷害が重大となった場合には、その事由がなかったときに相当する金額を支払う）につき、原告（男・49 歳・給与所得者）の骨粗鬆症ないし既存の骨折による第 1 腰椎の脆弱性が事故後の傷害の発生及び増悪に相当大きく寄与し、その程度は 50％として、同条項による控除を認めた。

⑵　任意自動車保険における直接請求権の行使

　　名古屋地判　令 2・1・14（吉田彩・谷池・谷）【①〔4〕57 頁】は、被害者の保険会社に

対する直接請求につき、加害者が締結する任意保険契約における約款の定めに従い、被害者が加害者に対する損害賠償請求権を行使しないことを加害者に対して書面で承諾することを停止条件として、保険会社に、被害者に対する損害賠償額の支払義務を認めた。

⑶　保険契約の始期

　神戸地判　令2・8・27（岸本寛成）【④〔76〕1022頁】は、ウェブサイトにより自動車保険契約を締結した日の3日後に被保険自動車を運転して人身事故を起こした場合に、保険会社・契約者それぞれの契約確認メールを総合して保険契約の始期を認定し、事故は保険契約始期の前日に発生したとして、保険会社の保険金支払義務を認めなかった。

3　労働者災害補償保険法に基づく求償債務の範囲

　東京地判　令2・3・10（鈴木秀雄・石井・今村）【②〔24〕346頁】は、原告に労働者災害補償保険法に基づく保険給付を行った国に対する被告らの同法12条の4第1項に基づく損害賠償債務（求償債務）につき、療養給付、休業給付に関する被告らの原告に対する損害賠償額とこれに関する給付日の翌日を起算日とする遅延損害金の額を超えて、被告らの国に対する債務が存在しないことを確認した。

第5　その他の諸問題

1　中間利息の控除

⑴　中間利息控除の基準時

　大阪地判　令2・3・30（寺垣孝彦・古賀・須藤）【②〔38〕523頁】は、被害者（女・14歳・症状固定時22歳）の後遺障害による逸失利益につき、中間利息控除の基準日を不法行為日とすべきであるとの加害者側の主張について、中間利息控除の基準日を症状固定日として算定することは不合理とはいえないとして、加害者側の主張を採用しなかった。**東京地判　令2・6・12（綿貫義昌）【③〔47〕655頁】**は、交通事故によって骨折した原告（女・症状固定時78歳・主婦（有職））の逸失利益の中間利息控除の基準時について、事故から症状固定まで約5年もの長期間を要しているから事故時とすべきであるとの被告の主張を採用せず、症状固定時と認めた。

2　求償金

　最高判（2小）　令2・2・28（草野耕一・菅野・三浦・岡村）【①〔2〕14頁】は、被用者が、使用者の事業の執行として自動車を運転していた際に被害者を死亡させる交通事故を発生させ、被害者の相続人の1人に賠償金を支払った場合につき、被用者は、民法715条1項の趣旨に照らし、損害の公平な分担という見地から相当と認められる額について、使用者に対して求償することができると解すべきであるとして、これを認めなかった原判決を破棄し、原審に差し戻した。

3　損害賠償の請求権者

　東京地判　令2・2・21（前田芳人）【①〔16〕240頁】は、死亡した被害者の妻に遺留分減殺請求権を行使した前妻の子らは、妻に侵害された遺留分の範囲で加害者に対して金銭の支払を求めることができるとして、加害者に対しては妻が損害賠償請求権の全部を行使し得るとする妻の主張を認めなかった。

4　定期金賠償

(1)　認めた事例

　最高判（1小）　令2・7・9（小池裕・池上・木澤・山口・深山）【④〔61〕815頁】は、事故当時4歳の被害者が事故に起因する後遺障害逸失利益について定期金賠償を求めている場合において、被害者は高次脳機能障害という後遺障害のため労働能力を全部喪失したところ、逸失利益は将来の長期間にわたり逐次現実化するものであるから、これを定期金による賠償の対象とすることは、損害賠償制度の目的及び理念に照らして相当と認められるとした。

(2)　定期金賠償の終期

　最高判（1小）　令2・7・9（小池裕・池上・木澤・山口・深山）【④〔61〕815頁】は、後遺障害逸失利益につき定期金賠償を命ずるにあたっては、交通事故の時点で、被害者が死亡する原因となる具体的事由が存在し、近い将来における死亡が客観的に予測されていたなどの特段の事情がない限り、就労可能期間の終期が被害者の死亡時となるものではないから、被害者の死亡時を定期金による賠償の終期とすることを要しないとした。

被害者類型索引

目　次

第1　傷害事故の場合 ———————————————————— 159

　1　幼児・児童等 ………………………………………………… 159

　　(1)　幼児 ………………………………………………………… 159

　　　　(ア)　男　159　／　(イ)　女　159

　　(2)　中学生 ……………………………………………………… 159

　　　　(ア)　男　159

　2　高校生・大学生等 …………………………………………… 159

　　(1)　高校生 ……………………………………………………… 159

　　　　(ア)　男　159　／　(イ)　女　159

　　(2)　専門学校生 ………………………………………………… 159

　　　　(ア)　女　159

　3　主婦（主夫） ………………………………………………… 159

　　(1)　家事専従 …………………………………………………… 159

　　(2)　有職 ………………………………………………………… 160

　4　給与所得者 …………………………………………………… 160

　　(1)　会社役員 …………………………………………………… 160

　　　　(ア)　男　160　／　(イ)　女　160

　　(2)　会社員 ……………………………………………………… 160

　　　　(ア)　男　160

　　(3)　公務員（嘱託職員含む） ………………………………… 161

　　　　(ア)　男　161　／　(イ)　女　161

　　(4)　その他 ……………………………………………………… 161

　　　　(ア)　男　161　／　(イ)　女　162

　5　事業所得者 …………………………………………………… 162

　　(1)　男 …………………………………………………………… 162

　6　その他 ………………………………………………………… 163

　　(1)　男 …………………………………………………………… 163

　　(2)　女 …………………………………………………………… 163

第2　死亡事故の場合 ———————————————————— 164

　1　幼児・児童等 ………………………………………………… 164

　　(1)　小学生 ……………………………………………………… 164

　　　　(ア)　男　164

2　高校生・大学生等 ……………………………………………………… 164

　(1)　短大生 ………………………………………………………………… 164

　　(ｱ)　男　164

　(2)　専門学校生 …………………………………………………………… 164

　　(ｱ)　女　164

3　主婦（主夫）…………………………………………………………… 164

　(1)　家事専従 ……………………………………………………………… 164

　(2)　有職 …………………………………………………………………… 165

4　給与所得者 …………………………………………………………… 165

　(1)　会社員 ………………………………………………………………… 165

　　(ｱ)　男　165

　(2)　その他 ………………………………………………………………… 165

　　(ｱ)　男　165　／　(ｲ)　女　165

5　事業所得者 …………………………………………………………… 165

　(1)　男 ……………………………………………………………………… 165

6　その他 ………………………………………………………………… 165

　(1)　男 ……………………………………………………………………… 165

　(2)　女 ……………………………………………………………………… 166

第1　傷害事故の場合

1　幼児・児童等

(1)　幼児

㋐　男

				＜号数＞	＜番号＞	＜ページ＞
事故時4歳	最高（1小）	7月9日	平30（受）1856	④ ……	61 …………	815

㋑　女

事故時4歳	横浜地	2月10日	平30（ワ）1433	④ ……	10 …………	143

(2)　中学生

㋐　男

事故時13歳 （中学1年生）	名古屋地	11月4日	令元（ワ）4040	⑥ ……	104 ………	1383

2　高校生・大学生等

(1)　高校生

㋐　男

症状固定時18歳	大阪地	3月2日	平29（ワ）1198	② ……	21 …………	313

㋑　女

症状固定時18歳	大阪地	3月19日	平30（ワ）6184 平30（ワ）7107	② ……	30 …………	420

(2)　専門学校生

㋐　女

症状固定時18歳 （夜間部4年制専 門学校1年生）	大阪地	6月10日	平29（ワ）9149	③ ……	45 …………	630

3　主婦（主夫）

(1)　家事専従

事故時24歳	大阪地	2月28日	平30（ワ）8440	① ……	20 …………	298
事故時50歳	東京地	3月13日	平30（ワ）33078 （ワ）34933 令元（ワ）11633	② ……	28 …………	389
事故時82歳	神戸地	6月4日	平30（ワ）1907 平31（ワ）58	③ ……	44 …………	617
年齢不明	東京地	6月23日	平31（ワ）253	③ ……	58 …………	788

事故時 81 歳	名古屋地	7月 1日	平 30 (ワ) 4980	④ ┄┄ 62 ┄┄┄┄ 851
事故時 49 歳	名古屋地	7月 14日	平 27 (ワ) 4394	④ ┄┄ 63 ┄┄┄┄ 872
事故時 69 歳	大阪地	9月 11日	平 31 (ワ) 657 令元 (ワ) 5001	⑤ ┄┄ 83 ┄┄┄┄ 1102

(2)　有職

症状固定時 35 歳	横浜地	2月 10日	平 30 (ワ) 1433	① ┄┄ 10 ┄┄┄┄ 143
事故時 32 歳 （アパレル販売員）	東京地	3月 10日	平 29 (ワ) 40227 令元 (ワ) 27283	② ┄┄ 24 ┄┄┄┄ 346
事故時 38 歳	東京地	3月 13日	平 30 (ワ) 33078 （ワ) 34933 令元 (ワ) 11633	② ┄┄ 28 ┄┄┄┄ 389
事故時 47 歳	大阪地	3月 26日	平 30 (ワ) 10978	② ┄┄ 35 ┄┄┄┄ 489
事故時 73 歳	東京地	6月 12日	平 30 (ワ) 29882	③ ┄┄ 47 ┄┄┄┄ 655
事故時 41 歳	名古屋地	6月 12日	平 30 (ワ) 4683	③ ┄┄ 48 ┄┄┄┄ 662
事故当時 51 歳	名古屋地	7月 31日	平 29 (ワ) 3424	④ ┄┄ 70 ┄┄┄┄ 961
症状固定時 47 歳 （洋服販売員）	名古屋地	10月 7日	平 29 (ワ) 4005	⑤ ┄┄ 91 ┄┄┄┄ 1209
年齢不明	東京地	11月 4日	平 31 (ワ) 7981	⑥ ┄┄ 103 ┄┄┄┄ 1374
症状固定時 55 歳	名古屋地	11月20日	令元 (ワ) 4034	⑥ ┄┄ 111 ┄┄┄┄ 1473

4　給与所得者

(1)　会社役員

㈦　男

症状固定時 49 歳	横浜地	3月 26日	平 30 (ワ) 1647 平 30 (ワ) 2924	② ┄┄ 33 ┄┄┄┄ 470
年齢不明	東京地	10月30日	令元 (ワ) 21581	⑤ ┄┄ 100 ┄┄┄┄ 1349

㈤　女

事故時 55 歳（建築 設計等を行う会 社の代表取締役）	神戸地	2月 27日	平 30 (ワ) 221	① ┄┄ 19 ┄┄┄┄ 280

(2)　会社員

㈦　男

症状固定時 37 歳	神戸地	6月 11日	平 30 (ワ) 1740	③ ┄┄ 46 ┄┄┄┄ 642
症状固定時 39 歳	金沢地	8月 31日	平 28 (ワ) 439	④ ┄┄ 78 ┄┄┄┄ 1046
症状固定時 51 歳	大阪地	9月 25日	平 30 (ワ) 7444	⑤ ┄┄ 86 ┄┄┄┄ 1135
症状固定時 34 歳	東京地	10月21日	平 30 (ワ) 39306	⑤ ┄┄ 93 ┄┄┄┄ 1259

年齢不明	名古屋地	11月30日	令元（ワ）2100	⑥ ……118 ………	1563

(3) 公務員（嘱託職員含む）

(ア) 男

症状固定時 57 歳	神戸地	2月 20日	平 30（ワ）110	① …… 15 …………	215
症状固定時 48 歳	東京地	6月 15日	平 30（ワ）18262	③ …… 49 …………	676
症状固定時 44 歳	大阪地	8月 27日	平 31（ワ）2004	④ …… 75 …………	1006

(イ) 女

症状固定時 25 歳	神戸地	2月 20日	平 30（ワ）110	① …… 15 …………	215

(4) その他

(ア) 男

事故時 47 歳 （給与所得者）	名古屋地	1月 15日	平 30（ワ）4892	① …… 5 …………	66
症状固定時 59 歳 （タクシー乗務員）	大阪地	1月 28日	平 30（ワ）2116	① …… 6 …………	75
年齢不明 （個人企業従業員）	さいたま地	2月 7日	平 30（ワ）1211	① …… 9 …………	133
症状固定時 35 歳 （英会話教室講師）	名古屋地	2月 12日	平 28（ワ）5372	① …… 12 …………	174
症状固定時 22 歳 （給与所得者）	東京地	2月 21日	平 31（ワ）3217	① …… 17 …………	252
症状固定時 35 歳 （給与所得者）	東京地	3月 9日	平 30（ワ）5347	② …… 23 …………	337
症状固定時 45 歳 （ハイヤー運転手）	東京地	3月 27日	平 30（ワ）34527	② …… 36 …………	502
症状固定時 42 歳 （給与所得者）	神戸地	6月 15日	平 30（ワ）1893	③ …… 50 …………	688
事故時 49 歳 （給与所得者）	京都地	6月 17日	平 30（ワ）717	③ …… 52 …………	705
事故時 62 歳 （給与所得者）	名古屋地	7月 17日	平 29（ワ）694	④ …… 65 …………	903
症状固定時 41 歳 （電気工事会社従業員）	東京地	7月 22日	平 30（ワ）38770 平 31（ワ）9038	④ …… 67 …………	932
症状固定時 51 歳 （バス運転手）	神戸地	10月 8日	平 30（ワ）1599 令元（ワ）2131	⑤ …… 92 …………	1237
年齢不明 （飲食店勤務）	大阪地	10月29日	平 30（ワ）3062	⑤ …… 99 …………	1323

症状固定時 66 歳 （給与所得者）	さいたま地	11月24日	平 31(ワ)366	⑥	……… 112	…………1483

（イ） **女**

症状固定時 26 歳 （給与所得者）	大阪地	3月 19日	平 30(ワ)6184 （ワ）7107	②	……… 30	…………420
事故時 47 歳 （たこ焼き店等の仕事に従事）	京都地	6月 24日	平 30(ワ)3797	③	……… 60	…………801
事故時 30 歳 （客室乗務員）	大阪地	9月 25日	平 30(ワ)11170	⑤	……… 87	…………1166
症状固定時 47 歳 （洋服販売員・兼業主婦）	名古屋地	10月 7日	平 29(ワ)4005	⑤	……… 91	…………1209
事故時 55 歳 （私立高校非常勤講師）	横浜地	10月22日	平 30(ワ)4093 （ワ）4152	⑤	……… 95	…………1278
症状固定時 59 歳 （パチンコ店の清掃業務等）	大阪地	11月25日	平 29(ワ)5637 平 30(ワ)10052	⑥	……… 114	…………1505

5 事業所得者

（1） **男**

事故時 44 歳 （新聞販売店店長）	名古屋地	1月 28日	平 28(ワ)4426	①	……… 7	…………86
年齢不明 （医療法人理事長兼医師）	大阪地	2月 5日	平 30(ワ)867 （ワ）6775	①	……… 8	…………117
症状固定時 47 歳 （鍼灸師）	大阪地	2月 12日	平 28(ワ)11560	①	……… 11	…………157
年齢不明 （保険代理店経営）	横浜地裁	3月 19日	平 29(ワ)3774 平 30(ワ)610	②	……… 29	…………399
症状固定時 47 歳 （動物病院経営）	横浜地	5月 28日	平 30(ワ)1284	③	……… 42	…………582
症状固定時 32 歳 （アクセサリー作成等により生計維持）	東京地	5月 29日	平 30(ワ)27479	③	……… 43	…………596
年齢不明 （理容師業）	東京地	7月 22日	令元(ワ)22417	④	……… 68	…………944

事故時 54 歳 （農業・カフェ営業）	名古屋地 岡崎支	8月6日	平 31（ワ）46 　（ワ）133	⑥ ……… 70の2 …… 1629	
症状固定時 18 歳 （とび職）	神戸地	8月24日	平 30（ワ）682	④ ……… 72 ………… 979	
年齢不明 （美容院経営）	大阪地	9月11日	平 30（ワ）6477	⑤ ……… 82 ………… 1092	
症状固定時 40 歳 （居酒屋経営者）	東京地	11月16日	平 30（ワ）38550	⑥ ……… 109 ……… 1454	
症状固定時 65 歳 （一人会社である 有限会社代表）	東京地	11月26日	平 30（ワ）4440	⑥ ……… 115 ……… 1531	

6　その他

(1)　男

症状固定時 16 歳 （職業不明）	大阪地裁	3月31日	平 30（ワ）10707	② ……… 39 ………… 543	
事故時 29 歳 （寺の住職）	神戸地	7月16日	平 31（ワ）122	④ ……… 64 ………… 894	
事故時 55 歳 （職業不明）	大阪地	8月19日	平 30（ワ）7813	④ ……… 71 ………… 973	
症状固定時 74 歳 （リフォーム工事業）	大阪地	9月8日	平 30（ワ）10774	⑤ ……… 81 ………… 1076	
事故時 76 歳 （無職）	大阪地	9月11日	平 31（ワ）657 令元（ワ）5001	⑤ ……… 83 ………… 1102	
年齢不明 （職業不明）	大阪地	9月24日	平 30（ワ）7645 令元（ワ）6408	⑤ ……… 85 ………… 1123	
事故時 54 歳 （職業不明）	京都地	10月6日	平 30（ワ）1877	⑤ ……… 90 ………… 1201	
事故当時 48 歳 （職業不明）	名古屋地 岡崎支	10月15日	平 31（ワ）46	⑥ ……… 92の2 …… 1643	

(2)　女

事故時 14 歳 （無職） （症状固定時22歳）	大阪地	3月30日	平 29（ワ）11239	② ……… 38 ………… 523	
事故時 26 歳 （不明）	名古屋地	5月27日	平 30（ワ）1774	③ ……… 40 ………… 565	
事故時 9 歳 （不明）	名古屋地	5月27日	平 30（ワ）1774	③ ……… 40 ………… 565	
事故時 24 歳 （プロボクサー）	名古屋地	6月17日	平 29（ワ）2349	③ ……… 53 ………… 722	

事故時 48 歳 （無職）	神戸地	6月18日	平 29（ワ）1687 平 30（ワ）1774	③…… 55 …………744	
事故時 43 歳 （エステティシャン）	東京地	6月23日	平 30（ワ）24282	③…… 57 …………779	
年齢不明 （職業不明）	名古屋地	11月4日	令元（ワ）4040	⑥…… 104 ……1383	
事故時 27 歳 （看護助手）	横浜地	11月10日	平 30（ワ）244	⑥…… 106 ……1403	
症状固定時 16 歳 （職業不明）	大阪地	11月10日	令元（ワ）4423	⑥…… 107 ……1422	
症状固定時 24 歳 （無職）	名古屋地	12月14日	平 30（ワ）3292	⑥…… 119 ……1574	

第 2　死亡事故の場合

1　幼児・児童等

(1)　小学生

㈠　男

事故時 11 歳 （小学校 6 年生）	神戸地	9月11日	令元（ワ）1304	⑤…… 84 ………1113	
事故時 7 歳 （小学校 1 年生）	東京地裁	12月22日	令 2（ワ）17032	⑥…… 120 ………1599	

2　高校生・大学生等

(1)　短大生

㈠　男

事故時 19 歳 （短大 1 年生）	岡山地倉 敷支	11月27日	令 2（ワ）2	⑥…… 117 ………1554	

(2)　専門学校生

㈠　女

事故時 18 歳 （看護専門学校生）	さいたま 地	3月24日	令元（ワ）1784 （ワ）2975	②…… 31 …………439	

3　主婦（主夫）

(1)　家事専従

事故時 68 歳	京都地	2月19日	平 31（ワ）1255	①…… 14 …………205	
事故時 33 歳	東京地	3月3日	平 30（ワ）7894	②…… 22 …………323	

事故時 72 歳	さいたま地	3月 27日	平 30（ワ）2140	② …… 37 ………… 516
事故時 52 歳	神戸地	8月 27日	平 30（ワ）1023	④ …… 76 ………… 1022

　(2)　有職

事故時 48 歳	名古屋地岡崎支	8月 6日	平 31（ワ）46 平 31（ワ）133	⑥ …… 70の2 … 1629

4　給与所得者

(1)　会社員

㋐　男

事故時 26 歳	東京地	6月 24日	令元（ワ）14092	③ …… 59 ………… 795
事故時 53 歳	神戸地	11月12日	平 29（ワ）2001	⑥ …… 108 ……… 1434

(2)　その他

㋐　男

事故時 65 歳（大学教授）	神戸地	2月 14日	平 31（ワ）212	① …… 13 ………… 190
事故時 64 歳（給与所得者）	神戸地	6月 18日	平 31（ワ）113	③ …… 56 ………… 757
事故時 20 歳（家族経営の会社の従業員）	名古屋地	10月23日	令元（ワ）2869	⑤ …… 96 ………… 1296
事故時 39 歳（バス運転手）	大阪地	11月18日	令 2（ワ）4024	⑥ …… 110 ……… 1462

㋑　女

事故時 24 歳（准看護師及び飲食店勤務）	大阪地	2月 26日	平 30（ワ）2937	① …… 18 ………… 261

5　事業所得者

(1)　男

事故時 40 歳（司法書士）	大阪地	3月 12日	平 30（ワ）10616 平 31（ワ）1473	② …… 27 ………… 372

6　その他

(1)　男

事故時 87 歳（年金生活者）	東京地	2月 21日	平 31（ワ）720 （ワ）7716	① …… 16 ………… 240
事故時 75 歳（年金受給者）	名古屋地	3月 25日	平 29（ワ）2268	② …… 32 ………… 452

事故時80歳 （年金受給者）	さいたま 地	6月16日	令元（ワ）2580	③ ……… 51 ………… 700
事故時91歳 （年金受給者）	大阪地	6月18日	令元（ワ）5801	③ ……… 54 ………… 736
事故時81歳 （年金受給者）	東京地	10月29日	平31（ワ）2982	⑤ ……… 98 ………… 1317
事故時81歳 （年金受給者）	さいたま 地	10月30日	平3（ワ）705	⑤ ……… 101 ……… 1358
事故時38歳 （職業不明）	東京地	11月25日	令元（ワ）17768	⑥ ……… 113 ……… 1493

⑵　**女**

年齢不明 （職業不明）	最高（2小）	2月28日	平30（受）1429	① ……… 2 ……………… 14
事故時93歳 （年金受給者） （死亡時94歳）	東京地	10月6日	平29（ワ）29789	⑤ ……… 89 ………… 1183
年齢不明 （職業不明）	名古屋地 岡崎支	10月15日	平31（ワ）46	⑥ ……… 92の2 … 1643

判決月日・要旨索引

裁判月日 (事件番号) 裁判所 (裁判官名)	要旨／索引	号数 番号 ページ
【令和2年】 1月9日 〔平29(ワ)5185〕 横浜地裁 (郡司英明)	(1)　渋滞中であった片側3車線の高速道路上におい て、第2車線を走行していた原告車（大型自動二 輪車）が、訴外自動車を左側から追い抜いた際に、 その前方で被告車（普通乗用自動車）が第3車線 から進路変更し、これとの衝突を避けようとして 急制動をかけたところ、第1車線と第2車線との 境付近で転倒した非接触事故につき、原告車の急 制動・転倒は、被告車の第2車線内での更なる左 側への進路変更によって余儀なくされたものとい うことができるところ、被告には、進路変更に際 し左後方を直進走行してくる車両の動静を確認す べき注意義務を怠った過失があり、他方、原告に は、渋滞中の高速道路において自動車と自動車の 間から追い抜きをするという明らかに危険な運転 をしていたという重大な落ち度があり、また原告 車が被告車にとって確認困難な左後方から現れた こと、原告車と進路変更した被告車との車間距離 に少しは余裕があったこと等を踏まえると、被告 の過失割合は相応に軽減されるべきであるとして、 原告対被告の過失割合を55対45と認めた事例 (2)　原告（男・48歳・水泳等のインストラクター） の後遺障害（脊髄損傷による完全対麻痺等―1級 1号）慰謝料として2800万円を認めた事例 (3)　原告（男・症状固定時50歳・水泳等のインスト ラクター）の後遺障害（脊髄損傷による完全対麻 痺―1級1号）逸失利益算定に際し、事故前年の 給与額（534万5314円）を基礎とし、67歳までの 17年間にわたり労働能力を100％喪失するとして ライプニッツ方式により算定した事例 (4)　原告（男・症状固定時50歳・水泳等のインスト ラクター）の将来の介護費用につき、後遺障害（脊 髄損傷による完全対麻痺―1級1号）により、車 椅子の生活で階段が全介助必要、入浴、排便及び 風呂等は監視等を要するが自立と評価されている こと、リハビリテーション病院の医師の意見等か ら、当面の間職業介護人の介護が必要とまでは認	① 3 35

裁判月日 （事件番号） 裁判所 （裁判官名）	要旨／索引	号数 番号 ページ
	めることができるとして、日額1万円を基礎に65歳以降においてその必要性を認められないが、65歳以降においてその必要性を認めることができるとして、日額1万円を基礎に65歳から平均余命の81歳までの17年間につきライプニッツ方式により算定した事例 (5) 原告（男・症状固定時50歳・水泳等のインストラクター）の将来の治療費（神経疼痛に対する投薬治療、リハビリテーション・カテーテル処方等のための通院治療）として、症状固定から3年後の1年間に要した費用（46万2129円）を基礎に、症状固定日から平均余命の81歳までの31年間につきライプニッツ方式で算定した額を認めた事例 (6) 原告（男・症状固定時50歳・水泳等のインストラクター）の将来の通院（交通）費として、症状固定日から64歳までは（自分の）車で通院することを前提に、1回当たりの費用921円を基礎に、65歳以降平均余命の81歳までは体力の低下により介護タクシーを利用するとして1回当たりの費用2万2060円を基礎にライプニッツ方式により算定した額を認めた事例 (7) 原告（男・症状固定時50歳・水泳等のインストラクター）の将来の雑費（お尻ふきシート、手袋、おむつ等）として、1月当たり1万6386円を基礎に、平均余命の81歳までの31年につき、ライプニッツ方式により算定した額を認めた事例 (8) 原告（男・症状固定時50歳・水泳等のインストラクター）の自宅建設関連費用につき、旧宅をリフォームして車椅子で生活できるようにすることは、現実的に著しく困難でかつ非利便的、非経済的であるといわざるを得ず、旧宅を取り壊して新築する必要性を認めることができるとし、その新築が介護を要する高齢の父親と同居するためであったとしても、本件事故と新築に係る損害発生との間の因果関係は否定されないとして、新宅の建築代金（2751万6000円）から福祉設備を除いた同規模の住宅を建築する費用（1901万9307円）と	

	の差額（849万6693円）の請求は正当なものであるとし、これに加えて設計費用、旧宅解体工事費用、測量費用、擁壁工事費用を認めた事例 (9) 原告（男・症状固定時50歳・水泳等のインストラクター）の車椅子代（室内用19万4900円、室外用35万100円）につき、耐用年数6年で平均余命の81歳まで5回買換えが必要であるとして認めた事例 (10) 原告（男・症状固定時50歳・水泳等のインストラクター）の車椅子用のクッションシート（耐用年数4年）、便座のクッション（耐用年数4年）、マットレス（耐用年数3年）、バリアフリー小判型便座（耐用年数8年）、大型浴槽用ベンチ（耐用年数8年）、自動車改造費（耐用年数5年）として、それぞれ平均余命の81歳までの耐用年数に応じた買換えの必要性を認めた事例	
	自動車対自動二輪車事故・傷害―後遺障害（男・症状固定時50歳・水泳等のインストラクター）・積極損害（将来の治療費・将来の介護費・将来の交通費・将来の雑費・自宅建設関連費用・車椅子代等）・消極損害（後遺障害逸失利益）・慰謝料（後遺障害）・過失相殺	
1月14日 〔平30（ワ）3606 令元（ワ）2554〕 **名古屋地裁** （吉田彩 谷池厚行 谷良美）	(1) 被害者の保険会社に対する直接請求につき、加害者が締結する任意保険契約における約款の定めに従い、被害者が加害者に対する損害賠償請求権を行使しないことを加害者に対して書面で承諾することを停止条件として、保険会社に、被害者に対する損害賠償額の支払義務を認めた事例 (2) 自動車損害賠償保障法16条1項による損害賠償請求に係る遅延損害金の起算日につき、事故及び賠償額の確認に要する調査をするために必要とされる合理的な期間（同法16条の9第1項）を、保険会社への訴状送達から1か月と認定した事例	① 4 57
	自動車対歩行者事故・保険（自賠責保険・任意自動車保険）	
	(1) 後期高齢者医療給付を行った後期高齢者医療広域連合は、その給付事由が第三者の不法行為によって生じた場合、当該第三者に対し、当該給付によ	

裁判月日 (事件番号) 裁判所 (裁判官名)	要旨／索引	号数 番号 ページ
1月15日 〔令元(ネ)299〕 仙台高裁 (上田哲 岡口基一 島田英一郎)	り代位取得した損害賠償請求権に係る債務について、当該給付が行われた日の翌日からの遅延損害金を求めることができるとした事例	⑥ 2の2 1618
	自動車対歩行者事故・遅延損害金	
1月15日 〔平30(ワ)4892〕 名古屋地裁 (中町翔)	(1) 歩車道の区別のない道路を歩行中の原告（男・47歳）と被告車（普通乗用自動車）が接触した事故につき、被告車が時速20km程度の速度で、路外北側の自動販売機付近に立っている原告の傍を通過しようとしたところ、原告が、同自動販売機付近から後頭部を道路に向けて後ろ向きに倒れ出たため、被告車のボンネット左前部、左フェンダー及びサイドミラーに接触した事故と認め、過失割合につき、被告には道路北端まで約1.2mの間隔しか空けないまま、徐行を超える時速20kmの速度で原告の側方を通過しようとした過失が認められ、他方、原告にも本件道路に向けて倒れ出たことについて落ち度が認められるとして、被告70%、原告30%と認めた事例	① 5 65
	自動車対歩行者事故・傷害（男・事故時47歳・給与所得者）・過失相殺	
1月21日 〔平30(受)1711〕 最高裁（3小） (林景一 戸倉三郎 宮崎裕子 宇賀克也)	(1) 従業員の通勤に使用させていた会社所有の車両が会社の駐車場敷地内から窃取されて事故を起こした場合の会社の自動車保管上の過失について、第三者の自由な立入りが予定されていない独身寮内の食堂にエンジンキーの保管場所を設け、駐車場に駐車する際はドアを施錠し、エンジンキーを前記保管場所に保管する旨の内規を定めており、駐車場には第三者が公道から出入りすることが可能な状態ではあったものの、近隣において自動車窃盗が発生していた等の事情も認められず、会社は上記内規を定めることにより、自動車が窃取さ	① 1 1

	れることの防止措置を講じていたといえるとし、従業員がドアを施錠せず、エンジンキーを運転席上部の日よけに挟んだ状態で駐車したりすることが何度かあったことを把握していたとも認められないとして、車両所有者である会社の自動車保管上の過失を認めなかった事例	
	自動車どうしの多重衝突事故・因果関係（車両管理上の過失と事故）	
1月28日 〔平30(ワ)2116〕 大阪地裁 （古賀英武）	(1)　路外の駐車場から車道へ進入しようとした加害車（普通乗用自動車）が歩道を歩行中の被害者（男・症状固定時59歳・タクシー乗務員）に衝突した事故につき、歩道における歩行者の保護は原則として絶対的であり、被害者は、進行方向左前の看板に気をとられ、転倒した時点で加害車の存在に初めて気がついている事情は存するものの、加害者も衝突まで被害者の存在に気がついていなかったことに照らして、過失相殺を認めなかった事例 (2)　約1年2か月前に発生した前回事故により腰椎捻挫等の傷害を負った被害者（男・症状固定時59歳・タクシー乗務員）が、本件事故により腰椎打撲傷等の傷害を負い、腰痛の治療を受けた場合に、本件事故発生日においても前回事故により生じた腰部症状が残存している点は否定できないが、本件においては、症状固定日を事故から約6か月半後としており、従前の症状が原因で治療期間が長期化したり、症状が重くなったと認めることはできず、損害の公平な分担から素因減額をすることが相当であるとはいえないとした事例	① 6 75
	自動車対歩行者事故・傷害―後遺障害（男・症状固定時59歳・タクシー乗務員）・素因減額（身体的）・過失相殺	
	(1)　事故により、骨盤骨折、外傷性くも膜下出血、肺挫傷、顔面骨折、顔面挫傷の傷害を受けた被害者（男・44歳・新聞販売店店長）について、脳の器質的損傷の存在を裏付ける意識障害、脳萎縮や脳室拡大を含めた画像上の異常所見が認められず、神経心理学的検査所見、事故による臭覚低下・	

裁判月日 （事件番号） 裁判所 （裁判官名）	要旨／索引	号数 番号 ページ
1月28日 〔平28(ワ)4426〕 名古屋地裁 吉田彩 谷池厚行 谷良美	てんかん発作も認められないとして、被害者に高次脳機能障害が残存したとは認めなかった事例 (2)　被害者（男・症状固定時46歳・新聞販売店店長）の後遺障害（右眼右側約3cmの線状痕—12級14号、頭痛、右顔面から後頭部のしびれ感等の神経症状—14級9号）による逸失利益につき、外貌醜状についてはその位置・形状、被害者の年齢、職業等を考慮すると労働能力が低下したとまでは認められず、神経症状について労働能力喪失率を5％、労働能力喪失期間を10年として、事故前の年間給与額を基礎にライプニッツ方式により算定した事例 (3)　被害者（男・症状固定時46歳・新聞販売店店長）の後遺障害（右眼右側約3cmの線状痕—12級14号、頭痛、右顔面から後頭部のしびれ感等の神経症状—14級9号）による慰謝料について、被害者の外貌醜状は労働能力を喪失したとまでは認められないとしても、顔面に人目につく線状痕が残ったことによる精神的な苦痛は多大であるとして500万円を認めた事例	① 7 86
	自動車対原付自転車事故・傷害—後遺障害（男・事故時44歳・新聞販売店店長）・消極損害（後遺障害逸失利益）・後遺障害の認定（高次脳機能障害）・慰謝料（後遺障害）	
2月1日 〔平30(ワ)867〕 〔平30(ワ)6775〕 大阪地裁 石丸将利 永野公規 久保晃司	(1)　原告車（普通乗用自動車）が、コンビニエンスストアの駐車場内の通路を、空いている駐車区画を探しながら徐行で進行していたところ、原告車の右後部フェンダー付近と駐車区画から通路に向けて後退して退出した被告車（普通乗用自動車）の後部左側が接触した事故につき、被告車が後退を開始したのは原告車が被告車の後方に相当接近した後であり、被告車の過失の方が相当重いとして、過失割合を原告車15％、被告車85％と認めた事例	① 8 117

	(2) 被害者（男・年齢不明・医療法人理事長兼医師）の後遺障害（右肩から右上股にかけての痛み・しびれ等—14級9号）による逸失利益につき、被害者は、事故時、年額1億2000万円の役員収入を得ていたところ、医療法人の理事長兼唯一の常勤医師であり、実質的に被害者1人で同法人を経営していたこと、事故時の同法人の従業員数が約30名であったことなどから、少なくとも上記役員報酬の10%相当の年額1200万円は労務対価部分と認められるとして、これを基礎に、5年間にわたり5%の労働能力喪失を認めた事例 (3) 原告車（平成24年式のポルシェ・パナメーラ4）につき、事故時、初度登録から約3年6か月経過し、走行距離が1万3704kmであったこと、損傷部位が右後部フェンダー部分であり、事故後に売却した際、損傷部位の板金修理歴が売買代金の減額要素とされたことなどから、修理費用の10%である7万1430円の評価損を認めた事例	
	自動車対自動車事故・傷害—後遺障害（男・年齢不明・医療法人理事長兼医師）・消極損害（後遺障害逸失利益）・物件損害（車両損害—評価損）・過失相殺	
2月7日 〔平30(ワ)1211〕 **さいたま地裁** （加藤靖）	(1) パキスタン国籍の被害者（男・年齢不明・個人企業従業員）の休業損害につき、休業損害を認める余地のある事故日から症状固定日までの期間のうち、パキスタンに帰国していた期間については、日本で支給を受けていた毎月の給料よりも高額の給料を得ていたことからこれを認めず、休業損害を認めることができる期間は日本に滞在していた合計23日間に限られるとして、事故前の給料支給額を考慮して20万円を認めた事例 (2) パキスタン国籍の被害者（男・年齢不明・個人企業従業員）の通院慰謝料につき、被害者のパキスタンにおける収入は日本で得られる収入と大差なく、被害者は日本人の配偶者として日本の永住権を取得していることも考慮し、慰謝料を減額するべき理由はないとして、通院期間（事故日から症状固定日まで76日）及び症状を考慮して45万円を認めた事例	① 9 133

裁判月日 (事件番号) 裁判所 (裁判官名)	要旨／索引	号数 番号 ページ
	自動車対自動車事故・傷害（男・年齢不明・個人企業従業員）・消極損害（休業損害）・慰謝料（通院）	
2月10日 〔平30(ワ)1433〕 **横浜地裁** （藤原和子）	⑴ 信号機による交通整理が行われている交差点において、青色信号に従って右折しようとした原告車（普通乗用自動車）に、赤信号にもかかわらず対向車線を直進してきた被告車（普通乗用自動車）が衝突し、原告車に同乗していた原告らが傷害を負った事故につき、後部座席の原告A（女・症状固定時35歳・主婦・パートタイマー）には座席ベルト不着用の過失があり、原告B（女・事故時4歳・幼児）には幼児用補助装置不使用の被害者側の過失があるとして、過失割合を原告A10%対被告90%、原告B10%対被告90%と認めた事例 ⑵ 原告A（女・症状固定時35歳・主婦・パートタイマー）の休業損害につき、基礎収入を就労分と家事労働分を合わせ賃金センサス産業計・企業規模計・学歴計・女子全年齢平均賃金とし、事故後もパートを休業したことがないこと等を理由として、実通院日数57日につき、50%の休業を認めた事例 ⑶ 原告A（女・症状固定時35歳・主婦・パートタイマー）の通院慰謝料につき、最も重い傷害である前額部挫創についての通院が3日であることや、主な通院は他覚的所見のない頸椎捻挫等の傷害のためであること等を理由として110万円が相当と認めた事例 ⑷ 原告A（女・症状固定時35歳・主婦・パートタイマー）の後遺障害慰謝料につき、左前額部生え際付近に9級16号相当の線状痕が残存したが、その位置・形状からして後遺障害逸失利益は認められないとしたうえで、原告Aが被っている心理的影響は後遺障害慰謝料で考慮するとして800万円を認めた事例	① 10 143
	自動車対自動車事故・傷害—後遺障害（女・症状固	

	定時 35 歳・主婦（有職）・パートタイマー）・（女・事故時 4 歳・幼児）・消極損害（休業損害）・慰謝料（通院・後遺障害）・過失相殺	
2月12日 〔平28(ワ)11560〕 大阪地裁 （石丸将利 山﨑隆介 久保晃司）	(1) 信号機による交通整理が行われていない丁字路交差点において、直進の原告車（普通自動二輪車）に対向車線から右折進行した被告車（普通乗用自動車）が衝突した事故につき、被告には、原告車に先行する大型車により視線が遮られていたにもかかわらず、一時停止するなどして周囲の安全を確認することなく漫然と右折進行した過失がある一方、原告には、法定速度を時速約 15km 超の速度で走行し、かつ、大型車により右折車の有無等がみえなかったにもかかわらず、漫然とその速度を継続した過失があるとして、過失割合を原告 25％対被告 75％と認めた事例 (2) 本件事故の後、別件事故による治療も受けた被害者（男・44 歳・鍼灸師）の休業損害につき、事故前年の所得に将来の事業継続のために支出を免れない固定費（損害保険料及び減価償却は認め、地代家賃は住居費の可能性があるとして否定）を加算して基礎収入としたうえで、入院日（33 日）は 100％、退院後、別件事故発生日までの通院日（174 日）は 50％、その後症状固定までの通院日（57 日）は 25％の限度で本件事故との相当因果関係を認めた事例 (3) 被害者（男・症状固定時 47 歳・鍼灸師）の後遺障害（脊柱に中程度の変形を残すもの―8 級相当）に伴う逸失利益につき、事故前年の所得を基礎収入としたうえで、労働に最も影響を与えているのが腰部痛にとどまることから、症状固定時から 20 年間にわたり 20％の限度で労働能力喪失を認めた事例	① 11 157
	自動車対自動二輪車事故・傷害―後遺障害（男・症状固定時 47 歳・鍼灸師）・消極損害（休業損害・後遺障害逸失利益）・過失相殺	
	(1) 片側 3 車線の東西道路と中央線のない南北道路とが交差する交差点において、東西道路を対面信号青で東に向かって交差点に進入した被害車（大	

裁判月日 （事件番号） 裁判所 （裁判官名）	要旨／索引	号数 番号 ページ
2月12日 〔平28（ワ）5372〕 名古屋地裁 （蒲田祐一）	型自動二輪車）と、東西道路を西に向かって走行し、右折のため青信号で交差点に進入し、右折待機中で停止していた先行車の右横を通過して対向車線に進入した加害車（普通乗用自動車）とが衝突した事故につき、事故は交差点における直進車である被害車と、右折車である加害車との衝突事故であり、被害車・加害車いずれの対面信号機も青信号であったのであるから、被害者にも若干の過失（右前方の不注視等）が認められるものの、主として加害者の過失によるものと評価すべきであり、また加害者の運転方法は右折待機中の先行車の後から対向車線に進入するという危険なものであったとして、事故の過失割合を、被害者5％、加害者95％と認めた事例 (2)　被害者（男・症状固定時35歳・英会話教室講師）は、症状固定時、左股関節部に常時鈍痛を感じており、長時間歩いたり、立ったり、走ろうとしたり、飛び跳ねようとしたときには鋭い痛みを感じる状態であるところ、本件事故による傷害は程度の激しい左大腿骨転子部の粉砕骨折であること、髄内釘2本を挿入する骨接合術が行われたこと、その先端が骨から突き出た状態で残置されていること等から、痛みは医学的に証明できるとし、髄内釘の先端は既に骨で覆われて今後抜釘手術が行われる可能性はないと認められることから、被害者の体内に髄内釘が残置された状態は本件事故との間に相当因果関係があるとして、被害者の後遺障害を、後遺障害等級12級13号に該当する左股関節痛等の症状と認めた事例 (3)　英会話教室の経営者と業務委託契約を締結し、英会話教室の講師として勤務していた被害者（男・症状固定時35歳）の逸失利益につき、後遺障害（左股関節痛等—12級13号）の内容、程度、本件事故当時の仕事の内容等に加え、再勤務することとなった英会話教室からの給料及びプライベートレッスンによる収入等により減収がないことも合	① 12 174

	わせ考慮して、労働能力を、症状固定時の 35 歳から 67 歳までの 32 年間、9 ％喪失したものと認め、事故当時の年収額を基準にライプニッツ方式により算定した事例	
	自動車対自動二輪車事故・傷害―後遺障害（男・症状固定時 35 歳・英会話教室講師）・運転者等の故意・過失（運転上）・消極損害（後遺障害逸失利益）・後遺障害の認定（後遺障害程度の認定）・過失相殺	
2 月 14 日〔平 31（ワ）212〕神戸地裁（後藤慶一郎　大島道代　竝木信明）	(1)　加害者運転の加害車両（普通乗用自動車）が東西道路を西進し、交差点を右折北進しようとしたところ、東西道路を東進し、交差点を直進しようとした被害者運転の被害車両（普通自動二輪車）が急制動により転倒し、北進中の加害車両の左側側面と被害者とが衝突し、被害者が死亡した事故につき、加害者は、交差点を右折北進する際、交差点を直進する被害車両の進行妨害をしてはならない注意義務に違反し、被害車両に気づくことなく、漫然と右折を開始した過失があり、過失の程度は大きいが、被害者も、加害車両が交差点を右折することは予見可能であり、交差点を右折しようとしていた加害車両の動静に応じ、減速するなどして適切な速度と方法で運転していれば事故回避が可能であり、過失が認められるとして、過失割合を加害者 85％、被害者 15％と認めた事例 (2)　被害者（男・65 歳・大学教授）の死亡逸失利益の算定例―労働分について、事故の約 3 か月後に定年退職する予定であり、その後具体的な就職先が決まっていないことから、被害者が定年退職後にこれまでの年収と同程度の収入を得る蓋然性があったとは認め難く、男性大学・大学院卒 65 歳ないし 69 歳平均賃金を基礎収入とし、被扶養者である妻と 2 人で暮らしていたことから生活費控除率を 40％とし、就労可能年数を平均余命の 2 分の 1 以下である 9 年として、年金分については、受給することが確定していた老齢基礎年金及び私学共済年金の合計額を基礎に、平均余命である 19 年につき、生活費控除率 50％として、それぞれライプニッツ方式により算定した事例 (3)　被害者（男・65 歳・大学教授）の死亡慰謝料に	① 13 190

裁判月日 （事件番号） 裁判所 （裁判官名）	要旨／索引	号数 番号 ページ
	つき、本人分として 2500 万円、近親者固有分として、妻に 150 万円、子 2 人に各 75 万円（計 2800 万円）を認めた事例	
	自動車対自動二輪車事故・死亡（男・事故時 65 歳・大学教授）・消極損害（死亡逸失利益）・慰謝料（死亡・近親者―妻・子）・過失相殺	
2月19日 〔平 31（ワ）1255〕 京都地裁 （山中耕一）	(1) 居眠り運転の加害車（中型貨物自動車）により追突され炎上した被害車（普通乗用自動車）内で焼死した被害者（女・68 歳・主婦）の死亡慰謝料につき、過失の程度や悲惨な経過を考慮して、本人分として 2500 万円、近親者固有分として夫に 150 万円、子 2 名に各 100 万円、母親と姉弟に各 50 万円（合計 3000 万円）を認めた事例 (2) 被害者の姉・弟は民法 711 条に規定された者に該当しないが、実質的には同条所定の者と同視可能な身分関係があり、被害者の死亡により甚大な精神的苦痛を受けたとして、同条を類推適用し固有の慰謝料を認めた事例 (3) 被害者の夫のレンタカー代につき、夫が事故後の対応に奔走していたことから被害車両の買換えまでに期間を要したことはやむを得ないとして、約 3 か月の使用期間を認めた事例	① 14 205
	自動車対自動車事故・死亡（女・事故時 68 歳・主婦（家事専従））・慰謝料（死亡・近親者―夫・子・親・姉・弟・慰謝料算定の斟酌事由）・物件損害（代車料）	
2月20日 〔平 30（ワ）110〕 神戸地裁 （岸本寛成）	(1) 被害者（男・症状固定時 57 歳・地方公務員）の後遺障害（頸部・両手のしびれ―14 級 9 号、耳鳴―12 級、併合 12 級）による逸失利益につき、後遺障害による減収はなかったものの、仕事に対する影響は否定できず、また定年後の再就職等への影響も十分考えられるとして、事故前年の収入を基礎とし、労働能力喪失率を 5 ％、労働能力喪失期間を 67 歳までの 10 年間として、ライプニッツ方	① 15 215

式により算定した事例

(2) 被害者（女・症状固定時 25 歳・地方公務員）の後遺障害（頸部の緊張・痛み—14 級 9 号、両眼調節障害—11 級 1 号、併合 11 級）による逸失利益につき、後遺障害による減収はなかったものの、仕事に対する影響は否定できず、また将来の昇進、昇給に対する影響も十分考えられるとして、賃金センサス女大学卒全年齢平均賃金を基礎とし、労働能力喪失率を 9 ％（13 級相当）、労働能力喪失期間を 67 歳までの 42 年間として、ライプニッツ方式により算定した事例

自動車対自動車事故・傷害—後遺障害（男・症状固定時 57 歳・地方公務員）・（女・症状固定時 25 歳・地方公務員）・消極損害（後遺障害逸失利益）

2月21日 平31(ワ)720 平31(ワ)7716 東京地裁 （前田芳人）	(1) 信号機による交通整理の行われていない丁字路交差点で、突き当たり路側から直進路を自転車で横断しようとした被害者（男・87 歳・年金生活者）と、優先道路である直進路を走行してきた加害車（普通乗用自動車）とが衝突し、被害者が死亡した事故につき、加害車運転者には進路前方を十分に注視することなく直進路を走行し、道路横断中の被害者運転の自転車に衝突した過失があり、被害者には直進路の車両の動静を十分に注視せず、突き当たり路側から横断のため直進路に進出した過失があるところ、被害者が高齢であったことを考慮して、過失割合を被害者 25 ％、加害車運転者 75 ％とした事例 (2) 被害者（男・87 歳・年金生活者）の死亡による年金収入の逸失利益について、余命を 5 年とし、妻と 2 人暮らしであったことから生活費控除率を 40 ％として、ライプニッツ方式により算定した事例 (3) 被害者（男・87 歳・年金生活者）の死亡慰謝料につき、本人分として 2100 万円、近親者固有分として、妻に 200 万円、前妻の子 2 名に各 100 万円（合計 2500 万円）を認めた事例 (4) 死亡した被害者の妻に遺留分減殺請求権を行使した前妻の子らは、妻に侵害された遺留分の範囲で加害者に対して金銭の支払を求めることができ	① 16 240

裁判月日 （事件番号） 裁判所 （裁判官名）	要旨／索引	号数 番号 ページ
	るとして、加害者に対しては妻が損害賠償請求権の全部を行使し得るとする妻の主張を認めなかった事例	
	自動車対自転車事故・死亡（男・事故時87歳・年金生活者）・慰謝料（死亡・近親者―妻・子）・過失相殺・相続・遺留分減殺	
2月21日 〔平31（ワ）3217〕 東京地裁 （鈴木秀雄）	(1) 片側3車線の第2車線を直進した原告車（自動二輪車）の前部に、転回禁止場所である第1車線から転回した被告車（普通乗用自動車）の右後部が衝突した事故について、被告の転回禁止義務違反等の過失は重く、原告の制限速度超過やハンドル・ブレーキ操作等の過失を認めるに足りる証拠がないとして、原告の過失を認めなかった事例 (2) 原告（男・症状固定時22歳・高校卒・給与所得者）の後遺障害（顔面の瘢痕及び複数の線状痕や顔面正中部の瘢痕―9級16号、眉毛上～頭頂部しびれ―14級9号、併合9級）による逸失利益について、神経症状は就労に一定程度の影響を及ぼすおそれがあるが、醜状は直ちに労働能力喪失に具体的に影響を生じさせるものとみることができないとして、高校卒男子の年齢別平均賃金も参考にした380万円を基礎収入とし、労働能力喪失率5％、労働能力喪失期間10年としてライプニッツ方式により算定した事例 (3) 原告（男・症状固定時22歳・高校卒・給与所得者）の後遺障害（顔面の瘢痕及び複数の線状痕や顔面正中部の瘢痕―9級16号、眉毛上～頭頂部しびれ―14級9号、併合9級）による慰謝料について、原告が若年であることや醜状が顔面にあること及びその程度等に鑑み、醜状が原因で原告が対人関係や転職において消極的になったりするなど心理的影響が今後も生じることが想定されることは否めないことも考慮し、790万円を認めた事例	① 17 252
	自動車対自動二輪車事故・傷害―後遺障害（男・症	

	状固定時 22 歳・高校卒・給与所得者)・消極損害(後遺障害逸失利益)・慰謝料(後遺障害)・過失相殺	
2月26日 〔平 30(ワ)2937〕 大阪地裁 (石丸将利 丸山聡司 久保晃司)	(1) 駐車場の出入口から道路に進出したA運転の加害車(普通貨物自動車)が道路を進行してきたB運転の被害車(自転車)に衝突した事故における加害車同乗者らの責任につき、Aがアルコールの影響により自動車の正常な運転が困難であることを同乗者らが認識していたとは言い難く、また同乗者らがAに代わって加害車を運転しようとしたり、Aに加害車を運転しないよう注意していた経緯に照らし、同乗者らがAの飲酒運転を違法に幇助したとまではいえないとして、同乗者らに民法719条2項の責任を認めなかった事例 (2) 被害者(女・24 歳・准看護師及び飲食店勤務)の死亡逸失利益につき、被害者が将来的に看護師の資格を取得する蓋然性が証明されていないとして、事故年賃金センサス准看護師(産業計・企業規模計・男女計)・全年齢平均賃金を基礎収入とし、生活費控除率を 40%(結婚予定があり単身者とはいえないから 30%とすべきであるとの被害者側の主張を否定)、労働能力喪失期間 43 年間として、ライプニッツ方式により算定した事例 (3) 被害者(女・24 歳・准看護師及び飲食店勤務)の死亡慰謝料につき、飲酒運転中に発生した事故であること等を考慮し、本人分として 2800 万円、近親者固有分として、母に 250 万円、弟に 100 万円(計 3150 万円)を認めた事例	① 18 261
	自動車対自転車事故・死亡(女・事故時 24 歳・准看護師及び飲食店勤務)・共同不法行為の成立・消極損害(死亡逸失利益)・慰謝料(死亡・近親者―母・弟)	
2月27日 〔平 30(ワ)221〕 神戸地裁 (大島道代)	(1) 歩道から横断歩道手前の路肩に前輪を降ろした被告車(自転車)をみて、急制動をかけ転倒した原告車(原動機付自転車)の非接触事故につき、被告(男・10 歳)は歩道から路肩に前輪を降ろして停止していたものであり、車線に進入する動きは認められなかったが、この様子をみて、被告が子供であったことも相まって子供が飛び出してくると判断して急制動の措置を講じて転倒した事故	① 19 280

裁判月日 （事件番号） 裁判所 （裁判官名）	要旨／索引	号数 番号 ページ
	であると認め、原告には状況確認ないし把握が不十分のまま速度超過あるいは原動機付自転車の走行速度としては高速度（時速30〜40km）で不適切な急制動の措置をとった過失があるとし、他方、被告の行動にも車両運転者に誤解を与えかねず、事故を誘発させる可能性を含む点において過失があるとして、両者の過失割合を原告80％、被告20％とした事例 (2)　原告（女・事故時55歳・建築設計等を行う会社の代表取締役）の休業損害につき、労働対価部分を認めるに足りる証拠がないとして、健康保険協会が傷害手当金の支給に際し、原告の報酬につき役員報酬月額30万円のうち3分の2が労働対価部分と算定して日額6667円としたことに準じて、177日（入院85日、通院92日）につき約118万円を認めた事例 (3)　原告が負傷したことにより、原告が代表取締役を務める原告会社（建築企画、設計、工事監理等）が主張する請負契約が締結できなくなった損害については、具体的な契約内容や契約締結の確実性を認め難いとし、予備的な売上減少に関する主張についても、原告会社がもともとデザイナーである原告の夫との共同事務所であったこと、原告より夫の売上金額が多いこと等から原告会社と原告とを実質的に同一とみることはできず、また原告の売上も一定しておらず就労内容、時間と売上の関係も明らかでないとして、いずれも認めなかった事例	
	自転車対原付自転車事故・傷害—後遺障害（女・事故時55歳・建築設計等を行う会社の代表取締役）・消極損害（休業損害—役員報酬）・企業（会社）の損害・過失相殺	
	(1)　被用者が、使用者の事業の執行として自動車を運転していた際に被害者を死亡させる交通事故を	

2月28日 〔平30(受)1429〕 最高裁（2小） /草野耕一\ \菅野博之/ /三浦守\ \岡村和美/	発生させ、被害者の相続人の1人に賠償金を支払った場合につき、被用者は、民法715条1項の趣旨に照らし、損害の公平な分担という見地から相当と認められる額について、使用者に対して求償することができると解すべきであるとして、これを認めなかった原判決を破棄し、原審に差し戻した事例	① 2 14
	自動車対自転車事故・死亡（女・年齢不明・職業不明）・求償金	
2月28日 〔平30(ワ)8440〕 大阪地裁 （丸山聡司）	(1)　信号機による交通整理の行われている丁字路交差点で、青信号に従い突き当たり路から交差点内の直進路の横断歩道を自転車で横断しようとした被害者（女・24歳・専業主婦）に、突き当たり路から交差点内を直進路へ左折進入してきた加害車（大型貨物自動車）が衝突し、転倒した被害者及び被害自転車を加害車の左前輪が轢過した事故について、加害車運転者は横断歩道を横断する自転車の有無及び安全を十分に確認して進行する義務があるのにこれを怠り、漫然と交差点を左折進行して事故を発生させた過失があるが、被害者にも横断歩道に進入して進行する際、突き当たり路から左折進入してくる車両がいないかを確認し、減速・停止すべきであったのに、安全確認を十分に行わないまま、漫然と横断歩道に進入した過失があるとして、5％の限度で過失相殺を行った事例 (2)　右足変形の後遺障害のため、起立すると右足かかとが地面に着かなくなっている被害者（女・症状固定時26歳・専業主婦）の将来装具費として、平均余命61.64年について、1回の靴型装具代15万1200円を耐用年数10年として合計6回買い換えるものとし、1回の本底代1万5400円を対応年数5年として合計12回買い換えるものとし、1本の杖代6890円を耐用年数5年として12回買い換えるものとし、1回の替えゴム代310円を耐用年数2年として合計30回買い換えるものとし、それぞれライプニッツ方式により算定した事例 (3)　事故により右脛骨・腓骨開放骨折、右距骨骨折、右足背デグロービング損傷等の傷害を受けた被害者（女・24歳・専業主婦）が、事故後症状固定時	① 20 298

裁判月日 （事件番号） 裁判所 （裁判官名）	要旨／索引	号数 番号 ページ
	まで約2年4か月の間、5度にわたり入退院を繰り返した場合の休業損害について、事故前の賃金センサス女性全年齢平均賃金を基礎として、入院中につき100％、各退院期間につき休業損害の割合を80％から27％まで漸次逓減させて算定し、合計503万6025円を認めた事例 (4)　被害者（女・症状固定時26歳・専業主婦）の後遺障害（右足関節の機能障害―10級11号、右下肢の植皮瘢痕・線状痕―12級、左下肢の植皮瘢痕・線状痕―14級5号、併合9級）による逸失利益につき、後遺障害のうち身体の可動に影響があるのは右足関節の機能障害のみであるとして、10級相当・27％の割合で労働能力を喪失したと認め、賃金センサス女性全年齢平均賃金を基礎に、就労可能年数41年にわたりライプニッツ方式により算定した事例 (5)　事故により右脛骨・腓骨開放骨折、右距骨、右足背デグロービング損傷等の傷害を受けた被害者（女・24歳・専業主婦）の入通院慰謝料として、事故後症状固定時まで入通院を繰り返した約2年4か月の間につき430万円を認めた事例 (6)　被害者（女・症状固定時26歳・専業主婦）の後遺障害（右足関節の機能障害―10級11号、右下肢の植皮瘢痕・線状痕―12級、左下肢の植皮瘢痕・線状痕―14級5号、併合9級）による慰謝料につき、複数の外貌醜状が残存していることや、症状固定時の被害者の年齢（26歳）等を考慮して、800万円を認めた事例	
	自動車対自転車事故・傷害―後遺障害（女・事故時24歳・主婦（家事専従））・積極損害（将来の装具費）・消極損害（休業損害・後遺障害逸失利益）・慰謝料（入通院・後遺障害）・過失相殺	
	(1)　車道幅員4.0m、南方面への勾配が下り6％、自転車を除き南方面へ一方通行の規制がある太鼓橋	

3月2日 〔平29(ワ)1198〕 大阪地裁 （寺垣孝彦 永野公規 須藤隆太）	上において、車道左寄り（西寄り）を北進した原告自転車の右ハンドルや原告の右腕に、対向してきた被告車（大型自動二輪車）の右ミラー等が衝突した事故につき、前方の見とおしが悪い太鼓橋を走行するにあたり、被告には道路右寄りを進行させたことについて道路交通法70条の安全運転義務に違反する過失があるが、原告にもあらかじめ自転車から降りて歩道を通行するか、ハンドル・ブレーキ等を確実に操作するなど同法70条の安全運転義務に違反する過失があるとして、25％の過失相殺を認めた事例 (2) 原告（男・症状固定時18歳・大学生）の後遺障害（右母指ＩＰ関節・ＤＩＰ関節の自動屈曲不可―12級13号）による逸失利益につき、症状固定年の賃金センサス産業計・企業規模計・男・大学卒・全年齢の平均賃金を基礎収入とし、労働能力を大学卒業予定の4年後から67歳になる49年後まで、平均14％喪失したものとしてライプニッツ方式により算定した事例	② 21 313
	自動二輪車対自転車事故・傷害―後遺障害（男・症状固定時18歳・高校生）・消極障害（後遺障害逸失利益）・過失相殺	
3月3日 〔平30(ワ)7894〕 東京地裁 （鈴木秀雄 中直也 雨宮竜太）	(1) ゴルフ場内カート用道路のト字型交差点において、右方に急転把した被告Ａ運転のゴルフカートから同乗者Ｂが転落した事故につき、路面の矢印や看板等から、交差点を直進した後の転回が指示されており、被告Ａは交差点の手前から当該指示を認識することが可能であったにもかかわらず、Ｂの「Ｕターン」という指示の下、交差点を右折すべきと思い込み、減速することなくカートの設計上の最高速度に近い時速約18kmで安易に右方に急転把した過失があるとする一方、カート後部座席に乗車中のＢにも転落等を防止するために前方のバーをつかむべきであり、その旨の警告もあったにもかかわらず、両手を大腿部の上に置いたまま漫然と乗車していた過失があるとして、30％の過失相殺を認めた事例 (2) ゴルフ場内カート用道路のト字型交差点において、右方に急転把した被告Ａ運転のゴルフカー	② 22 323

裁判月日 （事件番号） 裁判所 （裁判官名）	要旨／索引	号数 番号 ページ
	トから同乗者Bが転落した事故におけるゴルフ場所有・経営会社である被告Cの民法717条責任及び共同不法行為責任につき、看板や進路前方の表示、ゴルフコースの状況等を確認すれば本件交差点を直進進行すべきことを容易に認識しうる状況にあったといえ、本件事故は被告Aの運転上の不注意によるところが大きい等として、ゴルフ場の設置・管理に瑕疵は認められず、また、ゴルフ場の設置・管理の状況と事故の発生には因果関係は認められないとして、被告Cの責任を認めなかった事例 (3) ゴルフ場内カート用道路のト字型交差点において、右方に急転把した被告A運転のゴルフカートから同乗者Bが転落した事故におけるゴルフ場所有者・経営会社である被告Cの自動車損害賠償保障法3条の責任につき、Bは、同カートを被告Cから借り受け、自ら運転していなかったものの、被告Aに対して積極的に指示を出し、Aらと共同して同カートを運行させていたと評価できるとして、Bは、被告Cとの関係で同法3条の他人には当たらないとした事例 (4) 家事専従の主婦（33歳）の死亡逸失利益につき、病院の臨時職員として採用内定を受けていたと認められるが具体的な収入額は不明であるとして、女性学歴計全年齢平均賃金を基礎収入としたうえで、就労可能年数を67歳までの34年間、生活費控除率を30％とし、ライプニッツ方式を用いて算定した事例 (5) 家事専従の主婦（33歳）の死亡慰謝料につき、本人分2400万円のほか、近親者固有分として子2名に各200万円（合計2800万円）を認めた事例 ゴルフ場内でのカートからの転落事故・死亡（女・事故時33歳・主婦（家事専従））・工作物責任・共同不法行為の成立・消極損害（死亡逸失利益）・慰謝料	

	（死亡・近親者―子）・過失相殺	
3月9日 〔平30(ワ)5347〕 東京地裁 （石井義規）	(1)　被害者（男・症状固定時35歳・会社員）の後遺障害（左下肢の短縮障害―10級8号、左肩関節の機能障害―12級6号、左肘・左大腿部の痛み―12級13号、併合9級）による逸失利益につき、労働能力喪失期間を原告主張の症状固定時の35歳から60歳までの25年間とし、基礎収入を事故以前の給与収入額（年272万円）、転職をめぐる諸事情を勘案して年300万円としたうえ、事故以前と概ね変わらない雇用条件確保について雇用者による継続的な配慮が期待できるとして労働能力喪失率を12％として算定した事例 (2)　労働災害総合保険（労災上積み補償のための保険）の保険金の支払により、被害者は事故によって損害を受けるのと同時に、同一の原因によって利益を受けたものであり、かつ、その損害と利益との間に同質性があるとして、公平の見地から、保険金の額を被害者の消極損害（休業損害、逸失利益）の額から控除することにより損益相殺的調整を行うのが相当であるとした事例 (3)　労働災害総合保険の保険金は、損害が現実化するのに対応して被保険者たる雇用主に支払われ、その後速やかに被害者たる被用者に支払われることが予定されているから、原則として消極損害の元金から充当されるとして、まず遅延損害金から控除されるべきであるとの原告の主張を認めなかった事例	② 23 337
	スリップした車が中央分離帯（コンクリート支柱）に衝突した事故・傷害―後遺障害（男・症状固定時35歳・給与所得者）・消極損害（後遺障害逸失利益）・損益相殺	
	(1)　信号機による交通整理の行われていない交差点において、直進しようとしたA（7歳）運転の子ども用自転車と歩行横断者（原告）が衝突した事故につき、Aには責任能力がなく、Aの両親である被告らは、Aの親権者としてAの行動全般に対する一般的な監督義務を負っていたとして、被告らにつき民法714条1項に基づく損害賠償責任を	

裁判月日 （事件番号） 裁判所 （裁判官名）	要旨／索引	号数 番号 ページ
3月10日 〔平29(ワ)40227 令元(ワ)27283〕 東京地裁 （鈴木秀雄 石井義規 今村あゆみ）	認めた事例 (2)　交通整理の行われていない交差点において、直進しようとしたＡ（7歳）運転の子ども用自転車と歩行横断者（原告）が衝突した事故につき、Ａに前方不注視の過失があり、他方、原告にも交差点を通行するに際し左右の安全確認義務を怠った過失があるとして、過失割合を原告15％、Ａ85％と認めた事例 (3)　原告（女・32歳・兼業主婦（アパレル販売員））の腰部打撲、左足関節捻挫の傷害による休業損害の算定例―同居する娘のために従事していた家事労働の内容等としては、事故時の女性・学歴計・全年齢平均賃金額に相当するものであったと認める一方で、アパレル販売員としては同額を超えて収入を得ることはできなかったとして、基礎収入を前記平均賃金とするのが相当とし、傷害の内容・程度、治療経過等から、治療期間121日間を通じて20％の家事労働の制限を認めて算定した事例 (4)　原告に労働者災害補償保険法に基づく保険給付を行った国に対する被告らの同法12条の4第1項に基づく損害賠償債務（求償債務）につき、療養給付、休業給付に関する被告らの原告に対する損害賠償額とこれに関する給付日の翌日を起算日とする遅延損害金の額を超えて、被告らの国に対する債務が存在しないことを確認した事例	② 24 346
	自転車対歩行者事故・傷害（女・事故時32歳・兼業主婦（アパレル販売員））・監督義務者の責任（親）・積極損害（治療費）・消極損害（休業損害）・損益相殺・損害の填補（労災保険給付）・過失相殺	
3月10日 〔平30(ワ)3209〕 東京地裁 （中村さとみ）	(1)　駐車中の原告車（普通乗用自動車、1958年製英国バックラーＤＤ2、動く車としては日本に1台しかないといわれている）の右フロントコーナー部に被告車（普通乗用自動車）が接触し、原告車が損傷した事故について、損傷箇所（右フロント	② 25 357

	コーナー部の数センチ程度の擦過傷、右ヘッドライトのアクリル樹脂製カバー表面のわずかな擦り傷）の修理は部分塗装などで足りるが、原告車は希少な車であり、その修理を請け負う業者も限定されるとして、被告車の任意保険会社による見積額の2倍の修理費用（24万3584円）を認めた事例 (2) 上記事故について、原告車の修理は長くとも1週間程度であり、原告は、雨の降らない日に限り、原告車を通勤や買い物に出かける際に使用していたにすぎないとして、代車費用の損害が生じたと認めなかった事例 (3) 上記事故について、原告車は希少な車であるが、事故前からボディパネル全体に修復歴やクラックがあったこと、他方、原告車の修理内容は一体となっているボディパネルについて部分塗装を行うものであり、ほかの部分と色調の差異が若干生じる可能性は否定できず、修復歴が残るとして、修理費用の半額の評価損（12万1792円）を認めた事例	
	自動車対自動車事故・物件損害（車両損害―修理費・評価損・代車料）	
3月10日 〔平30(ワ)10907〕 〔令元(ワ)11661〕 大阪地裁 （安田仁美）	(1) 信号機による交通整理が行われている交差点で、右折可の青色矢印信号に従い右折を開始した原告車（普通乗用自動車）と、対面信号が赤色に変わる直前の黄色の状態で停止せず交差点に進入した被告車（普通自動二輪車）との衝突事故につき、原告には対向車線を走行して来る車両の動向を注視し、対向車線の走行を妨げないように右折すべき注意義務を怠った過失があり、他方、被告には、黄色信号に従って交差点手前の停止線で停止すべき注意義務を怠り、停止することなく交差点に進入した過失があるとし、両者の過失割合を、車両の種類、対面信号の色等を踏まえて、原告15％・被告85％とするのが相当とした事例 (2) 車両損害を被った原告車（国産軽自動車）の評価損につき、事故による損傷が内部骨格部位に及んでいることは否定できないとしてもその程度は軽微であり、国産軽自動車であることも考慮すれば、評価損は発生しないともいい得るが、事故の	② 26 364

裁判月日 （事件番号） 裁判所 （裁判官名）	要旨／索引	号数 番号 ページ
	約4か月前に初度登録を受けた車両であることから、事故が原告車の中古市場における価格に影響を及ぼすことが全くないとはいえないとして、修理費用47万円の5％相当額（2万3500円）を損害として認めた事例	
	自動二輪車対自動車事故・物件損害（車両損害—評価損・代車料）・過失相殺	
3月12日 〔平30（ワ）10616 平31（ワ）1473〕 大阪地裁 （古賀英武）	(1)　信号機による交通整理の行われていない夜間の丁字路交差点において、直進するA車（普通乗用自動車）と、対向車線から右折するB車（自動二輪車）が衝突し（第1事故）、事故により路上に横臥しているBを、A車後続車両のC車（中型貨物自動車）が轢過した事故（第2事故）について、第1事故と第2事故は時間的場所的にも近接していること、B死亡の結果が、第1事故により生じたものか、第2事故により生じたものか不明であることから、Bの人的損害につき、AとCの共同不法行為責任の成立を認めた事例 (2)　上記事故について、第1事故と第2事故は時間的場所的にも近接していること、B死亡の結果が、第1事故により生じたものか、第2事故により生じたものか不明であることから、過失割合は、A車が制限速度を相当超過する速度で進行していたこと、夜間であり、Cにとって路上に倒れているBを発見することは可能であったとはいえ、相当困難であったことなどから、B60％、A30％、C10％と認め、過失相殺の方法は、いわゆる絶対的過失相殺を採用した事例 (3)　信号機による交通整理の行われていない夜間の丁字路交差点において、直進するA車（普通乗用自動車）と、対向車線から右折するB車（自動二輪車）が衝突し（第1事故）、事故により路上に横臥しているBを、A車後続車両のC車（中型貨物自動車）が轢過した事故（第2事故）について、	② 27 372

	第2事故によりA車及びB車が損傷した事実は認められないことから、Bの物的損害及びAの損害についての過失割合は、B 60%、A 40%と認めた事例 (4) 被害者（男・40歳・司法書士）の死亡による逸失利益算定例―事故前年と事故年とで収入が大きく異なるのは、司法書士事務所を開設して間もない時期で、事業が軌道に乗っていなかったことにあると推認されることから、事故年の収入を基準とする方が実態に即しているとして、事故年の収入（348日間）を365日分の収入に計算し直して基礎収入とし、妻との2人世帯であることから生活費控除率は30%として、労働能力喪失期間27年につき、ライプニッツ方式により算定した事例 (5) 被害者（男・40歳・司法書士）の死亡慰謝料につき、本人分として2400万円、近親者固有分として妻に200万円、両親に各100万円（合計2800万円）を認めた事例	
	先行事故により路上に横臥した被害者が自動車に轢過された事故・死亡（男・事故時40歳・司法書士）・共同不法行為の成立・消極損害（死亡逸失利益）・慰謝料（死亡・近親者―親・妻）・過失相殺	
3月13日 ［平30(ワ)33078 平30(ワ)34933 令元(ワ)11633］ 東京地裁 （前田芳人）	(1) 上り勾配6％の坂道において、信号待ちで停止していた原告車（普通乗用自動車）が、信号が変わったので発進した際に若干後退し、後方の被告車（普通乗用自動車）と衝突した事故につき、原告にブレーキ等を適切に操作せず原告車を後退させた過失を、被告に原告車と十分な車間距離をとらずに被告車を停止させた過失を認め、両者の過失割合を原告80%、被告20%とした事例	② **28** 389
	自動車対自動車事故・傷害（女・事故時38歳・主婦（有職））・（女・事故時50歳・主婦（家事専従））・消極損害（休業損害）・過失相殺	
	(1) 片側3車線の道路において、第3車線を走行していたA車（大型貨物自動車）と第1車線を走行していたB車（車両及び運転者Bの特定困難）が、同じタイミングで第2車線に車線変更を開始して鉢合わせとなり、A車が接触を避けるために第3	

裁判月日 （事件番号） 裁判所 （裁判官名）	要旨／索引	号数 番号 ページ
3月19日 平29(ワ)3774 平30(ワ)610 横浜地裁 （郡司英明）	車線に戻ろうとして、その右側からA車を追い越そうとした第3車線走行のC車（普通乗用自動車）と衝突した事故において、事故発生についてA及びBに共同不法行為が成立するとしたうえで、過失割合につき、①Cは進路変更する第1車線と第3車線走行の車両どうしの鉢合わせを予見すべきであったこと、②CがA車に接近してC車を走行させたうえ、A車が進路変更を完了していない時点で加速してトンネル内の狭いスペースから追い抜きを行おうとしたことは危険な走行態様であること、他方で、③AとBが負っていた第1車線と第3車線を走行する車両の動静の確認義務は、進路変更の際の変更先車線の確認義務に比べて要求される注意の程度は低いとして、過失割合をAB併せて30％、C70％と認めた事例 (2) 事故により頸椎捻挫及び腰椎捻挫の傷害を負い、腰痛について後遺障害（14級9号該当）の認められる原告（男・年齢不明・保険代理店経営）の相当な治療期間につき、事故翌日の医学的所見や事故直後から原告が車を運転し仕事をしていた事実を踏まえ、後遺障害等級診断書にある症状固定日（事故の約1年後）までの治療期間は長すぎるとして、むち打ち損傷について6か月以上の治療を要するものは約3％であるという事案分析にかかる文献の記述を参考に、事故から6か月弱の日までと認めた事例 (3) 治療関係費の診療報酬単価1点20円につき、健康保険法に基づく診療報酬体系による単価10円に引き直すべきとの被告主張に対し、治療内容や薬の処方が過剰といった事情もなく、不相当に高額とはいえないとして被告主張を認めなかった事例	② 29 399
	自動車対自動車事故・傷害—後遺障害（男・年齢不明・保険代理店経営）・積極損害（治療費（診療報酬単価））・後遺障害の認定（治療期間の認定例）・過失相殺	

3月19日 〔平30（ワ）6184〕 〔平30（ワ）7107〕 大阪地裁 （古賀英武）	⑴　信号機による交通整理の行われている交差点において、交差点の手前で3車線（第1車線は左折及び直進、第2車線は直進、第3車線は右折）となっている道路の第1車線から右折した被告車（原動機付自転車）と、第2車線を直進した原告車（普通乗用自動車）との衝突事故につき、原告車には、被告車が原告車の前方を進行しており、その動静に対する注視が不十分だった過失があるが、交差点進入後に二段階右折規制に違反し、右ウィンカーを点灯させることもなく、直進・左折車線から右折を開始した被告車の走行は、予見が不可能とはいえないまでも困難であるとして、両者の過失割合を原告車20％、被告車80％とした事例 ⑵　原告（女・症状固定時26歳・給与所得者）の後遺障害（頸椎捻挫及び外傷性頸部症候群に伴う頭痛及び頸部痛―14級9号）による逸失利益につき、事故後に減収が生じていないのは原告の努力によるものであり、逸失利益を認めるのが相当であるとし、事故前年の年収額を基礎収入として、労働能力喪失期間を5年、喪失率を5％として、ライプニッツ方式により算定した事例 ⑶　被告（女・症状固定時18歳・高校生）の後遺障害（頸部鈍重感、頸椎の運動制限等の症状につき、脊柱に変形を残す―11級7号）による逸失利益につき、事故時高校生だったが、卒業後に化粧品会社に就職していること、その収入状況から、症状固定年の賃金センサス女・高専短大卒・全年齢の平均賃金額を基礎収入とするのを相当とし、労働能力喪失率につき残存症状（頸部の痛みが残っており、首が右後ろに回りにくい状態）の内容を踏まえ14％とし、労働能力喪失期間を49年間として、ライプニッツ方式により算定した事例	② 30 420
	自動車対原付自転車事故・傷害―後遺障害（女・症状固定時26歳・給与所得者）（女・症状固定時18歳・高校生）・消極損害（休業損害・後遺障害逸失利益）・慰謝料（後遺障害）・過失相殺	
	⑴　信号機による交通整理の行われていない丁字路交差点での加害車（中型貨物自動車）と横断歩道	

裁判月日 （事件番号） 裁判所 （裁判官名）	要旨／索引	号数 番号 ページ
3月24日 〔令元（ワ）1784 令元（ワ）2975〕 さいたま地裁 （加藤靖）	を横断中の被害車（自転車）との雨天時の衝突事故につき、加害者に、制限速度超過（時速約12km超過）、携帯電話を手で保持して通話中であり、安全確認義務違反の著しい過失があるとし、他方、被害者にも、雨合羽を着ていたとしても衝突の瞬間まで加害車の存在に気がついておらず、通常の想定よりも大きな安全確認義務違反の過失があるとして、過失割合を、加害者90％、被害者10％と認定した事例 (2) 被害者（女・18歳・看護専門学校生）の死亡逸失利益につき、生活費控除率を30％として、看護学校卒業までの3年間（18歳から21歳）については、事故前年のアルバイト収入額（53万4296円）を基礎とし、卒業後の46年間（21歳から67歳）については、看護師としての就労を前提に、賃金センサス女性看護師企業規模計全年齢平均賃金額（478万4700円）を基礎として、ライプニッツ方式により算定した事例 (3) 被害者（女・18歳・看護専門学校生）の死亡慰謝料につき、本人分として2050万円、近親者固有分として父・母に各150万円、同居の姉妹2人につき父母と実質的に同視するべき身分関係が存在したものと認められるとして各75万円（合計2500万円）を認めた事例 自動車対自転車事故・死亡（女・事故時18歳・看護専門学校生）・消極損害（死亡逸失利益）・慰謝料（死亡・近親者―親・姉妹）・過失相殺	② 31 439
3月25日 〔平29（ワ）2268〕 名古屋地裁 （中町翔）	(1) 甲が被告車（普通（軽四）貨物自動車）を運転して起こした人身事故について、刑事事件で身柄拘束中の被告車の所有者である乙が、被告車を甲に贈与した事実は認められないとして、甲が乙に対し、事故を起こしたことや、事故後、被告車を廃棄処分することを乙に報告しなかったという事実があったとしても、乙は、被告車の所有者として	② 32 452

運行供用者責任を負うと認めた事例
(2)　事故により外傷性クモ膜下出血が生じた被害者
（男・死亡時76歳・年金受給者）が頸椎カラーを
外したことにより首が動く状態になって外傷性ク
モ膜下出血が再出血を起こし、その出血が橋や延
髄を圧迫し、呼吸停止を引き起こして死亡した可
能性が高いと考えられる場合に、被害者が頸椎カ
ラーを意識的に外した可能性は乏しく、事故によ
り生じた硬膜下血腫や外傷性クモ膜下出血が悪化
して死亡に至る危険性があったことに照らし、事
故と被害者の死亡との間に相当因果関係を認めた
事例
(3)　被害者（男・死亡時76歳・年金受給者）が頸椎
カラーを外したことが死亡に寄与した以上、素因
減額ないし割合的減額がされるべきであるとの被
告の主張につき、被害者が頸椎カラーを意識的に
外した可能性は乏しく、かかる行為に及ぶ一因と
なるような既往症があったとも認められないとし
て、被告の主張を採用しなかった事例
(4)　南北道路と東西道路が交差する、信号機及び横
断歩道が設置されていない交差点において、南北
道路を南進してきた被告車（普通（軽四）貨物自
動車）が、交差点出口付近を西から東に横断歩行
中であった被害者（男・75歳）に衝突した事故に
つき、南北道路が優先道路であること、同道路を
横断しようとした被害者において、同道路の安全
を慎重に確認すべきであったこと、事故が発生し
たのは午後8時頃であって、加害者において被害
者を視認しにくい状況であったこと、被害者が高
齢であったことなどを踏まえて、20％の過失相殺
を認めた事例
(5)　被害者（男・死亡時76歳・年金受給者）の死亡
逸失利益につき、年金合計370万8216円（国民年
金77万6679円、厚生年金155万6037円、企業年
金137万5500円）を基礎に、妻と二人暮らしで
あったことなどを踏まえて、生活費控除率を50％
として、平均余命までの11年分を認めた事例
(6)　被害者（男・死亡時76歳・年金受給者）の死亡
慰謝料につき、被告が任意保険に加入していなかっ
たため、原告らは、人身傷害保険金のほかに賠償

195

裁判月日 （事件番号） 裁判所 （裁判官名）	要旨／索引	号数 番号 ページ
	金を受けておらず、誠意ある謝罪もされていないと受けとめていたことなどの諸事情に照らし、本人分として 2200 万円、近親者固有分として、妻に 200 万円、子 2 人に各 100 万円（合計 2600 万円）を認めた事例	
	自動車対歩行者事故・死亡（男・事故時 75 歳・年金受給者）・保有者の責任（運行供用者）・因果関係（事故と死亡）・素因減額（身体的）・消極損害（死亡逸失利益）・慰謝料（死亡・近親者―妻・子）・過失相殺	
3月26日 平 30（ワ）1647 平 30（ワ）2924 横浜地裁 （郡司英明）	(1) 被害者（男・症状固定時 49 歳・会社役員）の後遺障害（頸部痛、両側手指しびれ、ふるえ、ふらつき―9 級 10 号）による逸失利益の算定にかかる基礎収入について、役員報酬の金額や従業員 3 名という会社の規模、被害者がミシンの修理や販売という会社の中心的業務を担い、ほかから収入を得ていないとして、役員報酬の全額を労働の対価と認め、会社の規模からして売上げが大きく変動し、連動して役員報酬も変動しているとして、会社の開業時から事故前までの 8 事業年度の平均値（525 万 7500 円）を基礎収入として算定することとし、労働能力喪失率 35％、労働能力喪失期間 18 年として、ライプニッツ方式により算定した事例	② 33 470
	自動車対自動車事故・傷害―後遺障害（男・症状固定時 49 歳・会社役員）・消極損害（後遺障害逸失利益）	
3月26日 平 30（ワ）6394 平 31（ワ）253 大阪地裁 （古賀英武）	(1) 東西道路とその側道が南北道路と交差する、信号機により交通整理が行われている交差点において、被害車（普通乗用自動車）が側道から左折するにあたり、交差点南詰めの横断歩道を横断する歩行者や自転車をやり過ごすために、横断歩道手前ではほぼ停止していたところ、東西道路から左折してきた加害車（大型貨物自動車）が後方から衝	② 34 479

<table>
<tr><td></td><td>突した事故につき、被害車が事故を避けることは困難であったとして、過失相殺を認めなかった事例
(2) 被害者が代表取締役である原告会社の休業損害につき、①原告会社は、化粧品の企画、販売等を扱っている会社であること、②原告会社は、代表取締役である被害者が全ての資本金を出資して設立した会社であること、③事故当時、原告会社には、3名の従業員が在籍し、うち1名は、デザイナーとして顧客の要望を前提に自身のオリジナリティーを発揮する仕事をしているという場合に、③の事情に照らせば、原告会社は、小規模ではあるが、実質的に被害者の個人会社ということはできず、被害者と原告会社の経済的同一性があるとまでは認められないとして、被害者の受傷による原告会社の休業損害を認めなかった事例</td><td></td></tr>
<tr><td></td><td>自動車対自動車事故・企業の損害・過失相殺</td><td></td></tr>
<tr><td>3月26日
〔平30(ワ)10978〕

大阪地裁
(古賀英武)</td><td>(1) 信号機による交通整理の行われている交差点を右折しようとした被害車（普通自動二輪車）に、対向車線の左折専用車線を左折せずに直進通過しようとした加害車（普通乗用自動車）とが衝突した事故について、加害車には左折専用車線を直進した通行区分違反が認められ、また進路前方左右の安全確認が不十分なまま交差点内に直進進入した過失があり、被害車にも対向直進車の動静確認が不十分なまま右折走行した過失が認められるが、右折車と対向直進車では対向直進車が優先するのが原則であるところ、左折専用車線をあえて直進するという通行区分違反を犯した加害車は優先されるべき直進車にあたらず、本件事故に関しては加害車の過失が圧倒的に大きいとして、過失割合を被害車20％、加害車80％と認めた事例
(2) 事故により左下腿切断の傷害を受けて163日間入院した被害者（女・47歳・兼業主婦）の休業損害について、事故日から症状固定までの189日間について、被害者主張にかかる労災保険給付の給付基礎日額3910円を基礎収入とし、入院期間中の163日間については100％、退院後の26日間については80％の割合で算定した事例</td><td>②
35
489</td></tr>
</table>

裁判月日 （事件番号） 裁判所 （裁判官名）	要旨／索引	号数 番号 ページ
	(3) 事故により左下腿切断の傷害を受けて163日入院した被害者（女・47歳・兼業主婦）の入院慰謝料として、傷害の内容・程度等のほか、加害者が、当初、通行区分違反を否定するという事実に反する説明を行ったこと等の事情を考慮し、300万円を認めた事例 (4) 事故により左下腿切断の傷害を受けた被害者（女・症状固定時48歳・兼業主婦）の将来の器具装具費（杖、介護用風呂椅子、介護用シューズ）につき、症状固定時の平均余命期間40.19年間について、各器具等の耐用年数ごとに買換えを行うものとして、ライプニッツ方式により算定した事例 (5) 事故により左下腿切断の傷害を受けた被害者（女・症状固定時48歳・兼業主婦）の自宅浴室、洗面室等の家屋改造費143万円について、同居家族（夫と2人の子）の利便性を向上させていることを理由として30％にあたる42万9000円の限度で、事故との相当因果関係を認めた事例 (6) 被害者（女・症状固定時48歳・兼業主婦）の後遺障害（左下腿切断―5級5号）による逸失利益について、賃金センサス女・学歴計・全年齢平均賃金を基礎として、労働能力喪失率を79％、労働能力喪失期間を19年としてライプニッツ方式により算定した事例 (7) 被害者（女・症状固定時48歳・兼業主婦）の後遺障害（左下腿切断―5級5号）による慰謝料として1440万円を認めた事例	
	自動車対自動二輪事故・傷害―後遺障害（女・事故時47歳・兼業主婦）・積極損害（装具装備費用・家屋改造費）・消極損害（休業損害・後遺障害逸失利益）・慰謝料（入院・後遺障害）・過失相殺	
	(1) 時速約60kmで走行する普通乗用自動車どうしが正面衝突した事故（加害車がセンターラインを越えて反対車線に進入し、被害車に衝突）の被害	

者につき、ICUで経過観察を受けるほどの重傷を負ったことや、事故後、不眠、不安感、恐怖感、過覚醒の症状があり、PTSD尺度評価が49点であったことから、精神科の医師がPTSDと診断したこと等に基づき、本件事故により12級13号該当の非器質性精神障害の後遺障害が残存したと認めた事例

(2) 被害者（男・症状固定時45歳・ハイヤー運転手）の後遺障害（頸部及び腰部の痛み—14級9号、非器質性精神障害—12級13号、併合12級）の素因減額について、約11年前の事故においても整形外科的には回復していたにもかかわらず、全身の痛みや不安感などの不定愁訴があり、非器質性精神障害の後遺障害が認定されたこと、本件事故についても身体的外傷は改善がみられ、症状を裏付ける他覚所見はないにもかかわらず、全身の痛みや胸部圧迫感などが改善せず症状固定に至ったことから、被害者の心因的要素が寄与しているとして、症状固定時の症状を勘案して素因減額の割合を15％と認めた事例

(3) 被害者（男・症状固定時45歳・ハイヤー運転手）の後遺障害（頸部及び腰部の痛み—14級9号、非器質性精神障害—12級13号、併合12級）による逸失利益につき、労働能力喪失率を14％とし、局部の神経症状は5年、非器質性精神障害は10年で労働能力の制限が解消するとして、労働能力喪失期間を症状固定時から10年として、ライプニッツ方式により算定した事例

(4) 事故により全身打撲、肝挫傷、肺挫傷、第4〜第6肋骨骨折、右膝打撲等の傷害を受けた被害者（入院32日、通院期間353日）の傷害慰謝料として182万円を認めた事例

(5) 被害者（男・症状固定時45歳・ハイヤー運転手）の後遺障害（頸部及び腰部の痛み—14級9号、非器質性精神障害—12級13号、併合12級）慰謝料として290万円を認めた事例

3月27日
〔平30(ワ)34527〕

東京地裁
（綿貫義昌）

②
36
502

自動車対自動車事故・傷害—後遺障害（男・症状固定時45歳・ハイヤー運転手）・素因減額（心因的）・消極損害（後遺障害逸失利益）・後遺障害の認定（外

裁判月日 （事件番号） 裁判所 （裁判官名）	要旨／索引	号数 番号 ページ
	傷後ストレス障害）・慰謝料（傷害・後遺障害）	
3月27日 〔平30(ワ)2140〕 さいたま地裁 （岡部純子）	(1) 被告運転の普通乗用自動車が、時速45ないし50kmで緩やかに左方に湾曲する道路を走行中、対向車線に進出して路外の案内標識柱に衝突し、同車後部右側座席に同乗していた被害者（女・72歳・主婦）が死亡した事故につき、被害者はシートベルトをしておらず、このことが死亡の結果に一定程度寄与していると認めることができるところ、被告は、被害者のシートベルト不装着についても一定の責任を負うとして、5％の過失相殺を認めた事例 (2) 夫と二人暮らしの被害者（女・72歳・主婦）の死亡逸失利益算定に際し、家事労働分につき、事故年賃金センサス第1巻第1表女子学歴計70歳以上の平均賃金を基礎とし、労働可能期間を9年間（平均余命の2分の1）、生活費控除率を30％とし、年金分（国民年金の振替加算額を含めた収入、及び厚生年金）につき、受給期間を18年間、生活費控除率を60％としてそれぞれライプニッツ方式によった事例 (3) 夫と二人暮らしの被害者（女・72歳・主婦）の死亡慰謝料として、本人分2000万円、近親者固有分として、夫に200万円、3人の子に各100万円（合計2500万円）を認めた事例	② 37 516
	自損事故による同乗者死亡事故・死亡（女・事故時72歳・主婦）・消極損害（死亡逸失利益）・慰謝料（死亡・近親者—夫・子）・過失相殺	
3月30日 〔平29(ワ)11239〕 大阪地裁 （寺垣孝彦 古賀英武 須藤隆太	(1) 脳性麻痺による両下肢不全麻痺の既往のある被害者（女・14歳・症状固定時22歳）が、事故により右下顎骨骨折、全身打撲、一過性意識障害の傷害を受けた場合の治療期間の認定例—事故後のリハビリテーションを経て、事故約1年後頃には、下肢の機能が回復しており、事故約1年5か月後に行われた右腓腹筋腱延長等の手術は私病である	② 38 523

脳性麻痺による下肢痙性麻痺の根治治療であった
蓋然性を排除できないこと、本件事故により同手
術の時期が早まったと認めるに足りないことから、
事故と相当因果関係のある治療期間を事故約1年
後の日までと認めた事例

(2) 被害者（女・14歳・症状固定時22歳）の下顎部
に残存する長さ5.5cmの線状瘢痕の後遺障害等級
認定につき、線状痕については医学技術の進歩に
より、治療の現状を反映した後遺障害等級の新た
な評価を行うことが可能であると判断されて基準
の改正がなされていることから、事故（平成20年
8月11日発生）後に改正された基準（平成23年
5月2日公布の政令、平成22年6月10日以後に
発生した事故に適用するとされている）に基づく
中間等級を適用するのが相当であるとして、改正
後基準の9級16号該当と認めた事例（改正前基準
では7級12号該当となる）。

(3) 被害者（女・14歳・症状固定時22歳）の後遺障
害（外貌醜状—9級16号、咀嚼障害、開口障害—
12級、4歯の抜歯—14級2号、併合8級）による
逸失利益につき、被害者には脳性麻痺による下肢
痙直性麻痺の後遺障害等級3級相当の既往があり、
逸失利益の基礎収入額を観念することはできない
との加害者側主張を認めず、被害者は、パソコン
を用いた作業に従事するために有益と考えられる
各種試験に合格し、臨時的任用職員（事務職）と
してその力を発揮しており、事務職として勤務す
るうえで、脳性麻痺による下肢痙直性麻痺の影響
は大きくないとして、基礎収入として賃金センサ
ス症状固定年・女・学歴計・全年齢の平均収入を
認めるのが相当と認め、労働能力喪失率は14％、
労働能力喪失期間は67歳までの45年間として、
ライプニッツ方式により算定した事例

(4) 被害者（女・14歳・症状固定時22歳）の後遺障
害による逸失利益につき、中間利息控除の基準日
を不法行為日とすべきであるとの加害者側の主張
について、中間利息控除の基準日を症状固定日と
して算定することは不合理とはいえないとして、
加害者側の主張を採用しなかった事例

自動車対自転車事故・傷害—後遺障害（女・事故時

裁判月日 （事件番号） 裁判所 （裁判官名）	要旨／索引	号数 番号 ページ
	14歳・症状固定時22歳・無職）・消極損害（後遺障害逸失利益）・後遺障害の認定（治療期間の認定例・後遺障害程度の認定）・中間利息の控除	
3月31日 〔平30（ワ）10707〕 大阪地裁 （古賀英武）	(1) 信号機による交通整理が行われていない丁字路交差点において、狭路（突き当たり路、幅員約2.0m）を走行する原告（男・15歳）運転の自転車と広路（幅員約4.7m）を走行する被告運転の普通乗用自動車が出会いがしらに衝突した事故につき、交差点の形状から広路を横切る形での直進は被告にとって予見しにくいことに照らし、過失割合を原告40％、被告60％とした事例 (2) 頸部外傷後遷延性意識障害及び四肢・体幹運動障害等の傷害を負って入院中の被害者（男・15歳）の父母が、別々に見舞いに行く場合には、父が仕事に車を使用しており、病院は鉄道の駅が近くになかったため、母がレンタカーを使用して見舞いに行っていた場合に、レンタカーを利用するにやむを得ない状況があるとして、レンタカー費用は事故と相当因果関係を有するが、レンタカーの利用がもっぱら見舞い目的であったことを認めるに足りる証拠はないとして、レンタカー費用10万6380円のうち、50％相当の5万3190円を損害と認めた事例 (3) 被害者（男・症状固定時16歳）の後遺障害（高次脳機能障害及び身体性機能障害―別表第一第1級1号）による慰謝料につき、本人分として2800万円、近親者固有分として、父母に各200万円（合計3200万円）を認めた事例 (4) 高次脳機能障害及び身体性機能障害（別表第一第1級1号）の後遺障害を残した被害者（男・症状固定時16歳）の平均余命62年の将来介護費用について、職業介護人による介護費用は1か月当たり48万円を相当として計9392万0256円を認め、後遺障害の内容や程度や状況に照らすと、被害者の父母による介護も必要であり、職業介護人によ	② 39 543

る介護で、父母の負担は、一定程度軽減されることを考慮して、日額5000円を相当として計2975万7720円（合計1億2367万7976円）を認めた事例

(5) 高次脳機能障害及び身体性機能障害（別表第一第1級1号）の後遺障害を残した被害者（男・症状固定時16歳）の父母が、症状固定後も34か月間被害者の見舞いに病院へ赴いていた場合に、被害者の症状に照らすと、症状固定後の見舞い交通費（1回の片道の交通費8150円）は事故と相当因果関係を有する損害と認められるが、その頻度については、症状固定後であること等の事情に照らし、月4回が相当であるとして、合計221万6800円を認めた事例

(6) 高次脳機能障害及び身体性機能障害（別表第一第1級1号）の後遺障害を残した被害者（男・症状固定時16歳）につき、住宅改造費352万7200円を事故と相当因果関係のある損害と認め、障害者総合支援法に基づき支給された20万円については、同法の目的や代位規定が存在しないことから損益相殺を認めなかった事例

(7) 高次脳機能障害及び身体性機能障害（別表第一第1級1号）の後遺障害を残した被害者（男・症状固定時16歳）につき、車椅子及び座位保持装置購入費303万0087円、障害者用車（車椅子用の車両）購入費266万8954円、介護用品（電動ベッド、エアマットレス、吸引器、リフト等、安楽キャリー椅子）購入費591万0040円を損害と認めた事例

自動車対自転車事故・傷害—後遺障害（男・症状固定時16歳）・積極損害（付添介護費・将来の介護費・交通費・将来の装具費）・消極損害（休業損害・後遺障害逸失利益）・慰謝料（後遺障害・近親者一親）・過失相殺

5月27日 〔平30(ワ)1774〕 名古屋地裁 （及川勝広）	(1) 信号待ちで停車していた被害車（メルセデスベンツS 550）の左後部に、路外から道路に進入するため後退してきた加害車の右後部が衝突して被害車が損傷したことによる代車料として、被害車は顧客の接待等に使用されていたものではなく原告の日常に使用する車両であったから、代車は事故	③ 40 565

裁判月日 （事件番号） 裁判所 （裁判官名）	要旨／索引	号数 番号 ページ
	車と同等車種である必要はなく国産高級車で必要にして十分であるとして1日2万円を認め（原告が使用した代車（被害車と同等車種であるメルセデスベンツS 300 h）の1日単価は5万1300円）、また原告は代車を34日間使用しているものの、被害車の修理内容及び修理費用に照らし、損害の公平な分担の見地から、相当な代車使用期間を2週間と認めた事例 (2)　信号待ちで停車していた被害車（メルセデスベンツS 550）の左後部に、路外から道路に進入するため後退してきた加害車の右後部が衝突した事故の衝撃は大きなものではなかったが、被害車運転者（女・26歳）及び同乗者（女児・9歳）の約2か月間の頸椎捻挫・腰椎捻挫等に関わる通院加療について、事故との相当因果関係を認めた事例	
	自動車対自動車事故・傷害（女・事故時26歳）・（女・事故時9歳）・因果関係（事故と傷害）・物件損害（代車料）	
5月27日 [平31（ワ）818] [平31（ワ）342] 名古屋地裁 （及川勝広）	(1)　片側2車線の直線道路において、甲車（大型貨物自動車）が第1車線から左折して路外駐車場に進入しようとしたところ、第2車線を後方から直進してきた乙車（中型貨物自動車）のリアボデー左側面等と甲車の右後部が接触した事故につき、甲車を第2車線にはみ出させて後続車の進行を妨害した過失は小さくないが、はみ出しの程度は大きくないこと、乙車運転者にとって先行する甲車の動静に注意して接触を回避する措置をとることは比較的容易であったことを考慮して、過失割合を甲車運転者30％、乙車運転者70％と認めた事例 (2)　上記事故により損傷した甲車（大型貨物自動車）の代車費用につき、甲車の損傷の程度は軽微であり、事故発生から2年以上経過した現時点でも修理していないことから、今後、修理を行うことや代車使用の蓋然性が高いとは認められず、また、	③ 41 575

	遊休車を有しないことの立証もないとして、代車使用の必要性を認めなかった事例	
	自動車対自動車事故・物件損害（代車料）・過失相殺	
5月28日 〔平30(ワ)1284〕 横浜地裁 （郡司英明）	(1) 原告（男・45歳・動物病院経営）の事故による右肩腱板損傷の受傷の有無につき、前面が原型をとどめないほどの原告車両の損傷の程度、医師の診断経過に加えて、約5か月間の通院中断については合理的根拠があり、その後原告が訴えに沿う通院を続けていることなどから、当該受傷を認めた事例 (2) 原告（男・45歳・動物病院経営）の事故による休業損害につき、事故後も動物病院を開院し続けており、通院に要した時間は2、3時間程度であったことを踏まえ、通院日（合計67日）につき50%の休業割合を認めたうえ、事故前年の青色申告を前提に、売上金額から売上原価及び固定経費を控除した金額を基礎収入として算定した事例 (3) 原告（男・症状固定時47歳・動物病院経営）の事故による後遺障害（右肩痛、上肢の筋力低下及び右肩関節可動域制限（健常な左肩の2分の1以下に制限）—自賠責による後遺障害等級認定は非該当）による逸失利益につき、基礎収入を、事故前年の所得額と青色申告特別控除額及び減価償却費とを合算した1057万円余りとし、労働能力喪失率を14%、労働能力喪失期間を症状固定時から67歳までの20年間として、ライプニッツ方式により算定した事例 (4) 原告（男・症状固定時47歳・動物病院経営）の事故による後遺障害（右肩痛、上肢の筋力低下及び右肩関節可動域制限（健常な左肩の2分の1以下に制限）—自賠責による後遺障害等級認定は非該当）の慰謝料として290万円を認めた事例	③ 42 582
	自動車対自動車事故・傷害—後遺障害（男・症状固定時47歳・動物病院経営）・因果関係（事故と傷害）・消極損害（休業損害・後遺障害逸失利益）・慰謝料（後遺障害）	
	(1) 道路左端から右転回中の加害者運転の被告車（タクシー）と、その後方から被告車の右側を通り抜	

裁判月日 （事件番号） 裁判所 （裁判官名）	要旨／索引	号数 番号 ページ
5月29日 〔平30(ワ)27479〕 東京地裁 （小沼日加利）	けようと加速して直進してきた被害者運転の原告車（自家用大型自動二輪車）との事故における過失割合につき、加害者には交通が頻繁な道路において後方の確認不十分なまま転回を開始した過失があるとし、他方、被害者にも道路左端からの転回車両の存在を予想することができ、被告車の動向を注視し制動措置をとることが可能であるのにかえって加速させた軽度の過失があるとして、両者の過失割合を被害者5％、加害者95％とした事例 (2)　被害者（男・症状固定時32歳・アクセサリー作成等により生計維持）の後遺障害（左足底のしびれ—12級13号、左母趾開放骨折後の機能障害—12級12号、併合11級）による逸失利益について、長期にわたって賃金センサスに相当する収入を得られる蓋然性は認められないとして、事故前の被害者の月収（7万5000円程度）に照らして被害者の基礎収入を年額180万円とし、労働能力喪失率20％、労働能力喪失期間を症状固定時から67歳までの35年として、ライプニッツ方式により算定した事例 (3)　全損状態にある原告車（自家用大型自動二輪車）の買換えの要否を判断する期間の車両保管代につき、原告車を運転していた被害者が入院中であったことも考慮し、修理見積を取得した日から2週間程度経過した日までの間（事故後57日）につき、日額3000円として損害と認めた事例	③ 43 596
	自動車対自動二輪車事故・傷害—後遺障害（男・症状固定時32歳・アクセサリー作成等により生計維持）・消極損害（後遺障害逸失利益）・物件損害（車両保管代）・過失相殺	
	(1)　高速道路（3車線）のトンネル手前の、左側トンネルへ向かう第1及び第2車線と右側トンネルへ向かう第3車線が分かれる地点で、左側トンネ	

6月4日 〔平30(ワ)1907 平31(ワ)58〕 神戸地裁 （岸本寛成）	ルを通行するため、第3車線から第2車線に進入した被告車（大型貨物自動車）が第2車線を走行していた原告車（普通乗用自動車）に接触し（第1事故）、その後、第1車線に車線変更して原告車を追尾した被告車がトンネルを出た直後に原告車を停止させようとして第2車線に幅寄せして原告車と接触した事故（第2事故）につき、原告においても、第1事故については、原告車と接触するまで併走していた被告車の存在に気付いていないものの、第2事故については、第1事故後も走行を続け、被告車が原告車を追尾し、クラクションを鳴らしているのに回避行動をとらなかった落ち度があるとしたうえ、過失割合については両事故の距離及び時間的近接性に照らして、両事故を総合して判断するのが相当であるとして、原告10％、被告90％と認めた事例

③
44
617

(2) 事故から約2か月後に治療が開始された頸部痛について、被害者（女・82歳・主婦）は、事故により身体が揺さぶられていること、事故の翌月には倦怠感のあること、翌々月の診断において「頸部痛が増しており」と訴えており、以前から頸部痛があったことがうかがえること、事故後に頸部を損傷するような出来事があったとは認められないことに照らし、頸部痛が事故によるものであるとしても不自然でないとして、事故との因果関係を認めた事例

(3) 事故により神経痛及び頸部痛の傷害を受けた被害者（女・82歳・主婦）の休業損害につき、賃金センサス女子学歴計70歳以上の平均賃金を基礎収入とし、通院状況及び事故前に足の手術を受け通院していたことを考慮し、通院日（65日）について20％の労働能力喪失を認めて算定した事例

自動車どうしの事故後追走し再度接触した事故・傷害（女・事故時82歳・主婦）・因果関係（事故と傷害）・消極損害（休業損害）・過失相殺

(1) 原告（女・16歳・高校1年生）が事故翌日に、親族（母、叔母）と行くことを予定していたテーマパーク（ユニバーサルスタジオジャパン）行きを中止したことによる損害4万5800円（東京在住

裁判月日 （事件番号） 裁判所 （裁判官名）	要旨／索引	号数 番号 ページ
6月10日 〔平29(ワ)9149〕 大阪地裁 （永野公規）	の叔母の交通費2万4860円、原告、母、叔母のチケット代2万940円）の賠償を認めた事例 (2) 13級6号（右小指の可動域制限）の後遺障害を残した原告（女・16歳・高校1年生、症状固定時18歳・夜間部4年制専門学校1年生）の逸失利益につき、賃金センサス産業計・企業規模計・女・高専短大卒・全年齢平均賃金を基礎収入とし、労働能力を9％喪失したと認め、労働能力喪失期間につき、治療の時間を確保するため、昼間部3年制を諦め、夜間部4年制に進学したことは、事故と因果関係が認められるとして、症状固定日において、昼間部3年生の卒業予定である3年後から67歳までの49年と認めた事例 (3) 事故により損傷した原告（女・16歳・高校1年生）の制服スカート及び制服ブラウスにつき、その用途・期間が極めて限定される特殊な性質から、新品購入価格を損害と認めた事例 (4) 市街地の歩車道の区別のある片側1車線の道路において、歩道工事中のための仮歩道から車道に入った原告自転車と、車道を直進した被告車（大型特殊自動車）が接触した事故において、被告車の過失は相当大きいが、原告自転車も、仮歩道のため車道が狭くなっており、車道を進行する車両との側方間隔を保って進行することが困難であることを予見し得たにもかかわらず、車道に入った過失は否定できず、たとえ対向する歩行者や自転車がいても、その通過を待つべきで、被告らが指摘する原告の後方確認不十分の過失があったとして、原告の過失割合を25％と認めた事例	③ 45 630
	自動車対自転車事故・傷害―後遺障害（女・症状固定時18歳・夜間部4年制専門学校1年生）・積極損害（テーマパークチケット代及び交通費・制服代）・消極損害（後遺障害逸失利益）・過失相殺	
	(1) シートベルトを着用しないでタクシーの後部座	

	席に座っていた原告の受傷による損害につき、シートベルト不着用が原告の損害の拡大に寄与したということができるとして、損害の公平な分担の観点から、10％の過失相殺を認めるとともに、タクシー運転手によるシートベルト着用の指示等の有無にかかわらず、原告のシートベルト不着用は、原告の過失ないし注意義務違反と評価すべきとした事例	
6月11日 〔平30(ワ)1740〕 神戸地裁 （大島道代）	(2) 被害者（男・症状固定時37歳・会社員）の12級相当の外貌醜状（顔面挫創、顔面皮膚欠損症、顔面肥厚性瘢痕に伴う左眼下部に長さ3cm以上の線状痕、左頬の2か所に11mm、10mmの線状痕の残存）による損害につき、外貌醜状による労働能力の喪失に関し、外貌醜状の状況（部位）や職業・職種などを考慮のうえ、個別具体的に逸失利益の有無やその程度を検討すべきであり、従前営業業務に従事していたこともあったが、配達業務の際に顔の瘢痕を指摘されることもあり、転職活動においては、配達業務等不特定多数の者と接する機会が少ない業種かどうかを確認し、接客や営業の仕事を避けるようになっているとして、労働能力を7％喪失するとし、労働能力喪失期間を67歳までの30年としてライプニッツ方式により後遺障害逸失利益を算定するとともに、外貌醜状による後遺障害慰謝料280万円を認めた事例	③ 46 642
	タクシー乗客の負傷事故・傷害―後遺障害（男・症状固定時37歳・会社員）・消極損害（後遺障害逸失利益）・慰謝料（後遺障害）・過失相殺	
6月12日 〔平30(ワ)29882〕 東京地裁 （綿貫義昌）	(1) 交通事故によって骨折し、237日間入院し、併合9級の後遺障害が残り、利き手が不自由になり、階段の昇降ができなくなったことから、症状固定まで1752日間休業が必要になった原告（女・73歳・主婦（有職））の休業損害について、義理の息子Aの同居の親族としてAの家事を行っていたが、Aが成人男性であること及び原告の年齢に鑑み、家事労働の程度は専業主婦に比べるとかなり少なかったとして、Aの所有するビルの清掃業務及び家事の分担をしていたことを合わせて、基礎収入をAから受けていた給与（月額15万円）の半分強	③ 47 655

裁判月日 （事件番号） 裁判所 （裁判官名）	要旨／索引	号数 番号 ページ
	の月額8万円と認めて算定した事例 (2) 交通事故によって骨折した原告（女・症状固定時78歳・主婦（有職））の逸失利益の中間利息控除の基準時について、事故から症状固定まで約5年もの長期間を要しているから事故時とすべきであるとの被告の主張を採用せず、症状固定時と認めた事例 (3) 交通事故によって骨折した原告（女・症状固定時78歳・主婦（有職））の後遺障害（右肩関節の機能障害—10級10号、右膝関節の機能障害—10級11号、併合9級）慰謝料について、後遺障害による支障（自宅階段の昇降ができず、ベッドの起き上がりもできないため、失禁することがあり、入浴、調理、掃除、買い物等ができなくなる等）を増額事由とすべきであるとの原告の主張を採用せず、それらは原告の年齢、居住環境等に照らし、併合9級の後遺障害から派生する支障の範囲内であるとして、690万円を認めた事例	
	原付自転車対歩行者事故・傷害—後遺障害（女・事故時73歳・主婦（有職））・消極損害（休業損害）・慰謝料（後遺障害）・中間利息の控除	
6月12日 〔平30（ワ）4683〕 名古屋地裁 （及川勝広）	(1) 原告車（普通乗用自動車）が東西道路（同道路の東行車線は、交差点の手前で、直進・左折車線と右折車線に分かれている）の北側の路外ガソリンスタンドから同道路の西行車線に右折進入するため、同道路の東行車線を横切ろうとしたところ、同道路を東進し、右折車線に進入してきた被告車（準中型貨物自動車）と衝突した事故につき、原告車が右折車線に進入した時点では被告車は同車線に進入しておらず、被告車が同車線に進入した時点で原告車が既に停止していたことなどの事情から、被告車の過失の方が大きいとして、過失割合を原告車30％、被告車70％と認めた事例 (2) 事故時、夫と小学生の子2人と同居し、家事を	③ 48 662

	行うとともに、デイサービスセンターで就労していた被害者（女・41歳・主婦（有職））の休業損害につき、事故後、デイサービスでの仕事を休んでおらず、減収もなかったことから、家事労働に対する制限の程度も限定的であったが、少なくとも通院治療に要する時間は家事労働が制限されたということもできるとして、基礎収入を賃金センサス・女・学歴計・全年齢平均賃金とし、実通院日数26日につき、その30％の限度で認め、離婚して元夫や子らと別居した後は家事労働を行う兼業主婦ということはできないとして休業損害を認めなかった事例		
	自動車対自動車事故・傷害（女・事故時41歳・主婦（有職））・消極損害（休業損害）・過失相殺		
6月15日 〔平30（ワ）18262〕 東京地裁 （今村あゆみ）	(1) 道路右方路外の車庫に右折進入しようとした加害車（大型バス）が、対向車線を直進してきた被害車（自動二輪車）と衝突した事故について、加害車運転者には対向車線から走行してくる車両の有無、動静を注視せずに右折を開始した過失がある一方、被害車運転者は事故直前まで制限速度を少なくとも30kmを超える速度で走行し、右折待ちをしていた加害車を認めてからある程度走行した後に急制動の措置を講じたこと、衝突時に加害車の右折が完了していたことなどを理由として両者の過失割合を被害者40％、加害者60％と認めた事例 (2) 被害者（男・症状固定時48歳・地方公務員）の後遺障害（骨折後の右手関節痛、右尺骨茎状突起骨折の偽関節—12級8号）による逸失利益につき、事故によって収入が減少することがなかったのは、業務に支障が生じ、作業効率が低下しているところを本人の努力や工夫で対応しているものであり、将来の昇進、昇給、転職等に影響が出る可能性は否定できないとして、67歳までの19年間にわたり、5％の労働能力喪失を認め、ライプニッツ方式により算定した事例	③ 49 676	
	自動車対自動二輪車事故・傷害—後遺障害（男・症状固定時48歳・地方公務員）・消極損害（後遺障害		

裁判月日 (事件番号) 裁判所 (裁判官名)	要旨／索引	号数 番号 ページ
	逸失利益)・過失相殺	
6月15日 〔平30(ワ)1893〕 神戸地裁 (大島道代)	(1) 信号機による交通整理が行われていない交差点での自転車(原告車)と普通貨物自動車(被告車)との出会いがしらの事故につき、広路と狭路が交わる交差点であっても、狭路側に一時停止規制がある場合、狭路による劣後関係よりも一時停止規制による劣後性の方が大きいとして、両者の過失割合を、広路走行の原告車10%、狭路走行の被告車90%と認めた事例 (2) 上記事故につき、被告車の使用権限を有し、ガソリン代を負担するとともに、被告車運転者と雇用契約書を交わしているわけではないものの被告車運転者が従事していた工事現場に監督員を派遣する等していた被告会社に、使用者責任を認めた事例 (3) 上記事故につき、被告車運転者と使用関係が認められる被告会社の代表者であるからといって直ちに代理監督者となるものではないとしたうえで、自ら被告車の手配を行い、工事現場にも顔を出すとともに、事故後に原告代理人弁護士に連絡して面談を行うなどしていることから、代理監督者の地位にあったと認め、被告会社の代表者に民法715条2項の代理監督者責任を認めた事例	③ 50 688
	自動車対自転車事故・傷害―後遺障害(男・症状固定時42歳・給与所得者)・使用者の責任・代理監督者責任・過失相殺	
6月16日 〔令元(ワ)2580〕 さいたま地裁 (加藤靖)	(1) 事故により全損となった自転車の時価額につき、一般に自転車の時価額を立証するための的確な証拠を集めるのは極めて困難であるとして、民事訴訟法248条を適用し、被害車の時価額を5000円と認めた事例 (2) 被害者(男・80歳・年金受給者)の死亡逸失利益算定における生活費控除率について、稼働収入のない年金生活者において年金額が少ない場合、	③ 51 700

	年金の多くが生活費として費消されていることが多いと考えられ、他方、配偶者がいる場合には配偶者の年金収入があること及び夫婦の一方が死亡したことによっても支出額が変わらない固定的な生活費があることを考慮して、60％と認めた事例 (3) 被害者（男・80歳・年金受給者）の死亡慰謝料につき、本人分1800万円、近親者分として妻に200万円、2人の子に各100万円（合計2200万円）を認めた事例	
	自動車対自転車事故・死亡（男・事故時80歳・年金受給者）・慰謝料（死亡・近親者―妻・子）・物件損害（車両損害―全損）・損益相殺（生活費）	
6月17日 〔平30(ワ)717〕 京都地裁 （村木洋二）	(1) 原動機付自転車からの降車時に転倒して負傷し、翌日受診したとする事故の発生の有無につき、原告（男・49歳・給与所得者）の陳述書及び供述は、治療や症状の経過と整合しており、内容に不合理な点はなく、転倒の態様において一貫していることなどから信用することができるとして、事故の発生を認めた事例 (2) 事故と第1腰椎圧迫骨折等（8級相当）との相当因果関係につき、原告（男・49歳・給与所得者）には事故前から第1腰椎圧迫骨折（11級7号相当）が生じていたとしたうえで、事故により腰椎変形が著明に進行したとの医学所見に基づき、これを認めた事例 (3) 第1腰椎の変形（11級7号）の既往がある原告（男・49歳・給与所得者）の後遺障害（第1腰椎の変形及びこれに付随する胸腰部痛―8級相当）による労働能力喪失率につき、第1腰椎の変形自体による体幹の支持機能や運動機能等に顕著な障害が生じたとは認められず、腰痛以外の原因による就労への支障はないとして、専ら胸腰部痛の増強が及ぼす影響に着目したうえで、その増悪に他覚所見がないこと等を理由として5％と認めた事例 (4) 家庭用自動車総合保険の人身傷害条項における限定支払条項（既往の身体傷害等の影響により事故による傷害が重大となった場合には、その事由がなかったときに相当する金額を支払う）につき、原告（男・49歳・給与所得者）の骨粗鬆症ないし	③ 52 705

裁判月日 (事件番号) 裁判所 (裁判官名)	要旨／索引	号数 番号 ページ
	既存の骨折による第1腰椎の脆弱性が事故後の傷害の発生及び増悪に相当大きく寄与し、その程度は50%として、同条項による控除を認めた事例	
	原付自転車からの降車時に転倒した事故・傷害―後遺障害（男・事故時49歳・給与所得者）・因果関係（事故の発生）・消極損害（後遺障害逸失利益）・保険（任意自動車保険（共済））	
6月17日 〔平29(ワ)2349〕 名古屋地裁 (中町翔)	(1) 損害保険料率算出機構における後遺障害等級認定手続及び自賠責保険・共済紛争処理機構における紛争処理手続において、いずれも非該当とされた原告（女・24歳・プロボクサー）の後遺障害の有無及び程度について、①右肩の痛みにつき、原告の供述内容が具体的で、自身の身体の状態について通常人よりも注意を払っていると推認される原告の供述の信用性は高く、当初の診断書及び診療録にこれを直接裏付ける記載がないことは、原告の同供述を採用する妨げにはならないとし、右肩の痛みは外傷性右腕神経叢障害を原因とすると認めて12級13号とし、②事故直後から訴えている右環指・小指のしびれにつき、他覚的所見のある神経症状ではないとして14級9号とし、③全体として併合12級と認めた事例 (2) プロボクサーとして活動しつつ、生活のために建設会社にも勤務していた原告（女・24歳）の後遺障害（右肩の痛み―12級13号、右環指・小指のしびれ―14級9号、併合12級）による逸失利益の算定例―①事故後減収は生じていないが、プロボクサーとしての選手生命を絶たれたという状況にあって、後遺障害が原告の労働能力に与えた影響は極めて大きく、本件事故後勤務し始めた自動車タイヤ販売店での現在の業務にも労働能力の制限が生じているとして、逸失利益の発生を認め、一方、本件事故前のプロボクサーとしての年収は100万円程度にとどまっていることから、労働能力喪	③ 53 722

失率は原告が主張する 14% を認め、②労働能力喪
失期間については、プロボクサーとして登録して
約 1 年半と短く、プロボクサーとしての活動をい
つまで継続し、その間どの程度の収入を得られて
いたかは不明であること、原告の症状が、症状固
定期以降、わずかながら軽減している神経症状で
あることから、10 年と認め、③基礎収入は、賃金
センサス・女性・学歴計・全年齢平均を採用して
算定した事例

(3) プロボクサー（女・24 歳）の後遺障害（右肩の
痛み―12 級 13 号、右環指・小指のしびれ―14 級
9 号、併合 12 級）による慰謝料として 300 万円を
認めた事例

自動車対自動車事故・傷害―後遺障害（女・事故時
24 歳・プロボクサー）・消極損害（後遺障害逸失利
益）・後遺障害の認定（後遺障害程度の認定）・慰謝
料（後遺障害）

6月18日 〔令元(ワ)5801〕 大阪地裁 （石丸将利）	(1) 横断歩道ではない場所を横断していた原告（男・ 91 歳・年金受給者）と被告車（タクシー）との衝 突事故につき、被告はカーナビ画面に視線を移し、 脇見運転をしており、自動車運転上の基本的な注 意義務の違反があり、日の入り後ではあったが事 故現場付近はやや明るく被告の過失は大きいとし、 他方、原告にも横断歩道でない場所を横断歩行し ていた過失があるとし、原告が高齢者であること を考慮して、両者の過失割合を原告 5 %、被告 95 %とした事例 (2) 原告（男・91 歳・年金受給者）の死亡逸失利益 につき、老齢基礎年金の年額（161 万円余）を基礎 収入額、生活費控除率を 75 %とし、逸失期間を 3 年（平均余命 3.92 年）としてライプニッツ方式に より算定した事例 (3) 原告（男・91 歳・年金受給者）の死亡慰謝料に つき、本人分として 2100 万円、近親者固有分とし て事故の態様を考慮し 209 万円（子につき 95 万円、 孫 2 名につき原告との交流の程度に鑑み 47 万 5000 円と 66 万 5000 円）、総額 2309 万円を認めた事例	③ 54 736

自動車対歩行者事故・死亡（男・事故時 91 歳・年金

裁判月日 （事件番号） 裁判所 （裁判官名）	要旨／索引	号数 番号 ページ
	受給者）・消極損害（死亡逸失利益）・慰謝料（死亡・近親者―子・孫）・過失相殺	
6月18日 平29（ワ）1687 平30（ワ）1774 神戸地裁 （大島道代）	(1) 被告車（普通乗用自動車）を発進させた被告とドアの取っ手に手をかけた原告との事故につき、被告には原告の動静を十分確認しなかった注意義務違反があったとする一方で、原告は、被告車が発進しようとしていることを認識しながら、これに近づき、発進直後にドアの取っ手を持ち転倒するに至ったとして、過失割合を原告80％、被告20％と認めた事例 (2) 事故による原告の受傷内容につき、頸椎捻挫等の傷害を認めたが、原告の愁訴には事故に起因しないものも含まれていたこと等から事故と相当因果関係のある治療は5割を超えないとした事例 (3) 原告（女・事故時48歳・症状固定時49歳・家族経営の美容院で美容師として稼働）の休業損害及び後遺障害逸失利益につき、美容師としての稼働は、就労実態が客観的に明らかではないうえ、原告自身も無報酬であったと供述し、所得証明書にも収入として計上されていないこと、また、家事従事者の点についても、原告に夫がいることは認められるものの、住民票によれば原告の世帯は原告のみの単身世帯であり、家事提供の家族を確認することができない等実態が明らかでないことから、いずれについても認めなかった事例	③ 55 744
	急制動発進した車のドアの取っ手に手をかけて生じた転倒事故・傷害―後遺障害（女・事故時48歳・無職）・因果関係（事故と傷害）・積極損害（治療費）・消極損害（休業損害）・後遺障害の認定（後遺障害程度の認定）・過失相殺	
	(1) 信号機による交通整理の行われていない交差点において、加害者運転の自動二輪車が交差点内を横断中の被害者（男・64歳・会社員）に衝突し、被害者が死亡した事故について、加害者には交差	

点付近には歩行者などがいないと軽信し、前方左右を十分確認せずに進行した過失があり、一方、被害者も、被害者の進行方向からは左右の見とおしが悪く、一定数の交通量（車について5分間約40台）があるにもかかわらず、左右を見ずに下を向いて横断しており、進行方向の左右の確認を怠った過失があるとして、過失割合を被害者20％、加害者80％と認めた事例

(2) 加害者が、終業後、自動二輪車を運転して、会社から自宅まで帰宅する途中で発生した人身事故について、会社は、自動二輪車による通勤を容認ないし黙認しており、事故は、通勤という会社の業務と密接関連性を有する行為中に発生しているから、会社の事業の執行につき生じたものというべきであるとして、会社に使用者責任（民法715条1項）及び運行供用者責任を認めた事例

6月18日
〔平31（ワ）113〕

神戸地裁
（大島道代）

(3) 被害者（男・64歳・会社員）の死亡逸失利益につき、被害者はほぼフルタイムで百貨店に勤務しており、妻に障害があり、自宅では家事を担っていたとしても、労働可能年数である67歳までにおいて、家事労働者として逸失利益を算定するのは相当とはいい難いとして、事故前年の給与所得を基礎収入とし、生活費控除率を給与所得及び年金とも40％とし、67歳以降は年金のみとなるから50％として算定し、就労可能年数経過後の家事労働については年金収入のほかに特段収入として考慮するのは相当でないとした事例

(4) 被害者（男・64歳・会社員）が受給していた心身障害者扶養共済制度年金（月額4万円）は社会保障的性格の強い給付であるから、死亡逸失利益の対象となる年金とはならないとした事例

(5) 被害者（男・64歳・会社員）の死亡慰謝料について、被害者は妻と2人で生活をしており、妻が障害を有しており、家計は被害者の給与所得及び年金が主たるものであったことに鑑み、2800万円を認めた事例

③

56
757

自動二輪車対歩行者事故・死亡（男・事故時64歳・給与所得者）・使用者の責任・保有者の責任（運行供用者）・消極損害（死亡逸失利益―年金の逸失利益

裁判月日 （事件番号） 裁判所 （裁判官名）	要旨／索引	号数 番号 ページ
	性）・慰謝料（死亡）・過失相殺	
6月23日 〔平30（ワ）24282〕 東京地裁 （川﨑博司）	(1) 頸椎捻挫、肩関節打撲等を受傷した被害者（女・症状固定時44歳・エステティシャン）の、自賠責保険の事前認定手続では非該当とされた右肩の痛み等につき、事故直後から右肩付近の痛みを訴えていたこと、その後の診療経過を踏まえ後遺障害の残存を認め、後遺障害等級14級に相当するとし、診療経過から症状の改善が認められなくなった事故の約1年2か月後の時点をもって症状固定日と認めた事例 (2) 頸椎捻挫、肩関節打撲等を受傷した被害者（女・43歳・エステティシャン）の休業損害につき、エステティシャンとして稼働するとともに、内縁の夫のために家事に従事していたが事故の約10か月後に内縁関係が解消された事実から、事故により一定の支障が生じたことを認め、事故前年の賃金センサス女性学歴計全年齢平均日額を基礎に、症状固定（後遺障害等級14級）までの418日間につき、25%の労働能力喪失を認めて算定した事例 (3) 被害者（女・43歳・エステティシャン）の後遺障害（右肩の痛み等により14級相当）による逸失利益につき、エステティシャンの収入について確定申告がないことを踏まえ、事故前年賃金センサス女性学歴計全年齢平均賃金（353万9300円）の約70%に当たる250万円を基礎収入と認め、労働能力喪失率5%、労働能力喪失期間5年としてライプニッツ方式により算定した事例	③ 57 779
	自動車対自動車事故・傷害─後遺障害（女・事故時43歳・エステティシャン）・消極損害（休業損害・後遺障害逸失利益）・後遺障害の認定（治療期間の認定例・後遺障害程度の認定）	
	(1) 原告が片側1車線の道路の外側に設けられた歩道を自転車で走行中、バランスを崩して車道に転倒したところ、折から本件車道を同一方向に走行	

6月23日 〔平31(ワ)253〕 東京地裁 (中村さとみ)	していた被告車両（普通乗用自動車）と衝突した事故につき、被告は原告との衝突を回避すべきであったとはいえず、被告車両の運行につき注意を怠らなかったとして、被告の自動車損害賠償保障法3条及び民法709条の責任を認めなかった事例	③ 58 788
	自動車対自転車事故・傷害—後遺障害（女・年齢不明・主婦）・運転者等の故意・過失（運転上）	
6月24日 〔令元(ワ)14092〕 東京地裁 (齊藤恒久)	(1) 事故車（普通乗用自動車）に同乗し死亡した被害者（男・26歳・会社員）の死亡逸失利益につき、事故年の見込み年収は賃金センサスの学歴計・年齢別平均賃金を下回っているが、下回る程度は縮小しつつあった等として、賃金センサスの男性全年齢・学歴計（551万7400円）と男性全年齢・高校卒（476万4300円）を考慮して520万円と認め、生活費控除率50％として67歳までの41年間につきライプニッツ方式を用いて算定した事例 (2) 事故車（普通乗用自動車）に同乗し死亡した被害者（男・26歳・会社員）の死亡慰謝料につき、最高速度制限を約68km上回る速度超過と著しい前方不注視の危険な運転であること等を考慮して、本人分として2700万円、近親者固有分として父母に各150万円（合計3000万円）を認めた事例	③ 59 795
	高速道路走行中に標識車及び道路側壁に衝突した事故・死亡（男・事故時26歳・会社員）・消極損害（死亡逸失利益）・慰謝料（死亡・近親者一親・慰謝料算定の斟酌事由）	
6月24日 〔平30(ワ)3797〕 京都地裁 (野田恵司)	(1) 事故により頸部捻挫、腰部捻挫、左股関節捻挫の傷害を負った被害者（女・47歳）の素因減額につき、事故前からあった左股関節裂隙の軽度狭小状態及びそれに関連する左股関節軟骨の薄弱性による脆弱性という素因が、事故を契機として左股関節及びその周辺の症状を発現・持続させ、治療を遷延させるうえで一定の寄与をしたとして、損害全体に対して40％の減額を認めた事例 (2) たこ焼き店等の仕事に従事していた被害者（女・47歳）の休業損害につき、左股関節捻挫の影響で連続での立ち仕事が困難な状態が継続し、短期間で従前の仕事に復帰するのは困難であったが、自	③ 60 801

裁判月日 （事件番号） 裁判所 （裁判官名）	要旨／索引	号数 番号 ページ
	動車を運転して通院することに支障はなかったことなどから、事故後3か月間は100%、その後3か月間は平均50%、その後は実通院日数81日に限り50%の休業損害を認めた事例	
	自動車対自動車事故・傷害—後遺障害（女・事故時47歳・たこ焼き店等の仕事に従事）・素因減額（身体的）・消極損害（休業損害）	
7月1日 〔平30（ワ）4980〕 名古屋地裁 （中町翔）	(1) 信号機の設置されていない十字路交差点において、右折進入した被告車（普通乗用自動車）が、自転車を引いて交差道路を横断歩行していた原告（女・81歳・主婦）に衝突した事故につき、被告には原告の有無及び安全確認不十分のまま被告車を右折させた過失があり、原告には、交通頻繁な優先道路を横断するに際しては、通常の道路を横断するよりも慎重に左右の安全を確認すべきであったから、原告の年齢を踏まえても若干の過失があったといわざるを得ないとして5%の過失相殺を認めた事例 (2) 室料差額（42万円）につき、原告（女・81歳・主婦）が、入院時において右下肢への荷重制限、筋力低下等により車椅子生活で、排泄、更衣等日常生活動作全般に介助を要する状態であったことから、原告について見守り条件を付し、看護師のサービスステーション近くの差額部屋に入院させた医師の判断は合理的であるとして事故との相当因果関係を認めた事例 (3) 原告（女・81歳・主婦）の入通院につき付添いの必要性が認められるとして、付添人である原告娘の交通費（バス、タクシー、自家用車）、入院付添費（日額6500円）及び通院付添費（日額3300円）を損害と認めた事例 (4) 脳梗塞の既往症がある夫及び娘と同居し、原告の夫の世話は原告娘が担い、料理、買物等の家事労働を主として担っていた原告（女・81歳・主婦）	④ 62 851

	の休業損害につき、原告が心臓ペースメーカー植え込みにより身体障害者手帳1級であることは、体力等への影響は特段指摘されていないから、これを重視することは相当でないとして、賃金センサス女性・学歴計・70歳〜の80%を基礎とし、家事への支障の程度として入院期間118日については100%、通院期間245日については70%と認めて算定した事例 (5) 原告（女・症状固定時82歳・主婦）につき、後遺障害（右股関節の可動域制限―12級7号）による慰謝料として300万円を認めた事例 (6) 骨盤骨折の傷害を負い、12級7号の後遺障害（右股関節の可動域制限）を残した原告（女・症状固定時82歳・主婦）につき、住宅改修費（18万9000円）、浴室改修費（39万4560円）、介護ベッドレンタル代（1万6200円）、介護用シャワー椅子代（2289円）、歩行器代（1万9000円）、杖代（4800円）等を損害として認めた事例	
	自動車対歩行者事故・傷害―後遺障害（女・事故時81歳・主婦）・積極損害（交通費・入院室料差額）・消極損害（休業損害）・慰謝料（後遺障害）・過失相殺・リハビリテーション費用・住宅、浴室改修費等	
7月9日 〔平30(受)18569〕 最高裁（1小） 小池裕 池上政幸 木澤克之 山口厚 深山卓也	(1) 事故当時4歳の被害者が事故に起因する後遺障害逸失利益について定期金賠償を求めている場合において、被害者は高次脳機能障害という後遺障害のため労働能力を全部喪失したところ、逸失利益は将来の長期間にわたり逐次現実化するものであるから、これを定期金による賠償の対象とすることは、損害賠償制度の目的及び理念に照らして相当と認められるとした事例 (2) 後遺障害逸失利益につき定期金賠償を命ずるにあたっては、交通事故の時点で、被害者が死亡する原因となる具体的事由が存在し、近い将来における死亡が客観的に予測されていたなどの特段の事情がない限り、就労可能期間の終期が被害者の死亡時となるものではないから、被害者の死亡時を定期金による賠償の終期とすることを要しないとした事例	④ 61 815

裁判月日 （事件番号） 裁判所 （裁判官名）	要旨／索引	号数 番号 ページ
	自動車対歩行者事故・傷害—後遺障害（男・事故時4歳・幼児（就学前））・後遺障害逸失利益についての定期金賠償の可否	
7月14日 〔平27（ワ）4394〕 名古屋地裁 吉田彩 及川勝広 谷良美	(1) 事故により頸部、両肩、腰部、背部挫傷の傷害を受けた被害者（女・49歳・主婦（家事専従））が、事故によって脳脊髄液漏出症又は低髄液圧症候群を発症したか否かについては、基本的には厚労研究班が平成23年に公表した「脳脊髄液漏出症画像判定基準・画像診断基準」に従って判断するのが相当であるとし、被害者に同基準が掲げる起立性頭痛を認めるのは困難であること、同基準が脳脊髄液漏出症の治療方法として有効とするブラッドパッチが被害者の症状に対する治療法として有効であったとは認められないこと、被害者について髄液圧を計測した形跡はうかがわれず、髄液の漏出があったと認定するには困難であること等を根拠に、同基準に照らし、被害者が事故により脳脊髄液漏出症、低髄液圧症候群、脳脊髄液減少症を発症したとは認められないとした事例 (2) 事故による傷害（頸部挫傷等）に対する必要かつ相当な治療期間は事故の約1年後までと認められる被害者（女・49歳・主婦（家事専従））が、事故の6か月後に低髄液圧症候群と診断され、顕著な改善がみられないまま、複数の病院において治療等を継続し、事故の8年8か月後に症状固定の診断を受けていることから、同日よりも前に、被害者において、加害者らに対する損害賠償請求が事実上可能な状況の下に、それが可能な程度に損害の発生を知ったものと認定するのは困難であるとして、同日を事故による損害賠償請求の起算日と認め、加害者らの消滅時効の抗弁を認めなかった事例	④ 63 872
	自動車対自動車事故・傷害（女・事故時49歳・主婦（家事専従））・後遺障害の認定（治療期間の認定例・	

	低髄液圧症候群）・消滅時効（起算点）	
7月16日 〔平31(ワ)122〕 神戸地裁 （岸本寛成）	(1) 鍼灸院のはり、きゅう、マッサージでの1回1万2000円の施術費につき、労災給付の基準等に照らして、1回6000円の限度で事故との相当因果関係を認めた事例 (2) 寺の住職として勤務する原告（男・症状固定時29歳）が、本件事故による傷害のため、檀家を回って経をあげる、いわゆる棚経をあげることができなかったとして求める休業損害につき、事故翌年から給与の増額があり、棚経によるお布施が給与とは別の原告の収入であったことを認めるに足りる客観的証拠がないとして、認めなかった事例 (3) 左下腿の腓腹筋痛等の症状につき14級9号に該当する後遺障害を残した原告（男・症状固定時29歳・寺の住職）の逸失利益につき、症状固定時の年齢の賃金センサスによる平均賃金とほぼ同程度である症状固定時の収入を基礎収入と認め、正座を要求される住職であり、他の神経症状と同様に喪失期間を短期に制限するのは相当でないとし、症状固定時から10年について労働能力の5％を喪失するものと認めて算定した事例	④ 64 894
	自動車対自動車事故・傷害―後遺障害（男・事故時29歳・寺の住職）・積極損害（施術料）・消極損害（休業損害・後遺障害逸失利益）	
7月17日 〔平29(ワ)694〕 名古屋地裁 （及川勝広）	(1) 追突事故により、頸椎捻挫、左膝関節捻挫、両肩挫傷と診断された原告（男・62歳・給与所得者）の入通院治療について、本件事故との間の相当因果関係を否定することはできないが、左膝の症状につき高尿酸血症や痛風の影響があったことが認められるほか、本件事故後に変形性頸椎症等が増悪した可能性を否定できず、これらの事情は素因減額において考慮するのが相当であるとして、その割合を30％と認めた事例 (2) 事故により頸椎捻挫、左膝関節捻挫、両肩挫傷と診断された原告（男・62歳・給与所得者）の退院後の休業期間及び休業割合につき、退院翌日からの11日間は出勤5日、欠勤4日、その後の1か	④ 65 903

裁判月日 （事件番号） 裁判所 （裁判官名）	要旨／索引	号数 番号 ページ
	月は出勤 12 日、欠勤 10 日であり、退院約 2 か月後の病院診療録には、退院 2 か月後から本勤務、今まではならし運転である旨の記載があり、原告が退院時に早く仕事復帰するように医師から指導されていたことも考慮して、退院翌日から 20 日間につき 70％、その後の 41 日間につき 40％と認めた事例	
	自動車対自動車事故・傷害（男・事故時 62 歳・給与所得者）・素因減額（身体的）・消極損害（休業損害—休業率及び休業期間）	
7月20日 ［平 30（ワ）3285 　平 30（ワ）3662］ **横浜地裁** （藤原和子）	(1)　車道幅員 4.19 m、東側路側帯幅員 0.65 m、西側路側帯幅員 0.85 m の道路において、東側路外の工事現場に鉄骨を搬入する作業を行って、クレーン部分を 90 度旋回させて待機していた原告車両（車幅 200cm、高さ 316cm のクレーン車）のクレーン部分に取り付けられている油圧ホース及び油圧配管に、北から南に直進してきた被告車両（中型貨物自動車）の荷台鳥居上部左角が接触した事故において、原告は、車道上にはみ出したクレーン部分をカラーコーン等で囲うべき注意義務に違反したと認め、被告は、原告車両の左側方を通過するにあたり、原告車両に接触しないよう適切な側方間隔を保って進行すべき注意義務を怠った過失があるとしたうえで、カラーコーン等からはみ出していた油圧ホースの折れ曲がり部分はわずかであったこと、原告車両のクレーン部分が停止している際に本件事故が生じていることから、被告の注意義務違反の程度が相当大きいとし、過失割合を原告 10％対被告 90％と認めた事例 (2)　作業中の原告車両（クレーン車）と被告車両（中型貨物自動車）の接触事故において、安全誘導員らには、厳密な車幅や道路の幅を計測するなどして、被告車両が通行可能かどうかを判断すべき注意義務はないとして、通行可の合図をしたことや	④ 66 916

	被告車両を積極的に誘導しなかったことを同人らの注意義務違反とは認めなかった事例 (3) 原告が、原告車両（クレーン車）以外に、クレーンアームが2段に折れるクレーン車を保有していなかったとしても、原告車両の稼働率は、1か月当たり平均4.66日であり、修理期間（8日）に原告車両を必要とする受注があったことが認められないとして、休車損害を認めなかった事例	
	トラックがクレーン車の油圧ホース及び油圧配管に接触した事故・運転者等の故意・過失（運転上・安全誘導員）・物件損害（休車損害）・過失相殺	
7月22日 ［平30(ワ)38770 平31(ワ)9038］ 東京地裁 （綿貫義昌）	(1) 信号機により交通整理の行われている交差点で、青信号に従い直進する被害車（原動機付自転車）と、対向から右折する加害車（普通乗用自動車）とが衝突した事故について、前方を注視せず、直進の被害車があるのに右折を継続して被害車の進行を妨害した加害車運転者の過失は大きいが、被害車運転者にも右折車の動静に対する注意を欠いた過失があるとして、過失割合を加害車運転者85％対被害車運転者15％とした事例 (2) 被害者（男・症状固定時41歳・電気工事会社従業員）の後遺障害（右膝後十字靱帯損傷に伴う動揺関節による右膝関節の不安定—12級7号該当）による逸失利益について、被害者の収入が症状固定後に事故前と比べて減少していないこと及び被害者の就労態様に照らして、労働能力喪失率は12級7号の喪失率14％より減じた12％、労働能力喪失期間は67歳までの26年間とし、基礎収入については60歳までの19年間は事故前年の年収額、61歳から67歳までの7年間はその65％に相当する金額として、ライプニッツ方式により算定した事例	④ 67 932
	自動車対原付自転車事故・傷害—後遺障害（男・症状固定時41歳・電気工事会社従業員）・消極損害（後遺障害逸失利益）・後遺障害の認定（後遺障害程度の認定）・過失相殺	
	(1) 信号機により交通整理の行われている十字路交差点において左折中の加害車（普通乗用自動車）	

裁判月日 (事件番号) 裁判所 (裁判官名)	要旨／索引	号数 番号 ページ
7月22日 〔令元(ワ)22417〕 東京地裁 (田野井蔵人)	が、交差点出口の横断歩道を右方向から進行中の被害自転車に衝突した事故につき、加害車運転者には横断歩道上の自転車等の動静を注視する義務を怠った過失があるとする一方、被害自転車運転者には対面の歩行者用信号機が青色点滅にもかかわらず横断を開始した過失と、左折進行してきている加害車を認識したにもかかわらずその動静注視を怠った過失があるうえに、被害自転車が横断歩道に進入するのとほぼ同時に歩行者用信号機が赤変したこと、夜間で加害車側から被害自転車等を確認しづらいことを考慮し、過失割合を被害自転車55％対加害車45％と認めた事例 (2) 理容業を営む被害者（男・年齢不明）の休業損害につき、事故後1か月程度は左肩の可動域制限が大きい一方、その後の関節腔内注射で大分楽になった等の供述や、事故から約2か月後以降に登山等していることなどに基づき、事故後当初30日間は60％、続く30日間は20％の限度で就労に支障があったとし、事故前年の所得額を基礎として算定した事例	④ 68 944
	自動車対自転車事故・傷害（男・年齢不明・理容師業）・消極損害（休業損害）・過失相殺	
7月30日 〔令元(ワ)3978〕 大阪地裁 (石丸将利)	(1) 南行車線を進行し、道路西側路外に出るために右折を開始したA車（普通貨物自動車）と、道路東側から南行車線を横切り、北行車線に右折進入し、少し進んで停止した後、後退したB車（普通乗用自動車）とが衝突した事故につき、B車運転者には右後方の確認をせず、右折の方向指示器を点けたA車に気づかず、後方及び左後方を注視したままB車を後退させた過失があるのみならず、北行車線においてB車を南に向かって後退させた過失は大きいとする一方、A車運転者にも対向車線の車両の動向にも意を払うべき義務違反があるが、北行車線に右折進行していった車両が後退す	④ 69 955

	るために異例であり、A車の過失は小さいとして、過失割合をA車15％対B車85％と認めた事例	
	自動車対自動車事故・使用者の責任・過失相殺	
7月31日〔平29(ワ)3424〕名古屋地裁（及川勝広）	(1) 駐車区画に後退して進入しようとしていた被害車（普通乗用自動車）と、隣の駐車区画から後退して退出しようとしていた加害車（普通乗用自動車）との衝突事故につき、加害車運転者には、後方の安全確認を怠って後退を開始し、被害車の進行を妨害した過失があり、他方、被害車運転者は、加害車の動静に十分注意して進行すべきであったところ、当該注意を怠って漫然と後退を開始した過失があるとして、過失割合につき、被害車20％対加害車80％と認めた事例 (2) 被害者の受傷の有無及び程度、後遺障害の有無につき、本件事故によって被害者が頸部挫傷の傷害を負ったことは否定できないものの、事故による衝撃は大きなものであったとは認められず、被害者が訴える頸部痛や左上肢痛の症状が全て本件事故によるものとは認められないとして、事故から3か月までの通院治療を相当因果関係のある損害と認め、被害者が事故による後遺障害と主張する症状（頸部痛及び左上肢しびれ）を事故によるものと認めなかった事例	④ 70 961
	自動車対自動車事故・因果関係（事故と傷害）・後遺障害の認定（後遺障害程度の認定）・過失相殺	
8月6日〔平31(ワ)46〕〔平31(ワ)133〕名古屋地裁岡崎支部（近田正晴）	(1) 夜間、片側2車線の駐停車禁止の高架道路（国道）において、原告に前照灯をハイビームにされたことに立腹し、原告車（普通軽四輪自動車）を追い越した被告Y₁が、被告Y₁車（普通乗用自動車）を原告車の前で急停止して原告車を停止させたところ、後続の被告Y₂車（中型貨物自動車）が原告車に追突した事故につき、被告Y₁には、本件道路を制限時速60km以上で走行する車両の存在、及び、後続車の回避措置が遅れ原告車に追突する危険性を十分に認識し得たにもかかわらず、被告Y₁車を急停止させて原告車を停止させたことは極めて危険な行為であって重大な過失があり、その過失と追突事故との間には相当因果関係が認めら	⑥ 70の2 1629

裁判月日 （事件番号） 裁判所 （裁判官名）	要旨／索引	号数 番号 ページ
	れるとする一方、原告は被告Y₁車が急停止したので停止せざるを得ず、その後被告Y₁が被告Y₁車から降りて原告車の運転席側に立ったので発車もできなかったことから原告に過失を認めなかった事例 (2) 農業に従事しカフェを営む原告（男・54歳）の休業損害につき、カフェ休業中はその利益だけでなく、固定費等の損害が発生すると認め、原告の年齢相応の損害が発生するとして、賃金センサス男子学歴計50歳から54歳の平均賃金を基礎収入として算定した事例	
	交通トラブルにより停車していた自動車に後続の自動車が追突した事故・傷害―死亡（女・事故時48歳・主婦（有職））・傷害（男・事故時54歳・農業・カフェ営業）・運転者等の故意・過失（運転上）・因果関係（運行と事故の発生について）・消極損害（休業損害―カフェ営業）	
8月19日 〔平30(ワ)7813〕 大阪地裁 （永野公規）	(1) 事故により外傷性頸部捻挫、腰部打撲傷、頭部打撲傷の傷害を受けた被害者（男・55歳・職業不明）には、C5／6の椎間板膨隆・神経の圧迫、L1／2椎間板変性・膨隆という頸部及び腰部の神経症状に易発化・重篤化・難治化に寄与する素因のほか、本件事故の8か月前に遭った交通事故による傷害に起因し、2か月前に固定したばかりの、①頸部痛等、②腰痛、③左肋部痛等、④精神的不安定の後遺障害の既往（①～③はそれぞれ14級9号該当、④は非該当）があり、被害者が本件事故後に訴えた症状はいずれも既往が増悪したもので、本件事故による他覚的所見がない場合に、素因及び既往が寄与した割合を20％と認めた事例 (2) コンビニエンスストアの駐車場において、通路を進行する被害者運転の自転車と、通路から駐車区画に後退進入しようとする加害車（普通乗用自動車）とが衝突した事故につき、駐車場は、駐車	④ 71 973

	のための施設であり、加害車が通路から駐車区画に進入することは、駐車場の目的に沿った行動であって、駐車区画への進入動作は、原則として、通路の進行に対して優先されるべきであるとして、被害者の過失を30%と認めた事例	
	自動車対自転車事故・傷害（男・事故時55歳・職業不明）・素因減額（身体的）・過失相殺	
8月24日 〔平30(ワ)682〕 神戸地裁 （岸本寛成）	(1) 高速道路上を時速45km程度で走行中の原告車（普通自動二輪車）に、後方から時速100km程度で進行してきた被告車（中型貨物自動車）が追突した事故につき、事故はもっぱら被告の過失によるとする一方、原告にも、未成年であったにもかかわらず高速道路上を後部座席に友人を乗せて（道路交通法71条の4第4項違反）、最低速度を下回る速度で走行（同法23条違反）していた違法行為が事故に寄与しているとして、過失割合を原告20%対被告80%と認めた事例 (2) 事故により9級11号該当の後遺障害（右無機能腎）が残存した原告（男・症状固定時18歳・とび職）の労働能力喪失率につき、一つの腎臓を失っても残存する腎臓がこれを補い、従来の腎機能の6〜7割程度まで回復すること、症状固定後も事故前と同じとび職として就労し、事故前より収入が増加していることなどに照らし、後遺障害の程度が「服することができる労務が相当な程度に制限されるもの」とまで認めることはできず、労働能力喪失率35%を認めるのは相当ではないとして、20%の限度で認め、賃金センサス・男中卒・全年齢平均賃金を基礎収入とし、労働能力喪失期間を67歳までの49年間として、ライプニッツ方式により算定した事例	④ 72 979
	自動車対自動二輪車事故・傷害─後遺障害（男・症状固定時18歳・とび職）・消極損害（後遺障害逸失利益）・後遺障害の認定（後遺障害程度の認定）・過失相殺	
	(1) 被害車両はクライスラー社のジープラングラーサハラという希少な車両であるところ、損傷がリヤフレームクロスメンバーという車体の骨格部分	

229

裁判月日 (事件番号) 裁判所 (裁判官名)	要旨／索引	号数 番号 ページ
8月24日 〔令2(レ)29〕 札幌地裁 武部知子 目代真理 川野裕矢	に及んでいること、修理費用として42万5559円を要したこと、一般財団法人日本自動車査定協会の事故損傷による減価額を24万1000円とする査定や、下取り価格の査定において車両の後部に修復歴があることを理由に40万3000円が差し引かれていることを考慮して、25万円の評価損を認めた事例 (2) 被害車両に評価損が発生した場合に、一般財団法人日本自動車査定協会の事故減価額証明書は評価損の発生及びその価額を認定するにあたって一定の参考となる資料であるとして、同証明書を取得するために要した査定料1万2390円を事故と相当因果関係のある損害と認めた事例	④ 73 990
	自動車対自動車事故・物件損害(車両損害―評価損・日本自動車査定協会の査定料)	
8月25日 〔平30(ワ)10767〕 〔令元(ワ)8888〕 大阪地裁 (須藤隆太)	(1) A車(普通乗用自動車)が進路変更禁止場所において進路変更した(4車線道路の第3車線から第2車線に変更)後、対向信号機の表示が黄色に変わったため停止したところ、第2車線を走行していた後続のB車(普通乗用自動車)の前部がA車の後部に衝突した事故は、純然たる追突事故ではなく、A車の進路変更が主たる原因であるが、他方、B車には前方注視義務違反や車間距離保持義務違反があり、B車の過失の本質は対面信号機の表示の変化を予測せず漫然と走行し適切なブレーキ操作が遅れた点にあるとして、過失割合をA車60%対B車40%と認めた事例 (2) A車(ポルシェ)の代車費用につき、代車は修理等に必要な比較的短期間において自動車を使用することができないことによる損害の発生を回避するために認められる代替手段であるから、代車の種類については、使用目的に照らして相当な範囲内で認められるとしたうえで、取引先や銀行等への移動や子の送迎等に使用する目的で使用料日	④ 74 995

	額4万3200円のグレードの高い車両を使用する必要はないとし、代車を使用した42日間のうち、初日の日額2万9160円、2日目以降（27日分）の日額2万1600円（28日分計61万2360円）を事故と相当因果関係のある損害と認めた事例	
	自動車対自動車事故・物件損害（代車料）・過失相殺	
8月27日 〔平31（ワ）2004〕 大阪地裁 （石丸将利）	(1)　交差点手前の片側3車線のうち左側車線を走行中の被告車（普通乗用自動車）が左折しようとしたところ、左側車線の左側端に引かれた車道外側線の外側（路側帯ではない）を直進進行していた原告車（普通自動二輪車）と衝突した事故につき、被告には、路側帯でない単なる車道外側線が設けられている道路においては、左折車両は車道外側線の外側部分に入って左側端に寄り、かつ左側端に沿って左折しなければならない注意義務違反（道路交通法34条1項）及び後方の確認不十分の過失があるとする一方、原告には、車両通行帯に指定され、進行方向別通行区分の規制もされていた区間を通行していたのであるから、車両通行帯でない外側部分を通行してはならない注意義務違反及び左折が許容されている車両通行帯を走行している被告車の左側を追い抜こうとした過失があるとし、過失割合を原告25％対被告75％と認めた事例 (2)　自賠責保険の事前認定で左肩上方痛等につき14級9号該当とされた後遺障害の程度につき、左肩上方痛等は左肩腱板損傷及び左肩鎖関節炎に起因し画像所見により裏付けられている等として12級13号に、また、左肩関節の可動域制限は12級6号に該当するとしたうえで、左肩関節の可動域制限は、左肩上方痛が残存するために生じたものであるとして、併合11級とは評価せず、12級相当と認めた事例 (3)　原告（男・症状固定時44歳・地方公務員）の後遺障害（左肩上方痛等—12級13号、左肩関節の可動域制限—12級6号）に伴う逸失利益につき、事故年の年収を基礎とし、労働能力喪失率14％、労働能力喪失期間を67歳までの23年としたうえで、事故後に減収は生じていないが、業務に支障が出ており職場の配慮により対処できていることや、	④ 75 1006

裁判月日 （事件番号） 裁判所 （裁判官名）	要旨／索引	号数 番号 ページ
	将来の人事考課にも影響を及ぼすことを考慮し、2分の1の限度で認めた事例	
	自動車対自動二輪車事故・傷害―後遺障害（男・症状固定時44歳・地方公務員）・消極損害（後遺障害逸失利益）・後遺障害の認定（後遺障害程度の認定）・過失相殺	
8月27日 〔平29（ワ）5254〕 神戸地裁 （岸本寛成）	(1) ウェブサイトにより自動車保険契約を締結した日の3日後に被保険自動車を運転して人身事故を起こした場合に、保険会社・契約者それぞれの契約確認メールを総合して保険契約の始期を認定し、事故は保険契約始期の前日に発生したとして、保険会社の保険金支払義務を認めなかった事例 (2) 被害者（女・52歳・主婦（家事専従））の死亡による逸失利益につき、賃金センサス女子学歴計全年齢を基礎収入とし、生活費控除率を30％、就労可能年数を平均余命の半分の18年として算定した事例 (3) 被害者（女・52歳・主婦（家事専従））の死亡による慰謝料につき、本人分として、1500万円、近親者固有分として、夫に200万円、子3名に各150万円、母に100万円（合計2250万円）を認めた事例	④ 76 1022
	自動車対原付自転車事故・死亡（女・事故時52歳・主婦（家事専従））・消極損害（死亡逸失利益）・慰謝料（死亡・近親者―夫・母・子）・保険（任意自動車保険・保険契約の始期）	
8月28日 〔平29（ワ）8532 平30（ワ）88〕 大阪地裁 （永野公規）	(1) 山間を南北に走る直線路の登坂車線内に運転手仮眠のため駐車していた原告車両（原告会社A所有のコンテナ積載セミトレーラ、原告B所有のトラクタで構成）に、被告車両（被告会社所有のトラクタ、セミトレーラ及びコンテナで構成）が追突し、原告車両、被告車両が損傷した事故における、原告会社Aの被った損害（コンテナ買替費用、	④ 77 1038

<table>
<tr><td></td><td>

セミトレーラ修理費用、休車損害）及び被告会社の被った損害（コンテナ修理費用、セミトレーラ修理費用、トラクタ時価）の認定例

(2) 夜間、山間を南北に走る直線路の登坂車線内に運転手仮眠のため駐車していた原告車両（原告会社Ａ所有のコンテナ積載セミトレーラ、原告Ｂ所有のトラクタで構成）に、被告車両（被告会社所有のトラクタ、セミトレーラ及びコンテナで構成）が追突した事故につき、原告車両の駐車は、視認不良な場所、かつ、駐車禁止場所における、仮眠という「危険を防止するため」（道路交通法44条）とはいえない理由によるものであったが、尾灯等の不点灯は認められないこと、登坂車線内に駐車されていたことによれば、右側の道路上に北行車線・南行車線の合計6ｍの余地があったことから駐車方法が不適切とは認められないこと、他方、被告車両には、前方不注視の過失があることから、過失割合を原告車両30％対被告車両70％と認めた事例

</td><td></td></tr>
<tr><td></td><td>

自動車対自動車事故・使用者の責任・物件損害（車両損害・休車損害）・過失相殺

</td><td></td></tr>
<tr><td>

8月31日
〔平28（ワ）439〕

金沢地裁
（佐野尚也）

</td><td>

(1) 被害者（男・症状固定時39歳・会社員）に事故後に生じた腰痛等は、事故により事故前から存在した無症状の第5腰椎分離が有症化したものであるとして、症状固定診断日までの治療費及び腰椎固定術後の症状と事故との相当因果関係を認め、後遺障害の程度につき、「脊柱に変形を残すもの」（11級7号）と認めた事例

(2) 被害者（男・症状固定時39歳・会社員）に事故後に生じた右肩部痛につき、肩部手術（観血的関節授動術）は必要かつ相当なものであったとして、症状固定診断日までの治療費を事故と相当因果関係のある損害と認めた事例

(3) 被害者（男・症状固定時39歳・会社員）の後遺障害（腰痛—11級7号、右肩部痛—14級9号、併合11級）による逸失利益につき、事故後減収は生じておらず、建設コンサルタントとしての業務に制限はありつつも可能な動作も多いことがうかがわれること、年齢（判決時47歳）及び転職の可能

</td><td>

④
78
1046

</td></tr>
</table>

裁判月日 （事件番号） 裁判所 （裁判官名）	要旨／索引	号数 番号 ページ
	性も考慮して、労働能力喪失率を14％とし、症状固定診断時の年収を基礎に、39歳から67歳までの28年間就労可能としてライプニッツ方式により算定した事例 (4) 腰痛（11級7号）、右肩部痛（14級9号）、併合11級の後遺障害を残した被害者（男・症状固定時39歳・会社員）につき、腰痛については、既往の腰椎分離の寄与が大きいこと、右肩部痛については、肩部手術のうち少なくとも骨棘の切除は事故前からの病変に対する治療であったとして、全体の損害額から30％の素因減額を認めた事例	
	自動車対自動車事故・傷害―後遺障害（男・症状固定時39歳・会社員）・因果関係（事故と傷害）・素因減額（身体的）・消極損害（後遺障害逸失利益）	
9月2日 〔平30（ワ）6755〕 大阪地裁 （寺垣孝彦）	(1) 交通事故により人的損害が生じた場合、後遺障害が残存しない場合には傷の治療が終了した時から、後遺障害が残存する場合には症状固定日から、それぞれ消滅時効が進行するとした事例 (2) 加害者とともにスナックで相当量の酒を飲んだ被害者が、加害者の運転する自動車（普通乗用自動車）の後部座席（助手席側）に同乗していたところ、加害者がハンドル及びブレーキの操作を誤り、自動車を路外に逸走させて道路右端の電柱に衝突させ、上顎骨骨折、歯牙損傷、眼窩吹き抜け骨折等の傷害を受けた事故について、被害者は加害者が相応の量の飲酒をして酩酊していることを十分認識していたにもかかわらず、加害者の運転する自動車に危険を承知で同乗したものであり、また同乗中にシートベルトを着用していなかったために事故の衝撃で顔面を強打したのであって、シートベルト不着用は被害者の人的損害発生の原因となったか、その損害を拡大させたものというべきであるとして、30％を過失相殺するのが相当であるとした事例	⑤ 79 1063

	飲酒運転により同乗者が受傷した事故・過失相殺・同乗者の過失・消滅時効（起算点）	
9月4日 〔令元(ワ)3421〕 名古屋地裁 （谷池厚行）	(1) 片側3車線の道路の第3車線（追越車線）上を進行していた被害車（普通乗用自動車）が、同車線を先行する加害車（普通貨物自動車）の急ブレーキにより、左後方の確認をすることなく第2車線に進路変更しようとして、同車線を走行してきた後続車（中型貨物自動車）に衝突した事故につき、加害車運転者には被害車に対する嫌がらせ等の悪意をもって、2度にわたってブレーキをかけ、追突の具体的危険がある状況を作出しており、その過失の程度は大きいとする一方、被害車運転者にも車間距離保持義務違反が認められるものの、悪質ではなく、過失の程度は大きいとはいえないとして、過失割合を加害車運転者70%、被害車運転者30%と認めた事例	⑤ **80** 1070
	自動車対自動車事故・過失相殺	
9月8日 〔平30(ワ)10774〕 大阪地裁 （須藤隆太）	(1) 事故により右肩腱板損傷を受傷し、右肩関節の機能障害について、損害保険料率算出機構により14級9号該当との判断を受けた被害者亡Ａ（男・症状固定時74歳・リフォーム工事業）の後遺障害の内容及び程度につき、受傷後、通院して継続的に加療及びリハビリ（ＲＯＭ ｅｘを含む）を施術されたものの、右肩の疼痛及び関節可動域の制限は続き、ＭＲＩ検査によると右肩の損傷（腱板の部分断裂）が残存しており、症状固定日の時点での右肩の主要運動である外転についての患側（右肩）他動値70度、健側（左肩）他動値175度であることが認められるとして、亡Ａは、腱板断裂を伴う態様で右肩を受傷し、患側（右肩）の関節可動域角度が健側（左肩）の2分の1以下に制限されるに至ったものと認め、右肩の関節可動域の測定方法及び測定結果に特段不自然な点はなく、後遺障害診断書の記載は信用することができるとして、10級10号該当と認めた事例 (2) リフォーム工事等を行う個人事業主として稼働する被害者亡Ａ（男・73歳）の休業損害及び逸失利益算定の基礎収入につき、原告らが主張する所	⑤ **81** 1076

裁判月日 （事件番号） 裁判所 （裁判官名）	要旨／索引	号数 番号 ページ
	得は、売上高から原価を控除した粗利益であり、経費等の控除がなく、また、正確な金額の算定が困難になったのは一切の税務申告もしていなかった被害者の不作為にも原因があり、休業損害の算定にあたっては多少控え目な認定をすることもやむを得ないとして、原告らが主張する所得金額（年額316万4697円）の80％とした事例 ⑶　事故により、右肩腱板損傷、右膝関節捻挫等の傷害を負い、10級10号の後遺障害を残して症状固定した被害者（男・症状固定時74歳・リフォーム工事業）の休業損害につき、事故日から60日間については100％、その後の51日間は80％、その後の69日間については60％、その後の22日間については40％の休業を要したものと認めて算定した事例 ⑷　既払金について、通院慰謝料、慰謝料仮払い、及び休業損害の名目での支払は、支払われた金額と費目との結びつきが明確にされており、被害者と任意保険会社との間には、少なくとも既払金についての元本充当に係る黙示の合意、及び既払金に対する遅延損害金について請求を放棄する旨の黙示の合意があったものと認めるべきであるとした事例 ⑸　仮払仮処分申立事件の和解に基づく損害賠償金の仮払金としての支払は休業損害の名目で支払われたものとみなすべきであり、和解条項の形式的記載をもってこれを遅延損害金に充当すべきではないとした事例	
	自動車対自動二輪車事故・傷害—後遺傷害（男・症状固定時74歳・リフォーム工事業）・消極損害（休業損害・後遺障害逸失利益）・後遺障害の認定（後遺障害程度の認定）・遅延損害金	
	⑴　深夜、繁華街の道路（幅員4.3ｍ、時速30km制限、駐車禁止）左端に駐車中の原告車（普通乗用自動車）に時速約30kmで走行してきた被告車（普通	

9月11日 〔平30(ワ)6477〕 大阪地裁 (寺垣孝彦)	乗用自動車)の左側面下側が原告車のリアバンパー右側面に接触衝突した事故につき、原告車は、駐車禁止規制に反し無余地駐車という不適切な駐車方法で、視認不良とまではいえないものの薄暗い状況下において非常点滅灯も点滅させず駐車していたこと等から、20％の過失相殺を認めた事例 (2) 原告(男・年齢不明・妻と2人で美容院経営)の後遺障害(頸部痛、右上肢のしびれ等―12級13号)による逸失利益算定に際し、原告主張の賃金センサス高校卒50〜54歳男性労働者平均賃金(568万5100円)を得る蓋然性が立証されていないとして、賃金センサス第3巻第6表の理容・美容師(男)50〜54歳経験年数15年以上の年額327万7500円を基礎収入として、労働能力喪失率14％、労働能力喪失期間10年としてライプニッツ方式による事例	⑤ **82** 1092
	自動車対自動車事故・傷害―後遺障害(男・年齢不明・美容院経営)・消極損害(後遺障害逸失利益)・過失相殺	
9月11日 〔平31(ワ)657〕 〔令元(ワ)5001〕 大阪地裁 (寺垣孝彦)	(1) 幅員4mの道路を進行中の被告車(普通乗用自動車)と道路の左端から中央に向けて発進した原告車(普通自動二輪車)が衝突した事故につき、被告には進路前方の安全を十分に確認しないで進行した過失があり、原告Aには右後方の安全確認を行わないまま道路中央に向けて斜行するように発進した過失があるとして、双方の過失割合を被告40％、原告A60％と認めた事例 (2) 原告車を運転していた原告A(男・76歳・無職)が、本件事故により右腓骨・距骨不全骨折、前距腓靭帯損傷等の傷害を負って約11か月間通院した場合に、本件事故の約3年前の距骨・踵骨の骨折は、本件事故による前記傷害に影響しているとは認められないとして、既往症を理由とする素因減額を認めなかった事例 (3) 本件事故前から腰部脊柱管狭窄症、頸椎症、両側変形性膝関節症、骨粗鬆症の既往症により通院していた原告B(女・69歳・主婦、原告車の同乗者)が、本件事故により右肘頭不全骨折等の傷害を負い、約11か月間通院した場合に、本件事故前は2	⑤ **83** 1102

裁判月日 (事件番号) 裁判所 (裁判官名)	要旨/索引	号数 番号 ページ
	日に1度程度の通院であったが、本件事故後はほぼ毎日の通院になっていることに鑑み、本件事故と通院との間の相当因果関係を認めた事例 (4) 本件事故前から腰部脊柱管狭窄症、頸椎症、両側変形膝関節症、骨粗鬆症の既往症により通院していた原告B(女・69歳・主婦)が、本件事故により右肘頭不全骨折等の傷害を負い、約11か月間通院した場合に、既往症が本件事故による損害の発生や拡大に寄与したと明らかに認めるに足る証拠はなく、また既往症の治療と本件事故による治療とが診療録上明確に分離されており、本件の治療費に既往症の治療費は含まれていないことから、素因減額をする必要性を認めなかった事例	
	自動車対自動二輪車事故・傷害(男・事故時76歳・無職)・(女・事故時69歳・主婦(家事専従))・因果関係(事故と傷害)・素因減額(身体的)・過失相殺	
9月11日 〔令元(ワ)1304〕 神戸地裁 (後藤慶一郎 大島道代 宮村開人)	(1) 被害者(男児・11歳)の死亡逸失利益につき、生活費控除率に関して、将来、原告ら家族の主たる家計の担い手となることがほぼ確実であり30%が相当とする原告主張を退けて50%としたうえで、賃金センサス男子全年齢平均賃金額を基礎収入とし、就労可能期間を18歳から67歳として、ライプニッツ方式により算定した事例 (2) 被害者(男児・11歳)の死亡慰謝料につき、事故態様、被害者の身体損傷の程度が殊の外著しいこと、加害者が事故状況について虚偽の説明をしていたこと等を考慮し、本人分として2000万円、近親者固有分として父母に各250万円、姉妹に各50万円(合計総額2600万円)を認めた事例 (3) 被告が被害者の葬儀等を執り行うにあたり支払った230万円余につき、損益相殺の対象としない旨の合意がなされたとはいえないとして、葬儀関係費用の賠償として支払われたものと評価し、同費用を負担した近親者(被害者の父)の損害と	⑤ 84 1113

	損益相殺するのが相当とした事例	
	自動車対自転車事故・死亡（男・事故時11歳・小学校6年生）・消極損害（死亡逸失利益）・慰謝料（死亡・近親者―親・姉妹）・損益相殺（葬儀関連費用）	
9月24日 〔平30(ワ)7645〕 令元(ワ)6408 大阪地裁 （瓜生容）	(1) 通院慰謝料（頸椎捻挫、右肩打撲傷、右肩峰骨挫傷の受傷）として83万円（通院期間約6か月半、実通院日数15日）を認めた事例 (2) 被害車両（初度登録から事故まで約6か月、国産高級車、時価567万円余）につき、第三者による所有権留保があるものの、契約上、基本骨格（フレーム）に係る評価損が生じた場合の損害は被害者（車両購入者）に帰属させるとの黙示の合意があるといえ同損害の帰属主体は被害者であるとし、434万円余の修理費用を要し、損傷が内部骨格を含む相当部分に及んでいることを踏まえ、評価損として修理費の約30％相当の130万円を認めた事例 (3) 保険会社が第三者から賃借し、これを被害者に無償貸与していた代車につき、保険会社と被害者との間で、必要かつ相当な代車期間が満了するまでを不確定期限とする使用貸借契約の成立を認定し、被害車両の損傷程度等から61日間（修理期間として36日間、修理か買換えかの検討期間として25日間）を必要かつ相当な代車期間と認めて、当該期間を超えて被害者が代車を保険会社に返却せず使用を継続したことにより保険会社に生じた損害（第三者への賃借料支払額約40万円）の限度で保険会社の被害者に対する不当利得返還請求権を認めた事例	⑤ **85** 1123
	自動車対自動車事故・傷害（男・年齢不明・職業不明）・慰謝料（入通院）・物件損害（車両損害―評価損・代車料）・不当利得返還請求権	
9月25日 〔平30(ワ)7444〕 大阪地裁 （溝口優）	(1) 被告車（普通乗用自動車）が、前方車両との衝突を回避するべくハンドルを左に切ったところ、側道の左側を走行してきた原告車（普通自動二輪車）と衝突した事故につき、被告車は原告車の進路を妨げた過失があるが、原告車にも前方車両の動静を注視し安全を確保して運転すべきところ、漫然と側道左端を直進した過失があるとして、過	⑤ **86** 1135

裁判月日 （事件番号） 裁判所 （裁判官名）	要旨／索引	号数 番号 ページ
	失割合を原告10%、被告90%と認めた事例 (2) 事故後約1年4か月もの間、継続的に頸部、腰部、背部の痛みを中心とする様々な症状を訴え、治療を継続した原告（男・50歳・会社員）の素因減額につき、原告には既往の頸椎症が認められるほか、心気症の診断がされており、その症状には既往症、特に自らの症状を重篤なものと考える心理的要因が大きく寄与しているとして、身体的・心理的素因の影響を考慮し40%の減額を認めた事例 (3) 原告（男・50歳・会社員）の休業損害につき、受傷結果は打撲や捻挫であり、一般的には休業を要する程度の症状が発現することは考え難く、休業が必要になるとは通常考えられないが、原告の症状は主観的には軽減することなく継続しているので、素因減額を行うこととの均衡上、休業損害の算定にあたって、実際の休業日数（119日）を減じないとした事例 (4) 原告（男・症状固定時51歳・会社員）の後遺障害（局部の神経症状—14級相当）による逸失利益につき、事故前の収入等から算定された基礎収入を基礎に、労働能力喪失率を5％としたうえで、原告の症状は心理的要素によるところが大きく、近い将来に症状が緩解し、あるいは馴化する蓋然性が高いとはいえないとして、労働能力喪失期間を10年とし、ライプニッツ方式により算定した事例	
	自動車対自動二輪車事故・傷害—後遺障害（男・症状固定時51歳・会社員）・素因減額（心因的・身体的）・消極損害（休業損害）・慰謝料（後遺障害）・過失相殺	
	(1) 尺骨神経亜脱臼を受傷し、医師から手術を勧められたが、妊娠が発覚し、その後出産して育児を行う必要があることから、手術治療を受けなかっ	

た結果、右小指、環指のしびれ等の症状が継続した被害者（女・30歳・客室乗務員）の治療費につき、手術治療を実施していた場合の症状固定日以後の治療費（薬剤費及び通院交通費を含む）についても、妊娠中の手術を回避することや、育児の都合上、手術治療のための入院が困難であることは通常生じうる事態であるとして、事故と相当因果関係のある損害と認めた事例

(2) 妊娠のための治療中断期間を挟んだ通院がある被害者（女・30歳・客室乗務員）の傷害（通院）慰謝料につき、実質的な治療期間は、治療中断前の通院日までの9か月というべきであるとし、症状（右肘や右手首の痛み、右手の小指及び環指のしびれ等）は重くはないが、手術適応があるとされながら、妊娠・出産及び育児のため手術を受けず、その結果尺骨神経亜脱臼が根治することなく、右小指、環指のしびれの残存を被害者が受忍していること、今後、手術を受ける場合には、その治療費の負担も発生すると考えられることは、慰謝料の増額事由として考慮するのが相当であるとして、120万円を認めた事例

(3) 受傷により勤務日数を減らさざるを得なかったとして休業損害を求める被害者（女・30歳・客室乗務員）の主張につき、事故後に勤務日数が減少していることは認められるが、事故翌月の休暇取得期間と勤務日数の状況、及び、その後の長期休暇期間中に頻回の通院をしたものではないことによれば、事故による負傷の影響で、勤務日数が減少したと認めることはできないとして、同主張に係る休業損害は認めなかった事例

(4) 受傷通院中に婚姻し、転居して夫と同居を開始し、妊娠による休暇取得を経て退職した被害者（女・30歳・客室乗務員）の休業損害につき、転居後については家事労働者と評価できるとし、この頃の主たる症状が右肘関節伸側の痛みと右小指のしびれであることから、休業率は5％として、妊娠による治療中断期間を除いた通院期間の休業損害（8.5か月）につき、基礎収入を事故年の賃金センサス・女・学歴計・全年齢平均として算定した事例

9月25日
〔平30(ワ)11170〕

大阪地裁
（溝口優）

⑤
87
1166

裁判月日 （事件番号） 裁判所 （裁判官名）	要旨／索引	号数 番号 ページ
	(5)　横断歩道歩行者（被害者）と加害車両（普通乗用自動車）が衝突した事故において、被害者が横断開始から約1.6 m地点で加害車両に衝突していることから、横断開始時点において、加害車両は横断歩道に相当に接近していたことが明らかであり、被害者には安全確認を行わずに横断を開始した過失があるとして、10％の過失相殺を認めた事例	
	自動車対歩行者事故・傷害（女・事故時30歳・客室乗務員）・積極損害（治療費）・消極損害（休業損害）・慰謝料（傷害・慰謝料算定の斟酌事由）・過失相殺	
9月28日 〔令元（ワ）1909〕 **横浜地裁** （川嶋知正）	(1)　いずれもマンション敷地から道路に進出するため、マンション敷地内の通路を進行していた原告車（普通乗用自動車）と被告車（電動自転車）とが、通路の交差部分において出会いがしらに衝突した事故につき、普通乗用自動車を運転していた原告は、電動自転車を運転していた被告に比べ、より高度の注意義務を負っていたものと解されることに加え、原告が、被告車が進行してくる通路の方向を確認しなかったことを自認していることから、両者の過失割合を原告80％、被告20％と認めた事例	⑤ 88 1175
	自転車対自動車事故・過失相殺	
10月6日 〔平29（ワ）29789〕 **東京地裁** （鈴木秀雄 島﨑卓二 今村あゆみ）	(1)　被告Y₁医療法人が所有し、被告Y₂（Y₁の従業員）が運転する被告車（普通乗用自動車）が、短期入所介護（デイサービス）の提供を受けていた被害者A（女・93歳、死亡時94歳・年金受給者）らを同乗させて、外出先から介護サービス事業所へ戻る途中、停車中の普通貨物自動車に衝突してAが死亡した事故につき、Aの相続人が、Y₂に対して民法709条、Y₁に対して民法715条1項、自動車損害賠償保障法3条、及び民法415条に基づく損害賠償を求め、事故の態様について、Y₁の違法介護による居眠り運転に基づく事故であると主	⑤ 89 1183

　　張したのに対し、事故の態様、事故後の状況、捜
　　査・公判におけるＹ₂の供述等から、本件事故は
　　Ｙ₂の前方不注視の過失を原因とする事故であり、
　　居眠り運転に基づく事故とみることはできないと
　　した事例

(2)　事故により、硬膜下血腫等の傷害を負って入院
　　し、入院中に多臓器不全で死亡した被害者Ａ（女・
　　93歳、死亡時94歳・年金受給者）につき、事故が
　　Ａの死亡を早めたことは否定できないとしても、
　　慢性腎不全の既往症が死亡に影響を与えた可能性
　　は極めて高く、既往症による素因減額が20％を下
　　回ることはないとの被告主張について、判決認定
　　の諸般の事情を踏まえて、既往症による寄与の程
　　度は10％と認めるのを相当とした事例

(3)　高齢被害者（女・93歳、死亡時94歳・年金受給
　　者）の死亡逸失利益の算定例―受給していた年金
　　年額を基礎として、生活費控除率50％、平均余命
　　4.11年としてライプニッツ方式により算定した事
　　例

(4)　高齢被害者（女・93歳、死亡時94歳・年金受給
　　者）の死亡慰謝料につき、加害者加入の自動車保
　　険から搭乗者傷害補償1000万円が支払われたこと
　　などを考慮し、本人分として1600万円、近親者固
　　有分として4人の子に各100万円（合計2000万円）
　　を認めるのが相当とした事例

(5)　原告ら主張の、事業所外介護を理由とする債務
　　不履行責任を認めず、事業所外介護が本件事故の
　　原因となる居眠り運転につながったとの主張も認
　　めず、原告らが主張するような債務不履行による
　　慰謝料を認めるには足りないとした事例

デイサービスの送迎車が停車車両に追突し乗客が死
亡した事故・死亡（女・事故時93歳・死亡時94歳・
年金受給者）・運転者等の故意・過失（運転上）・使
用者の責任・素因減額（身体的）・消極損害（死亡逸
失利益―年金の逸失利益性）・慰謝料（死亡・近親者
―子）

---

(1)　原告車（普通自動二輪車）が、校外の部活動の
　　練習先に向けて道路を歩行していた中学校の生徒
　　ら（陸上部員11名）の付近を通過しようとする直

裁判月日 (事件番号) 裁判所 (裁判官名)	要旨／索引	号数 番号 ページ
10月6日 〔平30(ワ)1877〕 京都地裁 (野田恵司 村木洋二 三宅由美子)	前に、生徒が道路を左から右に横切ったため、接触を回避しようと急ブレーキをかけ転倒した事故につき、顧問教諭の同行がなければ第三者に対し危険や支障を及ぼすおそれのあることが具体的に予見されるような特段の事情があったとは認められず、部活動の顧問教諭には校外での部活動に関し生徒らに同行する義務があったとはいえないとして、中学校設置者である市の国家賠償法1条1項による責任を認めなかった事例 歩行者対自動二輪車事故・傷害(男・事故時54歳・職業不明)・国家賠償法1条の責任	⑤ 90 1201
10月7日 〔平29(ワ)4005〕 名古屋地裁 (中町翔)	(1) 職務質問で飲酒運転が発覚することを免れるため法定速度の倍以上の時速約135kmで逆走中の被告車(普通乗用自動車)が原告車(普通乗用自動車)に衝突し、その衝撃で原告車に同乗していた被害者が路上に投げ出され、頭部や顔面に重傷を負った事故につき、被害者がシートベルトを装着していれば車外に投げ出されていなかった可能性も相当程度あり、シートベルトを装着していなかったことが傷害結果の拡大に寄与した可能性はあるが、被告には時速約135kmもの高速度で被告車を走行させたことにより被告車を制御することができなくなり、対向車線を高速度で逆送した挙句、被告車を原告車に衝突させたことから、故意にも比肩すべき重過失があるとして、過失相殺を認めなかった事例 (2) 自賠責保険では7級4号と認定された被害者の高次脳機能障害につき、被害者に生じたのは局在性脳損傷であり、症状との関連性を検討する必要があるとして、症状経過等を踏まえ、物忘れ症状を中心に高次脳機能障害の程度を認定するのが相当であるとして、9級10号と認めた事例 (3) 被害者(女・47歳・洋服販売員・兼業主婦)の後遺障害(高次脳機能障害—9級10号と醜状痕—	⑤ 91 1209

併合9級、併合8級）による逸失利益につき、外貌醜状による醜状痕について仕事への直接的な支障を生ずるものと認めつつも、洋服販売員の収入が賃金センサスを下回るものであったため、基礎収入につき家事従事者として賃金センサスの金額を採用するのが相当としたことから、当該醜状痕について賃金センサスの基礎収入を前提とした逸失利益の発生を認めることは困難であるとして、高次脳機能障害の9級に対応する35％の限度で、労働能力喪失率を認めた事例

(4) 被害者（女・47歳・洋服販売員・兼業主婦）の後遺障害（高次脳機能障害―9級10号と醜状痕―併合9級、併合8級）による慰謝料につき、醜状痕の影響により洋服販売員としての仕事を継続することが困難となったこと、抑うつ状態などの精神的な症状が残存していること、事故についての被告の過失が重大であることなどを考慮して、1100万円を認めた事例

自動車対自動車事故・傷害―後遺障害（女・症状固定時47歳・洋服販売員・兼業主婦）・後遺障害の認定（後遺障害程度の認定・高次脳機能障害）・慰謝料（後遺障害）・過失相殺

10月8日 ［平30(ワ)1599 令元(ワ)2131］ 神戸地裁 （岸本寛成）	(1) 片側4車線道路の第1車線を進行する原告車（普通自動二輪車）と、信号機により交通整理の行われている丁字路交差点で反対車線から転回して第2車線まで進行し、さらに第1車線に進路変更して交差点から15mほどの距離にある路外施設駐車場の出入口に進行しようとした被告車（普通乗用自動車）との衝突事故につき、原告が被告車の転回を認識していたとしても、転回後第1車線まで一気に車線変更してくることまでは想定し難かったとし、衝突の回避可能性がなかったとして、原告には過失を認めなかった事例 (2) 被害者（男・症状固定時51歳・バス運転手）につき、受傷（右大腿骨骨折・距骨下関節脱臼骨折・左足部骨折等）状況等から、入通院への親族付添いの必要性を認め、親族が付き添った入院中の49日間につき、1日当たり6000円、通院中の38日間につき1日当たり3000円の付添看護費を認めた	⑤ 92 1237

裁判月日 （事件番号） 裁判所 （裁判官名）	要旨／索引	号数 番号 ページ
	事例 (3) 被害者（男・症状固定時51歳・バス運転手）の休業損害につき、事故前年の年収を基礎収入とし、入院期間（168日）及び退院から再手術までの通院期間（237日）につき100％の、再手術後の退院日から再就職するまでの期間（527日）につき傷害の影響はあるものの通常勤務をしていること等から平均して50％の休業の必要性を認めて算定した事例 (4) 被害者（男・症状固定時51歳・バス運転手）の後遺障害（右股関節・左足関節の機能障害、右下肢の短縮障害—併合10級）による逸失利益につき、現在の年収は事故前年の年収よりも10から20万円程度低いだけであり、後遺障害による減給はないこと等に照らして、事故前年の年収を基礎収入とし、労働能力喪失率を27％、喪失期間を16年として、ライプニッツ方式で算定した事例	
	自動車対自動二輪車事故・傷害—後遺障害（男・症状固定時51歳・バス運転手）・積極損害（付添看護費）・消極損害（休業損害・後遺障害逸失利益）・過失相殺	
10月15日 〔平31(ワ)46〕 名古屋地裁 岡崎支部 （近田正晴）	(1) 片側2車線の高架道路の第1車線において、被告が原告車両（普通軽四輪乗用自動車）の前に被告車両（普通乗用自動車）を停止させて原告車両を停止させたうえ、被告車両から降りて原告車両の運転席側に立ち、原告X₁及びX₁の妻Aに暴行、脅迫するなどして脱出を困難にしていたところ、後続車両（中型貨物自動車）が原告車両に追突した事故により、X₁が負傷し、Aが負傷し入院後死亡した場合に、前件民事判決（X₁らが被告らに対し、本件交通事故について損害賠償を請求した事件）は、被告に対し、自動車損害賠償保障法3条に基づく自動車の運行によって生じた人身損害が損害賠償の対象とされたものであり、被告の故意	⑥ 92の2 1643

	の監禁行為によって生じた損害については賠償されていないとして、加重結果による慰謝料の増額分の請求を認めた事例 (2) 被告の監禁行為によって原告車両から脱出することができず、後続車両に追突された事故により、原告X₁が負傷し、X₁の妻Aが負傷し入院後死亡した場合に、被告の監禁行為によって増額される慰謝料として、Aに300万円、X₁に100万円、Aの両親X₂、X₃に各50万円を認めた事例	
	交通トラブルにより停車していた自動車に後続の自動車が追突した事故・慰謝料（死亡―近親者（夫・親）・慰謝料算定の斟酌事由）	
10月21日 〔平30(ワ)39306〕 東京地裁 （久保雅志）	(1) 片側3車線道路の第2車線を、時速35kmないし40kmで走行する被告車両（タクシー）が、道路左側の歩道上に見込客を見つけて進路変更及び減速（時速約20km）を開始した後、2秒程度経過して、時速約30kmで走行する原告自転車（ロードバイク）が被告車両の後部に衝突した事故につき、①被告が進路を第1車線に変更し、第1車線内で減速する際、後方から進行してくる車両等に注意する義務を怠った過失により生じた事故であり、追突事故と評価することはできないとし、②過失相殺につき、原告自転車は被告車両の後方を走行しており、被告車両は進路変更に際し合図も出していることから、原告が先行する被告車両の挙動に注意を払うことで事故を避けることができ、原告にも一定の過失があるとして、過失割合を、原告10%対被告90%と認めた事例 (2) 基本的にはパソコンを用いて作業する業務を行い、長時間作業に苦痛が生じ、残業時間が短くなっている被害者（男・34歳・会社員）の後遺障害（左頬骨部痛、右眼痛―14級9号）による逸失利益につき、事故前年の収入を基礎に、労働能力喪失率5%、同喪失期間5年と認めてライプニッツ方式により算定した事例	⑤ 93 1259
	自動車対自転車事故・傷害―後遺障害（男・症状固定時34歳・会社員）・消極損害（後遺障害逸失利益）・過失相殺	

裁判月日 (事件番号) 裁判所 (裁判官名)	要旨／索引	号数 番号 ページ
10月21日 〔令元(ワ)3929〕 名古屋地裁 (中町翔)	(1) 被告Yが運転する被告車(普通乗用自動車)が、Yの意識喪失の状態で発進し、A社の所有する店舗用建物に衝突して建物が損壊したので、A社と保険契約を締結していたX保険会社がA社に損害保険金を支払い、A社のYに対する損害賠償請求権を保険法25条1項に基づき代位取得したとして、Yに対し損害賠償金の支払を求めた事件において、Xが、Yには、道路交通法66条に違反して被告車を運転した点に民法713条ただし書の過失があり、仮にこれが同条ただし書の過失にあたらないとしても、民法709条の過失にあたるから、Yは本件事故について損害賠償責任を負うと主張したのに対し、民法713条ただし書の過失とは意識喪失を招くことについての予見可能性に基づく結果回避義務違反をいうとし、本件においてYの意識喪失を招いた敗血性ショックの原因は不明であり、Yが運転中に敗血性ショックを発症して意識喪失の状態に陥ることについて予見可能性は認められないとして同条ただし書の過失を認めず、また、本件事故の直接的な原因はYが被告車を急発進させたことにあり、道路交通法66条に違反して被告車を運転した行為と本件事故との間に相当因果関係はないとして、Xの主張を認めなかった事例	⑤ 94 1272
	自動車が店舗用建物に衝突した物損事故・運転者等の故意・過失(民法713条ただし書)	
10月22日 〔平30(ワ)4093 平30(ワ)4152〕 横浜地裁 (川嶋知正)	(1) 信号機による交通整理の行われている丁字路交差点における自動車どうしの衝突事故につき、両車の損傷状況、実況見分調書、診療録の記載等から、第1車両通行帯を通行していたA車(普通乗用自動車)が交差点で第2車両通行帯を通行していたB車(中型貨物自動車)の進路前方を横切るようにして転回しようとしたため発生したと認定し、過失割合の大部分はA車運転者にあるが、B車運転者にもA車の動静に対する注意を怠るなど	⑤ 95 1278

した落ち度があるとして、両者の過失割合を、A
車運転者90％、B車運転者10％と認定した事例

(2) 被害者（女・55歳・私立高校非常勤講師）の受
傷（頸椎捻挫、腰椎捻挫及び右肘挫傷）につき、
右肩腱板損傷及び右肘挫傷の主張については、従
前の甲病院での診断はなく、事故発生後5か月が
経過した時点で新たに受診した乙病院での診断は
あるがその診断根拠が判然としないこと等から事
故による傷害とは認めず、被害者はほぼ同時期に
甲乙と複数の病院に高頻度で通院しているが、治
療内容等から重ねての受診につき医学的な必要性
及び相当性が明らかでないとして、従前より通院
する甲病院が概ねリハビリテーションに終始し、
事故の約4か月後の時点で被害者に対する診療を
中止しようとしていたこと等から、被害者が受け
た事故後約9か月間の治療期間のうち、必要かつ
相当な治療の範囲は甲病院における事故の約4か
月後の時点までにされた診療に限られるとした事
例

(3) 診療報酬の算定につき、健康保険法の診療報酬
体系に従って1点単価を10円と算定すべきである
とする被告側の主張は、損害賠償実務において広
く定着するに至っているとまではいえないとして、
事故直後の受診病院（1点15円）と、その後の受
診病院（1点20円）の算定に基づく治療関係費全
額を損害と認めた事例

(4) 被害者（女・55歳・私立高校非常勤講師）の休
業損害につき、被害者をいわゆる兼業家事従事者
であったと認め、事故年賃金センサス女性労働者
の平均年収額を基礎収入とし、実通院日につき家
事労働に50％の制限が生じたと認めて算定した事
例

自動車対自動車事故・傷害（女・事故時55歳・私立
高校非常勤講師）・積極損害（治療費・保険点数単
価）・消極損害（休業損害）・過失相殺

(1) 信号機により交通整理の行われていない交差点
における直進車（普通貨物自動車）と対向右折車
（大型貨物自動車）との衝突事故につき、右折車に
対向直進車の有無及び安全確認が不十分なまま漫

裁判月日 （事件番号） 裁判所 （裁判官名）	要旨／索引	号数 番号 ページ
10月23日 〔令元（ワ）2869〕 名古屋地裁 （谷池厚行）	然と右折進行を開始した過失を認め、他方、直進車にも対向右折車の有無及び安全を確認しながら進行すべき注意義務を怠った過失があるとし、両車の過失割合を直進車20％、右折車80％と認めた事例 (2)　被害者（男・20歳・家族経営の会社の従業員、妻と子1人）の死亡による逸失利益につき、事故前年の年収額は261万2000円であるが、事故時の年齢が若年であること等を考慮し、死亡時の賃金センサス男子・高校卒業・全年齢平均賃金額481万1100円を基礎収入とするのが相当であるとし、就労可能年数を47年、生活費控除率を35％として、ライプニッツ方式により算定した事例 (3)　被害者（男・20歳・家族経営の会社の従業員、妻と子1人）の死亡による慰謝料につき、本人分として2400万円、近親者固有分として妻に200万円、子に100万円（合計2700万円）を認めた事例	⑤ **96** 1296
	自動車対自動車事故・死亡（男・事故時20歳・家族経営の会社の従業員）・消極損害（死亡逸失利益）・慰謝料（死亡・近親者―妻・子）・過失相殺	
10月28日 〔平31（ワ）927〕 京都地裁 （野田恵司）	(1)　原告会社の営業所閉鎖に伴う事務所兼倉庫の引越作業を、原告会社の代表取締役Aが自力で行うこととしていたところ、Aが被告車による追突事故により受傷したため、Aが自力での引越作業を予定の期限に行うことが不可能となり、引越業者による見積もりも被告加入の任意保険会社が難色を示したため、梱包及び解梱を自力作業で従業員1名も加わって作業を行い、その引越関連費用として、①事務所明渡しの延滞賃料、②トラックレンタル代金、③高速道路代、④ガソリン代及び⑤従業員の交通費を、本件事故による原告会社の損害と認めた事例 (2)　事故により必要となった会社営業所の引越作業を自力で行うため、原告会社が無許可業者から借	⑤ **97** 1297

	り入れたレンタカー代を交通事故の損害として加害者に請求することは、当該業者の行政法規違反の問題が生じることは格別、レンタカー代の実体法上の請求権は有効に発生し、交通事故の被害者が加害者に対して損害賠償請求をすることは妨げられないとして、その請求を認めた事例		
	自動車対自動車事故・企業（会社）の損害・物件損害（車両損害）・無許可業者からのレンタカー代		
10月29日 〔平31（ワ）2982〕 東京地裁 （中村さとみ 川﨑博司 林漢瑛）	(1)　歩車道の区別のある片側3車線の道路を徒歩で横断中の被害者（男・81歳・年金受給者）が加害車（都営バス）に衝突された事故につき、加害車運転者は、前方に道路横断を開始し第1車線を横切って第2車線に進入した歩行者を認めることができたにもかかわらず、これに気づかず、又は、気づきながら同人が引き返すことを想定せず、漫然と時速40km弱で第1車線を走行したもので、バスの運転者であることに照らしてもその過失は相応に重いが、他方、被害者は、横断禁止の規制がされている幹線道路を、歩車道の間に設置されたフェンスの切れ目から横断を開始し、第2車線で信号待ち停止していた車両の間から第1車線に引き返しており、加害車運転者からの視認可能性は極めて低かったとして、40％の過失相殺を認めた事例 (2)　被害者（男・81歳・年金受給者）の死亡逸失利益につき、平均余命8年間にわたり年金を受給可能としたうえで配偶者が既に死亡し、長女とは別居していたこと等を考慮して生活費控除率を50％と認めた事例 (3)　被害者（男・81歳・年金受給者）の死亡慰謝料につき、本人分2000万円、近親者（子）固有分として200万円（合計2200万円）を認めた事例	⑤ 98 1317	
	自動車対歩行者事故・死亡（男・事故時81歳・年金受給者）・消極損害（死亡逸失利益―年金の逸失利益性）・慰謝料（死亡・近親者―子）・過失相殺		
	(1)　丁字路交差点において、一方通行規制のある道路に進入した被告車（普通乗用自動車）が後退しながら交差点内に右折進入した際に、交差点手前		

裁判月日 (事件番号) 裁判所 (裁判官名)	要旨／索引	号数 番号 ページ
10月29日 〔平30(ワ)3062〕 大阪地裁 (石丸将利)	のゼブラゾーン上に停車していた原告車(普通乗用自動車)に接触した事故につき、被告には後方確認不十分の過失がある一方、原告車が駐停車禁止場所に停車していたことも事故の原因だとして、過失割合を被告90%、原告10%と認めた事例 (2) 頭頸部愁訴ないし頸椎捻挫の治療につき、事故後約7か月間の治療の限りで事故との相当因果関係を認めつつ、入院治療(約2か月半)の必要性は認めなかった事例 (3) 事故により発生した頸椎捻挫による交感神経障害に起因してジストニア(メイジ症候群)が発生したとの原告の主張につき、心因性であることや身体表現性障害であることを排斥できないとして、これを認めなかった事例 (4) 飲食店に勤務する原告(男)の休業損害につき、事故との相当因果関係を認める約7か月の治療期間のうち、器具等による消炎鎮痛等処置がなされた事故後約5か月間に限り休業の必要性を認めた事例	⑤ 99 1323
	自動車対自動車事故・傷害(男・年齢不明・飲食店勤務)・因果関係(事故と傷害)・消極損害(休業損害)・過失相殺	
10月30日 〔令元(ワ)21581〕 東京地裁 (綿貫義昌)	(1) 路外駐車場から道路に向かって後退する被告車(普通乗用自動車)が、道路を直進する原告車(普通貨物自動車)に衝突した事故につき、被告は、後方左右の安全確認を履行せずに急に後退をはじめており、その過失の程度は著しいとし、一方、原告も、被告車の動静を注視し、同車が後退してきた場合には直ちに停止できるように進行すべきであったにもかかわらず、これを怠った過失があるとして、過失割合を被告90%、原告10%と認めた事例 (2) 原告会社(エアコン等取り付けの下請け業)は、出資者は原告のみであり、原告以外に役員及び従	⑤ 100 1349

業員はいないが、信用を高め、事業を拡張するために設立された会社であり、工具や車両運搬具などの会社名義の資産及び会社名義の銀行口座を有し、会社名義で取引をして請求書を発行していたことからすれば、原告と原告会社が経済的に一体であるとはいえないとして、原告会社に生じた損害が、原告が受傷した事故と相当因果関係のある損害とはいえないとした事例

(3) 原告会社が、事故により受傷した原告（原告会社代表者）が休業したにもかかわらず、役員報酬を支払っていた場合に、反射損害（民法422条類推適用による損害賠償請求権の代位）は、原告会社が原告に支払をした限度で原告の休業損害に相当する損害賠償請求権が原告会社に移転するものであり、弁護士費用は代位の対象外であるから、原告会社は弁護士費用を請求することはできず、遅延損害金は、代位の日の翌日から発生するとした事例

自動車対自動車事故・傷害（男・年齢不明・会社役員）・積極損害（弁護士費用）・企業（会社）の損害・遅延損害金（起算点）・過失相殺

10月30日
〔平31(ワ)705〕

さいたま地裁
石垣陽介
玉本恵美子
牧野一成

(1) 夜間、加害車（大型貨物自動車）が同一方向に向かって車道の左側端を走行していた被害車（自転車）後部に衝突して、被害者（男・81歳・年金受給者）が死亡した事故につき、道路交通法上、自転車は原則として車道を走行すべきであり、被害者の走行位置や態様に問題はなく、加害者が前照灯を上向きにしてその照射範囲を広げたり、照射範囲に応じた速度で走行していれば事故を回避することができたとして、過失相殺を認めなかった事例

(2) 一人暮らしの被害者（男・81歳・年金受給者）が受給していた年金額（年額約116万円）では生活費及び介護費用を賄うことができず、被害者の死亡逸失利益は認められないとの加害者の主張について、被害者の受給していた年金がすべて生活費等に費消されていたことを認める証拠はないとして、死亡逸失利益を認め、生活費控除率を60％と認めた事例

⑤
101
1358

裁判月日 （事件番号） 裁判所 （裁判官名）	要旨／索引	号数 番号 ページ
	(3)　アルツハイマー型認知症を患い要介護状態で あったが単身で生活していた被害者（男・81歳・ 年金受給者）の死亡による慰謝料として、本人分 2000万円、子1名の固有分100万円の合計2100万 円を認めた事例	
	自動車対自転車事故・死亡（男・事故時81歳・年金 受給者）・慰謝料（死亡・近親者一子）・損害の填補 （生活費）・過失相殺	
11月2日 〔令元（ワ）6995〕 大阪地裁 （寺垣孝彦 永野公規 須藤奈未）	(1)　自動車事故の加害者と自賠責保険契約を締結し ていた保険会社（被告）が、自動車損害賠償保障 法16条1項の直接請求権を行使した被害者（原告） に対し、国が原告に対し労災保険給付を行い労災 保険法に基づき直接請求権を代位取得したとして、 いわゆる按分説により国の代位取得債権額との按 分額のみを支払った事案について、労災保険に係 る最高裁（1小）判平成30年9月27日（民集72 巻4号432頁）は、被害者は国に優先して自賠責 保険金額の限度で損害賠償額の支払を受けること ができるとのいわゆる被害者優先説を採用してお り、最高裁（3小）判平成20年2月19日（民集 62巻2号534頁）も、市町村長が交通事故の被害 者に対し老人保健法（当時）に基づく医療給付を 行って直接請求権を代位取得した場合について、 被害者は市町村長に優先して自賠責保険金額の限 度で損害賠償額の支払を受けることができるとの 被害者優先説を採用しているとして、原告請求の 国への優先を認め、原告の被告に対する自賠責保 険金額の限度における損害賠償額の支払請求を認 めた事例	⑥ 102 1365
	保険（自賠責保険）	
	(1)　信号機により交通整理の行われていない十字路 交差点における普通乗用自動車どうしの出会いが しらの衝突事故につき、一時停止規制に反して交	

	差点に進入した被告車に主たる原因があるとする一方、原告車にも前方不注視の過失があるとして、過失割合を原告20％、被告80％と認めた事例	
	(2) 経済的全損となった原告車（普通乗用自動車）につき、事故の約14年4か月前に初度検査の軽自動車であり、事故の約1年5か月前の時点で走行距離が8万900kmであったこと、及び事故の約2年後の時点における原告車と同型で走行距離も同程度の中古車価格などから、原告車の時価額は新車価格の1割（14万6000円）を相当と認めた事例	
11月4日 〔平31(ワ)7981〕 東京地裁 （久保雅志）	(3) 被害者（女・年齢不明・パート兼業主婦）が事故の翌々日にA整形外科を受診し、約1週間の安静加療を必要とする頸椎捻挫、背部打撲傷と診断され、事故の1週間後に痛みが軽減し、その後2回通院した後、A整形外科への通院を約5か月間中断し、その期間中、3ないし4日に1回程度の頻度でB接骨院への通院を継続した場合に、接骨院への通院については、A整形外科では特に相談していないことなどを考慮しても、事故と相当因果関係が認められるとして、5か月間の施術費全額（合計25万8930円）を損害と認めた事例	⑥ 103 1374
	(4) 被害者（女・年齢不明・パート兼業主婦）の休業損害について、頸椎捻挫、背部打撲傷の症状は重い物を持ったり、洗濯機の中に手を入れたりするなど、何か作業をする際に痛みが出ることがあるというものであって、事故後、パート（小学校における給食の調理補助等）も欠勤しておらず、事故の影響は限定的なものにとどまっていた場合に、通院日（合計47日）について、通院により家事への支障が30％生じたものと認められるとして、賃金センサス女性学歴計全年齢平均賃金を基礎収入として算定した事例	
	自動車対自動車事故・傷害（女・年齢不明・主婦（有職）・パートタイマー）・積極損害（治療費）・消極損害（休業損害—主婦）・物件損害（車両損害—全損）・過失相殺	
	(1) 道路を東進する原告車（普通乗用自動車）と、道路南側の駐車場から道路に右折進入してきた被告車（普通貨物自動車）とが衝突した事故につき、	

裁判月日 （事件番号） 裁判所 （裁判官名）	要旨／索引	号数 番号 ページ
11月4日 〔令元(ワ)4040〕 名古屋地裁 （前田亮利）	原告が被告車に気づいたのは衝突直前であったこと、原告車の右前部と被告車の左後部が衝突していることから、原告にも前方注視義務違反、安全運転義務違反の過失があるとして、過失割合を原告20％、被告80％と認めた事例 (2)　事故直後に、被告が原告車に怒鳴りながら近づき、同車運転席の横で大声をあげたうえ、同車のドアを開けようとするなど、原告らに不安を与える行動をしていたとして、原告車運転者が罹患した適応障害、原告車に同乗していたＡ（男・13歳）が罹患した変換症（転換性障害）、Ｂ（男・4歳）が罹患した心的外傷、不安神経症、不眠症、ＰＴＳＤ等について、事故及び事故後の被告とのやり取りとの間の相当因果関係を認めた事例 自動車対自動車事故・傷害（女・年齢不明・職業不明）・（男・事故時13歳・中学1年生）・（男・事故時4歳・幼稚園児）・因果関係（事故と傷害）・過失相殺	⑥ 104 1383
11月6日 〔令元(ワ)22617〕 東京地裁 （鈴木秀雄）	(1)　事故により損傷し、交換の必要を生じた洗車場の特殊機器（ジェットクリーナー・エアインフレーター。購入時期及び購入価格不明）の損害につき、中古市場価格が形成されているとみることは困難であるとしたうえで、その製造時期や販売価格に加え、事故前に特に動作不良が認められた等の具体的事情も見出せないことも考慮し、販売価格の7割相当額をもって相当因果関係のある損害と認めた事例 (2)　洗車場の特殊器具や店舗のガラスが損傷した事故による営業損害につき、損傷状況から営業上の支障が生じて一定程度、利益喪失が発生したと認められるとしたうえで、事故後1か月で店舗ガラスの修繕が終了していることや、機器の修理に要する期間が1か月程度であること等に照らし、事故後約3か月間について、月次営業利益と事故前	⑥ 105 1398

	年の月次平均営業利益の差額の7割相当額を事故と相当因果関係のある損害と認めた事例	
	自動車が駐車場内のジェットクリーナー及びエアインフレーターに接触した事故・物件損害（洗車場の特殊機器及び営業損害）	
11月10日 〔平30(ワ)244〕 横浜地裁 角井俊文 藤原和子 鈴木章太郎	(1) 被告車（普通乗用自動車）が停車中の原告車（普通乗用自動車）に追突し、原告が頸椎捻挫及び腰椎捻挫を受傷して整骨院に通院したことについて、医師が整骨院への通院を禁止しておらず、整骨院の施術内容は主にマッサージであり、一時的には症状が緩和しており、通院期間（88日間）にも照らし、整骨院利用について一応の必要性、有効性を認め、通院期間が著しく長いということもできないとしつつ、医師は整骨院への治療を指示したり、積極的に勧めておらず、原告は、整骨院の施術を受けても翌日には再度痛みを生じていたうえに、88日間の通院期間のうち約7割に相当する61日間も通院しており、事故の態様からして衝撃の程度はさほど大きくないとして、整骨院に係る治療費及び通院交通費の50％の限度で事故との相当因果関係を認めた事例 (2) 診療報酬に関し医院が1点25円、薬局が1点20円として算出していることに対し、被告が、健康保険法の診療報酬である1点10円として算出すべきであると主張する考え方は損害賠償実務において広く定着するに至っているとまではいえず、治療期間の相当性は既に考慮しており、治療費の金額が不当に高額になることもないとして、被告の主張を認めなかった事例	⑥ 106 1403
	自動車対自動車事故・傷害（女・事故時27歳・看護助手）・積極損害（治療費）・過失相殺	
11月10日 〔令元(ワ)4423〕 大阪地裁 （溝口優）	(1) 南北道路と東西道路が交わる十字路交差点において、被告運転の被告車両（普通貨物自動車）が南北道路を南進して交差点に進入しようとしたところ、原告（女・15歳・職業不明）運転の自転車が東西道路を東側から一時停止規制のある交差点に進入し、被告がブレーキをかけたが原告自転車に衝突した事故につき、北側道路から東側道路へ	⑥ 107 1422

裁判月日 （事件番号） 裁判所 （裁判官名）	要旨／索引	号数 番号 ページ
	の見とおしがよくない交差点に進入するに際し徐行しなかった被告には、徐行義務違反（道路交通法42条1号）の過失があるとし、他方、一時停止規制のある交差点に進入するに際し一時停止しなかった原告の過失は相当に重いとして、40％の過失相殺を認めた事例 (2)　事故により2日間入院し、症状固定日まで約1年間通院していた原告（女・15歳・職業不明）の傷害慰謝料について、原告の実際の入通院日（87日間）を3.5倍した304日を基準に傷害慰謝料を算定すべきとの被告主張に対し、事故の6か月後以降の通院は月2回程度にとどまっており、通院がやや少ないということはできるが、原告の通院は不定期でなく定期的に継続していたものであるから、通院期間を基準として算定するのが相当として、被告主張を採用しなかった事例 (3)　事故により右頬部挫創後の醜状障害（右眼瞼横の1.5cmの線状痕、右頬部の5×6cmの色素沈着）が残った原告（女・症状固定時16歳・職業不明）の後遺障害逸失利益について、外貌の醜状障害は身体機能の障害ではなく、一般的に労働能力を制限するものではないから、醜状障害のために後遺障害逸失利益の損害が生じたというためには、醜状障害の程度が著しく、かつ、性質上、容姿や外貌が重要視される業務に従事し、あるいは従事することが予定されていたのに、醜状障害のためにその機会が失われるなど、将来の収入が減少する蓋然性がある場合に限られるとし、本件については、原告の醜状痕の状態、飲食業の職に就いたことがあることなど、原告の就労の機会等が制限され、将来における収入が減少する蓋然性があるとは認められないとして、後遺障害逸失利益を認めなかった事例 (4)　事故により右頬部挫創後の醜状障害（右眼瞼横の1.5cmの線状痕、右頬部の5×6cmの色素沈着）が残った原告（女・症状固定時16歳・職業不明）	

の後遺障害慰謝料について、原告の後遺障害は、自動車損害賠償保障法施行令別表7級12号に該当するものであり、醜状障害が顔面部であること、症状固定時16歳の若年女性であること、多感な少年、青年期を醜状による精神的苦痛を抱えつつすごしていくと考えられることなどを考慮して、原告主張の1051万円を認めた事例

自動車対自転車事故・傷害―後遺障害（女・症状固定時16歳・職業不明）・運転者の故意・過失（運転上）・使用者の責任・消極損害（後遺障害逸失利益）・慰謝料（傷害（入通院）・後遺障害）・過失相殺

11月12日 〔平29(ワ)2001〕 神戸地裁 （大島道代）	(1) 夜間、中央分離帯があり、北行5車線の信号機による交通整理の行われている横断歩道上において、赤信号で横断を開始した被害者（男・53歳・会社員）に、法定制限速度（時速50km）を15～20km超過する速度で、対面青信号に従って走行した被告車（普通乗用自動車）が衝突した事故につき、被告車がスモーク仕様に改造されており、フォグランプが片方しか点灯していなくても、横断歩道から被告車の存在を視認することは可能であり、事故の発生は、基本的には赤信号に従わなかった歩行者である被害者の過失に起因するところが大きいとして、両者の過失割合を、被害者60%、被告40%と認めた事例 (2) 被害者（男・53歳・会社員）の死亡による逸失利益につき、①就労収入分につき、基礎収入を、60歳までの7年は事故前の年収により、60歳から64歳（ママ）までの5年間はその50%、65歳から67歳までの2年間は40%と認め、生活費控除率は、被害者が一家の支柱であったこと、同居する子は社会人として稼働していることから40%と認めて、②平均余命（80歳）までの老齢基礎年金及び老齢厚生年金につき、生活費控除率は、被害者が持ち家を有していることを考慮して40%と認めてそれぞれ算定し、③退職金差額については、定年60歳まで（7年）に対応する中間利息を控除すると、引直し後の退職金額は受領額を下回り、逸失利益は認められないとした事例 (3) 一家の支柱である被害者（男・53歳・会社員）	⑥ 108 1434

裁判月日 (事件番号) 裁判所 (裁判官名)	要旨／索引	号数 番号 ページ
	の死亡慰謝料につき、本人分として2300万円、近親者固有分として妻及び子に各200万円、非同居の母に100万円（合計2800万円）を認めた事例 (4) 事故により死亡した被害者（男・53歳・会社員）の妻が受領した遺族年金は、受給権者（妻）の損害額から控除するのが相当であるとし、過失相殺後の損害額につき損益相殺をした事例 (5) 被告車について締結された自動車保険契約の対歩行者等傷害特約に基づく保険金請求権の遅延損害金の起算日につき、同特約において、保険金請求権者が加害者に対して有する法律上の損害賠償責任の額について、原告らと被告との間で判決が確定した時から発生し、これを行使できるものとされているから、各原告らと被告との間の判決確定の日の翌日からとするのが相当と認めた事例	
	自動車対歩行者事故・死亡（男・事故時53歳・会社員）・消極損害（死亡逸失利益）・慰謝料（死亡・近親者—妻・子）・遅延損害金（起算点—対歩行者等傷害特約）・損益損害・損害の填補（遺族年金）・過失相殺・保険（任意自動車保険—対歩行者等傷害特約）	
11月16日 〔平30(ワ)38550〕 東京地裁 （島﨑卓二）	(1) 外側車線と歩道の間の幅員約1.2 mの車道を直進する原告車（普通乗用自動車、三輪のミニカー）と、進行方向右側の路外施設に入るため、右折進行した対向被告車（普通貨物自動車）とが衝突した事故につき、被告は、右折するに際し対向車線のみならず、原告車進行路を進行する車両の有無についても予見し、その動静に注視して進行すべきであるのにこれを怠り、他方、原告は、渋滞を避けて本来の走行路ではない原告車進行路を進行し、道路に沿って複数の店舗があることから路外店舗に右折又は左折進行する車両があることを予見でき、そのような車両との衝突を回避するため周囲の安全を確認し適宜減速するなどすべきであったのにこれを怠ったとし、渋滞している車列	⑥ 109 1454

の間隙を縫って対向車線から右折してくる被告車の予見が困難であったこと、原告車が三輪のミニカーで単車に近い車両であること等を考慮して、原告に20％の過失相殺を認めた事例

(2) 休業損害の算定に関し、賃金センサスと同程度の収入が得られる蓋然性はないとして、原告（男・39歳・居酒屋経営者）の事故直前の利益に固定経費を加えた額（約280万円）を基礎収入と認めた事例

(3) 原告（男・症状固定時40歳・居酒屋経営者）の後遺障害（右手の疼痛─12級13号、右母指の機能障害─10級7号、併合9級）による逸失利益の算定に関し、賃金センサスと同程度の収入が得られる蓋然性はないとし、事故後毎年180万円の役員報酬を受け取っているが、事故前年の所得（約114万円）、店舗の売上高や経費等を考慮すると、当該役員報酬全額が労務対価性を有するとはいえないとして、150万円を基礎収入とし、労働能力喪失率35％、労働能力喪失期間27年間と認めて、ライプニッツ方式によった事例

自動車対自動車事故・傷害─後遺障害（男・症状固定時40歳・居酒屋経営者）・消極損害（休業損害・後遺障害逸失利益）・過失相殺

11月18日〔令2（ワ）4024〕大阪地裁（永野公規）	(1) 被害者（男・39歳・バス運転手）の死亡逸失利益につき、定年である60歳までは、勤務先の賃金支給規定に基づき昇給及び家族給の変動分も含めて算定した収入額を基礎とし、生活費控除率を30％（妻・子3人・両親と同居）として、定年後から就労可能年数67歳までの間は、賃金センサス男性高校卒60〜64歳の平均賃金を基礎とし、当該収入で配偶者の生計を維持するものであることから生活費控除率を40％として、ライプニッツ方式により算定した事例 (2) 五差路交差点での、青色信号に従って交差点に進入した直進車（普通自動二輪車）と、信号機の規制効力の及ばない狭路の交差道路から交差点に右折進入した右折車（普通乗用自動車）との衝突事故につき、右折車に優先道路である交差道路の通行車両等の確認等を怠った極めて重い過失があ	⑥1101462

裁判月日 （事件番号） 裁判所 （裁判官名）	要旨／索引	号数 番号 ページ
	るとし、他方、直進車にも事故現場付近の防犯カメラ映像から事故時に法定最高速度（時速60kmを超える速度（時速約82～91km超）で走行していた事実が認められる等とし、直進車に15%の過失相殺を認めた事例 (3) 被害者（男・39歳・バス運転手）の死亡慰謝料につき、本人分として2000万円、近親者固有分として妻に200万円、3人の子に各100万円、同居する両親に各90万円（合計2680万円）を認めた事例	
	自動車対自動二輪車事故・死亡（男・事故時39歳・バス運転手）・消極損害（死亡逸失利益）・慰謝料（死亡・近親者─親・子・妻）・過失相殺	
11月20日 〔令元（ワ）4034〕 名古屋地裁 （安田大二郎 前田亮利 谷良美）	(1) 信号機による交通整理の行われている交差点において、南から東へ右折進行しようとした被告車（普通乗用自動車）が、交差点の東側出口に設けられた自転車横断帯上を北から南に横断していた原告自転車に衝突した事故について（双方の信号はいずれも青色）、被告車の時速は30km程度であり、右折進行車として通常の速度ではなく、また被告は原告自転車との距離が約4.9mになるまで原告自転車の存在にも気づいておらず不注意の程度は大きいが、原告は青信号で自転車横断帯上を通行していたにすぎず、軽度の右方の安全不注視が認められるとしても、被告の過失と比較して無視できるほど小さいとして、過失相殺を認めなかった事例 (2) 原告（女・54歳・主婦（有職）（新聞配達（年収約86万円）））の休業損害について、原告は、フルタイムで勤務する夫及び成年の子2人と同居し、家事を担っていたことから、賃金センサス女性学歴計全年齢平均賃金を基礎収入として算定した事例 (3) 原告（女・症状固定時55歳・主婦（有職））の	⑥ 111 1473

後遺障害（両側性片麻痺、高次脳機能障害（神経系統の機能又は精神に著しい障害を残し常に介護を要する）―別表第一第1級1号該当）による逸失利益について、賃金センサス女性学歴計全年齢平均賃金を基礎収入とし、67歳までの12年間、労働能力を100％喪失したものとして算定した事例

(4) 原告（女・症状固定時55歳・主婦（有職））の後遺障害（神経系統の機能又は精神に著しい障害を残し、常に介護を要する―別表第一第1級1号）による慰謝料につき、本人分2800万円、近親者分として夫に200万円、2人の子に各100万円（合計3200万円）を認めた事例

(5) 原告（女・症状固定時55歳・主婦（有職））の後遺障害による介護費用（施設費用）、車椅子購入費用、装具購入費用及び福祉車両費用の算定例

(6) 原告（女・症状固定時55歳・主婦（有職））の成年後見費用に関し、原告の成年後見人は夫であり、経済的同一性が認められるから、その報酬は事故による損害とはいえないとする被告の主張について、基準となるのは原告本人の財産であり、これが減少した以上は原告に損害が生じているとして、被告の主張を認めなかった事例

(7) 原告（女・症状固定時55歳・主婦（有職））の夫及び2人の子は今後も週3～4回の頻度で継続的に原告が入所している施設に見舞いに行く予定であるとの原告の主張について、将来の見舞いの頻度を現時点で予測することは困難であるが、少なくとも原告の夫及び2人の子のうちの1人が週1回の頻度で見舞いに行く蓋然性があるとして、近親者の固有慰謝料とは別に、将来分の見舞人交通費を認めた事例

(8) 弁護士費用に関し、原告が訴訟提起前に自賠責保険金の被害者請求をしていないことなどから事故と相当因果関係にあるのは認容額の5％を超えないとする被告の主張に対し、被害者請求をするか否かは原告の選択に委ねられており、実務的に、任意保険の保険者の一括払いがあることも考慮すると、被害者請求をしていないことをもって弁護士費用を減額することは相当でないとした事例

裁判月日 （事件番号） 裁判所 （裁判官名）	要旨／索引	号数 番号 ページ
	自動車対自転車事故・傷害―後遺障害（女・症状固定時55歳・主婦（有職））・積極損害（将来の付添介護費・交通費・弁護士費用・車椅子購入費用・装具購入費用・福祉車両費用・成年後見費用）・消極損害（休業損害）・慰謝料（後遺障害・近親者―夫・子）・過失相殺	
11月24日 〔平31（ワ）366〕 さいたま地裁 （吉村美夏子）	(1)　信号機による交通整理が行われていない丁字路交差点において、直進の被告車（普通自動二輪車）が右方向の交差道路から自転車を押しながら横断していた原告（男・65歳・給与所得者）に衝突した事故につき、被告には前方・左右を注視すべき義務を怠って漫然と時速約50kmで運転した過失がある一方、原告には十分な安全確認をせず横断歩道から離れたところを横断した過失があるとして、過失割合を原告30％対被告70％と認めた事例 (2)　事故により急性硬膜下血腫等を受傷し、埼玉県内の医療機関に入院している原告（男・65歳・給与所得者）を見守るための駆け付け費用につき、秋田県、横浜市、静岡県在住の親族らが事故後約1か月間に複数回来院したことに伴う交通費・宿泊費・休業補償・諸費用（合計60万1127円）は、被告もその金額を確認していること、また、身近に原告の世話ができる者がいないこと等を理由として事故による損害と認めた事例	⑥ **112** 1483
	自動二輪車対歩行者事故・傷害―後遺障害（男・症状固定時66歳・給与所得者）・積極損害（駆け付け費用）・過失相殺	
11月25日 〔令元（ワ）17768〕 東京地裁 （田野井蔵人）	(1)　夜間、片側1車線道路上で、単独事故により転倒した原動機付自転車の運転者A（男・38歳・職業不明）が路上で横臥していたところ、直進してきた被告車（普通乗用自動車）が原動機付自転車に衝突した後、Aにも衝突したか否かにつき、Aの成傷機序と被告車の走行状況が整合すること、Aの単独事故や第三者の車両等による死亡の可能	⑥ **113** 1493

性はないこと、被告車に真新しい人体組織片や血痕が付着していたことに基づき、被告車がAにも衝突した事実を認めた事例

(2) 夜間、街灯等がなく視認状況が悪い片側1車線道路上において、単独事故により転倒し路上に横臥していた原動機付自転車の運転者A（男・38歳・職業不明）に、直進してきた被告車（普通乗用自動車）が衝突した事故につき、被告には前照灯をロービームにしたうえで、その照射範囲に応じた安全な速度に減速せず、最高速度を時速20km超過する時速約70kmで進行し、前方を注視せず進路の安全確認不十分のまま進行した過失があるとしたうえで、Aにも単独事故により路上に転倒していた過失があるとして、過失割合をA 30%対被告70%と認めた事例

自動車対歩行者事故・死亡（男・事故時38歳・職業不明）・運転者の故意・過失（自動車運転者―運転上）・因果関係（事故の発生について）・過失相殺

| 11月25日 平29(ワ)5637 平30(ワ)10052 大阪地裁 石丸将利 溝口優 須藤奈未 | (1) 交通事故により右脛骨高原骨折及び右腓骨頭骨折、非器質性精神障害（14級相当の後遺障害が残存）の傷害を負った被害者（女・57歳・パチンコ店の清掃業務等に従事）につき、被害者が事故による入院中に勤務先を退職しているところ、その退職は、事故により清掃の業務に従事できなかったためであると推認され、事故と退職との間には相当因果関係があるうえ、退職をもって、退職日の翌日以降は休業損害が発生しないということになるわけではないとして入院期間（125日）は100%、症状固定日までの通院期間（1115日）は平均して35%の割合で休業損害を認めた事例 (2) 生活保護費は困窮のため最低限度の生活を維持することのできない者に対して給付されるものであって休業補償の性質を有するものでないうえ、交通事故の被害者が事故により休業を余儀なくされ、生活保護を受けるに至った場合、そのことにより加害者が賠償を免れるべき理由はないから、被害者が生活保護を受給したからといって、被害者に休業損害が生じないとはいえないとした事例 (3) 被害者（女・症状固定時59歳・パチンコ店の清 | ⑥ 114 1505 |

265

裁判月日 （事件番号） 裁判所 （裁判官名）	要旨／索引	号数 番号 ページ
	掃業務等に従事）の後遺障害（非器質性精神障害―14級）による逸失利益につき、労働能力喪失割合5％、労働能力喪失期間10年として算定した事例	
	自動車どうしの衝突事故による衝撃で跳ね飛ばされた車と歩行者が衝突した事故・傷害―後遺障害（女・症状固定時59歳・パチンコ店の清掃業務等）・消極損害（休業補償・後遺障害逸失利益）	
11月26日 〔平30（ワ）4440〕 東京地裁 （中村さとみ 田野井蔵人 齊藤恒久）	(1)　道路上に車両を駐車して、長さ約2mのアクリル板の荷下ろし作業をしていたXの右側を通過しようとしたY運転の被告車（普通乗用自動車）が、アクリル板に接触したうえXに接触した事故につき、YにはXがアクリル板を動かすことを予見し、徐行するとともに、アクリル板との間隔を保持しながら進行すべき注意義務を怠った過失があり、他方、Xにおいてもアクリル板を被告車に接触させないよう注意すべき義務を怠った過失があるとして、過失割合をX 40％、Y 60％と認めた事例 (2)　X（男・症状固定時65歳・一人会社である有限会社代表）の後遺障害（両上下肢の弛緩性麻痺―2級1号該当）による逸失利益について、自ら自動車を運転して荷物を配送する業務に従事して得ていた事故前年の年収300万円を基礎に労働能力喪失率100％、症状固定後7年間についてライプニッツ方式により算定した事例 (3)　X（男・症状固定時65歳・一人会社である有限会社代表）の将来介護費（後遺障害等級2級1号）につき、口頭弁論終結時までは、職業介護分（自己負担分72万4628円）及び近親者介護分（1日当たり平均3000円を基礎に3年分（298万1904円））を認め、口頭弁論終結後は、1日当たり1万3000円を基礎に、平均余命である19年に対応するライプニッツ係数から口頭弁論終結時までの3年に対応するライプニッツ係数を控除して算定した	⑥ 115 1531

	額（4442万3164円）（以上の将来介護費合計4812万9696円）を認めた事例	
	車外で作業中の被害者が転倒し、自動車に衝突した事故・傷害―後遺障害（男・症状固定時65歳・一人会社である有限会社代表）・積極損害（将来の付添介護費）・消極損害（後遺障害逸失利益）・過失相殺	
11月27日〔令元（ワ）7930〕大阪地裁（溝口優）	(1) 片側2車線道路の第2車線を走行していた被告車（普通乗用自動車）が、前方交差点に右折待ち車両がいたため、第1車線を走行していた原告車（普通乗用自動車）に後続して第1車線に進路変更しようとしたところ、原告車が前方左折車両に続いて左折すべく減速し交差点手前でほぼ停止状態になったため、被告車の左前部が原告車の右側面後部に接触した事故につき、原告車の動静を見誤った被告の過失を主因としつつ、原告車の前方左折車両は必要以上に減速しておらず、原告車との車間距離も確保されていたことから、被告において原告車が前方左折車両と同等の速度で進行すると想定することはやむを得ないとし、原告にも道路交通法70条違反の過失があるとして、10%の過失相殺を認めた事例 (2) 原告車（マセラッティクワトロポルテ）の代車費用のうち、日額単価について、外国産高級車に相応のクラスの代車（ジープラングラー）を使用することが不相当とはいえず、国産車でもレンタカー料金が2万円を上回る場合があるとして日額2万3760円を認める一方、使用期間については、軽微な損傷状況や修理内容を踏まえると部品待ちの期間は代車使用の必要性はないとし、見積りに必要な3日間と実修理期間1週間の合計10日間に限り事故との相当因果関係を認めた事例	⑥116 1549
	自動車対自動車事故・物件損害（車両損害―修理費）・過失相殺	
	(1) 被告が運転する被告車（普通乗用自動車）が道路左側の防音壁に衝突した後、対向車線に進入し、同車線を進行してきた軽自動車と衝突した衝撃により、被告車助手席にシートベルトを着用せず同乗していたAが、車外に投げ出されて死亡した事	

裁判月日 （事件番号） 裁判所 （裁判官名）	要旨／索引	号数 番号 ページ
11月27日 〔令2（ワ）2〕 岡山地裁 倉敷支部 （川原田貴弘）	故において、①被告にもAにシートベルトを着用させる義務があるのにこれを怠ったこと、被告の過失自体が自動車運転者としての基本的な注意義務を怠る重大なものであることなど一切の事情に鑑みると、Aがシートベルトを着用していなかったことをもって、過失相殺を行うことが相当とはいえず、②また、Aが、被告の運転技術が未熟であることを知っていたにもかかわらずシートベルトの装着を怠っていることや、本件事故が、Aが通う自動車教習所に向けて、被告がAを送り届けようとした際に発生したものであるという事情があるからといって、Aにおいて、被告が危険な運転をすることを容認していたとは認められないとして、過失相殺を認めなかった事例 (2)　A（男・19歳・短大1年生）の死亡による逸失利益算定において、独身であることから生活費控除率を50%とするのが相当であり、就労可能期間中にほとんどが婚姻し、子供を養育する蓋然性が高いから、生活費控除率を30%とすべきとの原告ら主張は、その蓋然性を認めるに足りないとして採用しなかった事例 (3)　A（男・19歳・短大1年生）の死亡による慰謝料につき、本人分として2100万円、近親者固有分として養父と実母に各200万円、合計2500万円を認めた事例	⑥ 117 1554
	衝突の衝撃で車外に投げ出された同乗者が死亡した事故・死亡（男・事故時19歳・短大1年生）・消極損害（死亡逸失利益）・慰謝料（死亡・近親者―親）・同乗者の過失	
11月30日 〔令元（ワ）2100〕 名古屋地裁 （前田亮利）	(1)　停車中の原告車（普通貨物自動車）が被告車（普通乗用自動車）に追突された事故による原告（男・年齢不明・会社員）の受傷の有無につき、頚椎捻挫、腰椎捻挫、左膝挫傷については、事故当日に医療機関を受診し、初診時に頚椎から腰椎及び左	⑥ 118 1563

膝のレントゲン検査を希望し、医師に対して膝を
ダッシュボードにぶつけた旨述べていること等を
理由として、事故による受傷を認める一方、反応
性うつ病については、事故前から継続的に心療内
科に通院しており、事故前後を通じ通院頻度に変
化がないことや通院時の訴えは会社・仕事への不
満や業務の繁忙感が多くみられる点などを理由と
して、事故がなくとも同種・同程度の通院治療が
行われていたものと認められるとして、事故との
間の相当因果関係を認めなかった事例
(2) パニック障害、不安等の精神疾患の既往を理由
とする素因減額につき、心療内科への通院は事故
と相当因果関係が認められず、整形外科について
も事故後5か月弱までであり、既往の精神疾患の
ために治療が長引いたとは認められないとして、
素因減額を認めなかった事例
(3) 休業損害につき、傷病休暇（有給）は負傷・病
気のため療養する必要がある場合に限って取得で
きるものであり、時季を指定して使用できる年次
有給休暇とは異なり、傷病休暇の取得によって年
次有給休暇を使用した場合と同様の財産的損害が
あったとみることは困難だとして、傷病休暇の取
得日分として支給された給与の金額分の休業損害
を認めなかった事例

自動車対自動車事故・傷害（男・年齢不明・会社員）・
因果関係（事故と傷害）・素因減額（心因的）・消極
損害（休業損害―傷病休暇）

12月14日 〔平30(ワ)3292〕 名古屋地裁 （中町翔）	(1) 歩道と車道の間にガードパイプが設置されてい た片側3車線の国道をガードパイプの隙間を通っ て横断しようとした被害者（女・22歳・無職、統 合失調症のため医療保護入院中）に加害車（中型 貨物自動車）が衝突した事故について、加害車運 転者には事故直前に地図を見ていたために被害者 の発見が遅れた前方不注視の過失あるが、被害者 にも道路の横断を開始するにあたり加害車の存在 及びその動静に何ら注意を払っておらず、その不 注意の程度は著しく、被害者と加害車運転者の過 失の程度は同程度であるとして、50％の過失相殺 を認めた事例	⑥ 119 1574

裁判月日 （事件番号） 裁判所 （裁判官名）	要旨／索引	号数 番号 ページ
	(2)　被害者が統合失調症による幻聴・幻視のため自殺目的で加害車の直前に飛び込んだとの加害車運転者の主張について、医療保護入院前・入院中の状態に照らして被害者に自殺企図があったとは認められず、被害者が統合失調症により自殺目的で事故現場の道路に飛び込んだと推認することはできないとした事例 (3)　被害者（女・症状固定時24歳・無職、統合失調症のため医療保護入院中）の後遺障害（現存障害として、高次脳機能障害―5級2号、脊柱の変形障害―11級7号、体幹骨（鎖骨及び骨盤骨）の変形障害―併合11級、併合4級。既存障害として中学生の頃から加療継続中の統合失調症がある）による逸失利益の算定例―基礎収入を症状固定時の賃金センサス女性・学歴計・全年齢平均賃金とし、労働能力喪失率については、自賠責の後遺障害等級認定では既存障害が9級と判断されているところ、被害者の統合失調症は治療期間が長く症状の程度も重いとして、既存障害は7級4号にあたると認め、現存障害の併合4級に相当する92%から既存障害7級4号に相当する56%を控除した36%を労働能力喪失率として、24歳から67歳までの43年間についてライプニッツ方式により算定した事例 (4)　被害者（女・症状固定時24歳・無職、統合失調症のため医療保護入院中）の後遺障害（現存障害として、高次脳機能障害―5級2号、脊柱の変形障害―11級7号、体幹骨（鎖骨及び骨盤骨）の変形障害―併合11級、併合4級。既存障害として中学生の頃から加療継続中の統合失調症がある）による慰謝料の算定例―被害者の現存障害である併合4級と既存障害である7級4号の一般的な慰謝料差額は670万円程度であるが、併合4級は重度な後遺障害であること、被害者の現存障害には統合失調症とは系列を異にする脊柱及び体幹骨の変形障害が含まれていることなどを考慮し、670万円	

	を1割程度増額した740万円と認めた事例	
	自動車対歩行者事故・傷害―後遺障害（女・症状固定時24歳・無職）・運転者等の故意・過失（運転上）・因果関係（事故と傷害）・消極損害（後遺障害逸失利益）・後遺障害の認定（後遺障害程度の認定）・慰謝料（後遺障害）・過失相殺	
12月22日 〔令2（ワ）17032〕 東京地裁 （中村さとみ）	(1) 信号機により交通整理の行われていない丁字路交差点において、直進する加害車（路線バス）と加害車走行道路を歩行横断しようとした被害者（男・7歳・小学1年生）とが衝突した事故につき、横断歩行者の有無を十分に確認することなく、被害者の存在に全く気づかないまま漫然と時速25ないし30kmで交差点を直進した加害車運転者には、路線バスの運転手として極めて重大な過失があり、他方、一時停止規制のある突き当たり路から小走りで横断を開始した被害者の過失も小さくはないとして15%の過失相殺を認めた事例 (2) 被害者（男・7歳・小学1年生）の死亡慰謝料につき、本人分として2100万円、近親者固有分として、離婚して被害者と2人暮らしをしていた母に300万円、再婚して被害者と同居していなかった父に100万円（合計2500万円）を認めた事例	⑥ 120 1599
	自動車対歩行者事故・死亡（男・事故時7歳・小学1年生）・慰謝料（死亡・近親者―親）・過失相殺	
12月25日 〔令元（ワ）25219 令元（ワ）35597〕 東京地裁 （小沼日加利）	(1) 高速道路のサービスエリア内の駐車区画に空きがなく、本線へ合流する加速車線上の路肩に寄せて停車したのちに発進し、本線第1車線への合流を完了して走行していたA車（大型貨物自動車）の後部右側に、同車線を直進してきたB車（大型貨物自動車）の前部左側が衝突した事故について、A車には高速道路上の駐停車禁止義務に違反したうえ、十分な加速をしないまま本線第1車線に進入して法定最低速度50kmを大きく下回る速度（時速15〜17km）で同車線を走行させた過失があり、他方B車もA車を事故前の1秒前後に発見しており著しい前方不注視があったといえるとして、両者の過失割合をA車70%、B車30%と認めた事例 (2) 割賦販売契約によって買い受けた自動車に生じ	⑥ 121 1606

裁判月日 （事件番号） 裁判所 （裁判官名）	要旨／索引	号数 番号 ページ
	た車両損害について、同契約では販売物件に生じた滅失毀損の危険は買受人が負担する旨合意されていたとして、買受け自動車の車両損害は買受人に帰属すると認めた事例	
	自動車対自動車事故・物件損害（車両損害—帰属）・過失相殺	

裁判所別索引

目　次

1　最高裁 ——————————————————————— 274

2　高　裁 ——————————————————————— 274
　仙台高裁 ·· 274

3　地　裁 ——————————————————————— 274
　東京地裁 ·· 274
　横浜地裁 ·· 275
　さいたま地裁 ·· 275
　大阪地裁 ·· 276
　京都地裁 ·· 277
　神戸地裁 ·· 277
　名古屋地裁 ·· 278
　金沢地裁 ·· 278
　岡山地裁 ·· 278
　札幌地裁 ·· 278

1　最高裁

（1小）　　　　　　　　　　　　　　　　　　　　　　　＜号数＞　＜番号＞　＜ページ＞

7月9日判決　　　　　平30（受）1856 ·················· ④ ······ 61 ··········· 815

（2小）

2月28日判決　　　　平30（受）1429 ·················· ① ······ 2 ·········· 14

（3小）

1月21日判決　　　　平30（受）1711 ·················· ① ······ 1 ··········· 1

2　高　裁

仙台高裁

1月15日判決　　　　令元（ネ）299 ················ ⑥ ······ 2の2 ····· 1618

3　地　裁

東京地裁

2月21日判決　　　　平31（ワ）720
　　　　　　　　　　　　　　　7716 ···················· ① ······ 16 ··········· 240

2月21日判決　　　　平31（ワ）3217 ·················· ① ······ 17 ··········· 252

3月3日判決　　　　　平30（ワ）7894 ·················· ② ······ 22 ··········· 323

3月9日判決　　　　　平30（ワ）5347 ·················· ② ······ 23 ··········· 337

3月10日判決　　　　平29（ワ）40227
　　　　　　　　　　令元（ワ）27283 ·················· ② ······ 24 ··········· 346

3月10日判決　　　　平30（ワ）3209 ·················· ② ······ 25 ··········· 357

3月13日判決　　　　平30（ワ）33078
　　　　　　　　　　　　　　　34933 ·················· ② ······ 28 ··········· 389
　　　　　　　　　　令元（ワ）11633

3月27日判決　　　　平30（ワ）34527 ················· ② ······ 36 ··········· 502

5月29日判決　　　　平30（ワ）27479 ················· ③ ······ 43 ··········· 596

6月12日判決　　　　平30（ワ）29882 ················· ③ ······ 47 ··········· 655

6月15日判決　　　　平30（ワ）18262 ················· ③ ······ 49 ··········· 676

6月23日判決　　　　平30（ワ）24282 ················· ③ ······ 57 ··········· 779

6月23日判決　　　　平31（ワ）253 ··················· ③ ······ 58 ··········· 788

6月24日判決　　　　令元（ワ）14092 ················· ③ ······ 59 ··········· 795

7月22日判決　　　　平30（ワ）38770
　　　　　　　　　　平31（ワ）9038 ················· ④ ······ 67 ··········· 932

7月２２日判決	令元（ワ）22417	④	68	944
１０月６日判決	平29（ワ）29789	⑤	89	1183
１０月２１日判決	平30（ワ）39306	⑤	93	1259
１０月２９日判決	平31（ワ）2982	⑤	98	1317
１０月３０日判決	令元（ワ）21581	⑤	100	1349
１１月４日判決	平31（ワ）7981	⑥	103	1374
１１月６日判決	令元（ワ）22617	⑥	105	1398
１１月１６日判決	平30（ワ）38550	⑥	109	1454
１１月２５日判決	令元（ワ）17768	⑥	113	1493
１１月２６日判決	平30（ワ）4440	⑥	115	1531
１２月２２日判決	令2（ワ）17032	⑥	120	1599
１２月２５日判決	令元（ワ）25219 35597	⑥	121	1606

横浜地裁

1月9日判決	平29（ワ）5185	①	3	35
2月１０日判決	平30（ワ）1433	①	10	143
3月１９日判決	平29（ワ）3774 平30（ワ）610	②	29	399
3月２６日判決	平30（ワ）1647 2924	②	33	470
5月２８日判決	平30（ワ）1284	③	42	582
7月２０日判決	平30（ワ）3285 3662	④	66	916
9月２８日判決	令元（ワ）1909	⑤	88	1175
１０月２２日判決	平30（ワ）4093 4152	⑤	95	1278
１１月１０日判決	平30（ワ）244	⑥	106	1403

さいたま地裁

2月7日判決	平30（ワ）1211	①	9	133
3月２４日判決	令元（ワ）1784 2975	②	31	439
3月２７日判決	平30（ワ）2140	②	37	516
6月１６日判決	令元（ワ）2580	③	51	700
１０月３０日判決	平31（ワ）705	⑤	101	1358
１１月２４日判決	平31（ワ）366	⑥	112	1483

大阪地裁

1月28日判決	平30(ワ)2116	①	6	75
2月5日判決	平30(ワ)867 6775	①	8	117
2月12日判決	平28(ワ)11560	①	11	157
2月26日判決	平30(ワ)2937	①	18	261
2月28日判決	平30(ワ)8440	①	20	298
3月2日判決	平29(ワ)1198	②	21	313
3月10日判決	平30(ワ)10907 令元(ワ)11661	②	26	364
3月12日判決	平30(ワ)10616 平31(ワ)1473	②	27	372
3月19日判決	平30(ワ)6184 7107	②	30	420
3月26日判決	平30(ワ)6394 平31(ワ)253	②	34	479
3月26日判決	平30(ワ)10978	②	35	489
3月30日判決	平29(ワ)11239	②	38	523
3月31日判決	平30(ワ)10707	②	39	543
6月10日判決	平29(ワ)9149	③	45	630
6月18日判決	令元(ワ)5801	③	54	736
7月30日判決	令元(ワ)3978	④	69	955
8月19日判決	平30(ワ)7813	④	71	973
8月25日判決	平30(ワ)10767 令元(ワ)8888	④	74	995
8月27日判決	平31(ワ)2004	④	75	1006
8月28日判決	平29(ワ)8532 平30(ワ)88	④	77	1038
9月2日判決	平30(ワ)6755	⑤	79	1063
9月8日判決	平30(ワ)10774	⑤	81	1076
9月11日判決	平30(ワ)6477	⑤	82	1092
9月11日判決	平31(ワ)657 令元(ワ)5001	⑤	83	1102
9月24日判決	平30(ワ)7645 令元(ワ)6408	⑤	85	1123

９月２５日判決	平30(ワ)7444 ……………………	⑤ ……	86 ………	1135
９月２５日判決	平30(ワ)11170 ……………………	⑤ ……	87 ………	1166
１０月２９日判決	平30(ワ)3062 ……………………	⑤ ……	99 ………	1323
１１月２日判決	令元(ワ)6995 ……………………	⑥ ……	102 ………	1365
１１月１０日判決	令元(ワ)4423 ……………………	⑥ ……	107 ………	1422
１１月１８日判決	令２(ワ)4024 ……………………	⑥ ……	110 ………	1462
１１月２５日判決	平29(ワ)5367 平30(ワ)10052	⑥ ……	114 ………	1505
１１月２７日判決	令元(ワ)7930 ……………………	⑥ ……	116 ………	1549

京都地裁

２月１９日判決	平31(ワ)1255 ……………………	① ……	14 ……	205
６月１７日判決	平30(ワ)717 ……………………	③ ……	52 ……	705
６月２４日判決	平30(ワ)3797 ……………………	③ ……	60 ……	801
１０月６日判決	平30(ワ)1877 ……………………	⑤ ……	90 ……	1201
１０月２８日判決	平31(ワ)927 ……………………	⑤ ……	97 ……	1304

神戸地裁

２月１４日判決	平31(ワ)212 ……………………	① ……	13 ………	190
２月２０日判決	平30(ワ)110 ……………………	① ……	15 ………	215
２月２７日判決	平30(ワ)221 ……………………	① ……	19 ………	280
６月４日判決	平30(ワ)1907 平31(ワ)58	③ ……	44 ……	617
６月１１日判決	平30(ワ)1740 ……………………	③ ……	46 ……	642
６月１５日判決	平30(ワ)1893 ……………………	③ ……	50 ……	688
６月１８日判決	平29(ワ)1687 平30(ワ)1774	③ ……	55 ……	744
６月１８日判決	平31(ワ)113 ……………………	③ ……	56 ……	757
７月１６日判決	平31(ワ)122 ……………………	④ ……	64 ……	894
８月２４日判決	平30(ワ)682 ……………………	④ ……	72 ……	979
８月２７日判決	平30(ワ)1023 ……………………	④ ……	76 ……	1022
９月１１日判決	令元(ワ)1304 ……………………	⑤ ……	84 ……	1113
１０月８日判決	平30(ワ)1599 令元(ワ)2131	⑤ ……	92 ……	1237
１１月１２日判決	平29(ワ)2001 ……………………	⑥ ……	108 ………	1434

名古屋地裁

1月14日判決　平30(ワ)3606　……………………… ①　…… 4　…………… 57
　　　　　　　　令元(ワ)2554

1月15日判決　平30(ワ)4892　……………… ①　…… 5　…………… 66

1月28日判決　平28(ワ)4426　……………… ①　…… 7　…………… 86

2月12日判決　平28(ワ)5372　……………… ①　…… 12　　　　1174

3月25日判決　平29(ワ)2268　……………… ②　…… 32　　　　452

5月27日判決　平30(ワ)1774　……………… ③　…… 40　…………… 565

5月27日判決　平31(ワ)818　……………………… ③　…… 41　…………… 575
　　　　　　　　342

6月12日判決　平30(ワ)4683　……………… ③　…… 48　…………… 662

6月17日判決　平29(ワ)2349　……………… ③　…… 53　…………… 722

7月1日判決　平30(ワ)4980　……………… ④　…… 62　…………… 851

7月14日判決　平27(ワ)4394　……………… ④　…… 63　…………… 872

7月17日判決　平29(ワ)694　………………… ④　…… 65　…………… 903

7月31日判決　平29(ワ)3424　……………… ④　…… 70　…………… 961

9月4日判決　令元(ワ)3421　……………… ④　…… 80　…………… 1070

10月7日判決　平29(ワ)4005　……………… ⑤　…… 91　…………… 1209

10月21日判決　令元(ワ)3929　……………… ⑤　…… 94　…………… 1272

10月23日判決　令元(ワ)2869　……………… ⑤　…… 96　…………… 1296

11月4日判決　令元(ワ)4040　……………… ⑥　…… 104　…………… 1383

11月20日判決　令元(ワ)4034　……………… ⑥　…… 111　…………… 1473

11月30日判決　令元(ワ)2100　……………… ⑥　…… 118　…………… 1563

12月14日判決　平30(ワ)3292　……………… ⑥　…… 119　…………… 1574

名古屋地裁岡崎支部

8月6日判決　平31(ワ)46　……………………… ⑥　…… 70の2　… 1629
　　　　　　　133

10月15日判決　平31(ワ)46　……………………… ⑥　…… 92の2　… 1643

金沢地裁

8月31日判決　平28(ワ)439　……………… ④　…… 78　…………… 1046

岡山地裁

岡山地裁倉敷支部

11月27日判決　令2(ワ)2　……………………… ⑥　…… 117　…………… 1554

札幌地裁

8月24日判決　令2(レ)29　……………………… ④　…… 73　…………… 990

後遺障害の
部位・等級別索引

目　次

1　部位別

1　頭・顔面部（眼、耳、鼻、口を除く）・頸部 ………………………………… 281

2　眼 ……………………………………………………………………………………… 281

3　口 ……………………………………………………………………………………… 281

4　胸・腹・腰部・臓器（外生殖器を含む） …………………………………… 282

5　体幹（せき柱及びその他の体幹骨） ………………………………………… 282

6　上　肢 ……………………………………………………………………………… 282

7　下　肢 ……………………………………………………………………………… 283

8　精神・神経系統 ……………………………………………………………………… 283

2　等級別

◆1級 ……………………………………………………………………………………… 284

・1級1号 ……………………………………………………………………………… 284

◆2級 ……………………………………………………………………………………… 284

・2級1号 ……………………………………………………………………………… 284

◆3級 ……………………………………………………………………………………… 284

・3級3号 ……………………………………………………………………………… 284

◆4級 ……………………………………………………………………………………… 284

・併合4級〔5級2号／11級7号／併合11級〕 …………………………………… 284

◆5級 ……………………………………………………………………………………… 284

・5級5号 ……………………………………………………………………………… 284

◆7級 ……………………………………………………………………………………… 284

・7級12号 …………………………………………………………………………… 284

◆8級 ……………………………………………………………………………………… 284

・8級相当 …………………………………………………………………………… 284

・併合8級〔9級10号／併合9級〕 ………………………………………………… 284

・併合8級〔9級16号／12級／14級2号〕 ……………………………………… 284

◆9級 ……………………………………………………………………………………… 284

・9級10号 …………………………………………………………………………… 284

・9級11号 …………………………………………………………………………… 285

・9級16号相当 ……………………………………………………………………… 285

・併合9級〔9級16号／14級9号〕 ………………………………………………… 285

・併合 9 級〔10級 7 号／12級13号〕……………………………………………………… 285
・併合 9 級〔10級 8 号／12級 6 号／12級13号〕……………………………………… 285
・併合 9 級〔10級10号／10級11号〕……………………………………………………… 285
・併合 9 級〔10級11号／12級／14級 5 号〕……………………………………………… 285
◆10級 ……………………………………………………………………………………………… 285
　・10級10号相当 ……………………………………………………………………………… 285
　・併合10級 ……………………………………………………………………………………… 285
◆11級 ……………………………………………………………………………………………… 285
　・11級 7 号 ……………………………………………………………………………………… 285
　・併合11級〔11級 1 号／14級 9 号〕……………………………………………………… 285
　・併合11級〔11級 7 号／14級 9 号〕……………………………………………………… 285
　・併合11級〔12級12号／12級13号〕……………………………………………………… 285
◆12級 ……………………………………………………………………………………………… 285
　・12級相当 ……………………………………………………………………………………… 285
　・12級 5 号 ……………………………………………………………………………………… 286
　・12級 6 号 ……………………………………………………………………………………… 286
　・12級 7 号 ……………………………………………………………………………………… 286
　・12級 8 号 ……………………………………………………………………………………… 286
　・12級13号 ……………………………………………………………………………………… 286
　・12級14号 ……………………………………………………………………………………… 286
　・併合12級〔12級13号／14級 9 号〕……………………………………………………… 286
◆13級 ……………………………………………………………………………………………… 286
　・13級 6 号 ……………………………………………………………………………………… 286
◆14級 ……………………………………………………………………………………………… 286
　・14級 ………………………………………………………………………………………… 286
　・14級相当 ……………………………………………………………………………………… 286
　・14級 9 号 ……………………………………………………………………………………… 286
◆非該当 …………………………………………………………………………………………… 287

1 部 位 別

1 頭・顔面部（眼、耳、鼻、口を除く）・頸部

			<号数>	<番号>	<ページ>
横浜地裁	2 月 10 日	平 30（ワ）1433	①	10	143
神戸地裁	2 月 20 日	平 30（ワ）10	①	15	215
東京地裁	2 月 21 日	平 31（ワ）3217	①	17	252
大阪地裁	3 月 19 日	平 30（ワ）6184 7107	②	30	420
横浜地裁	3 月 26 日	平 30（ワ）1647 2924	②	33	470
東京地裁	3 月 27 日	平 30（ワ）34527	②	36	502
大阪地裁	3 月 30 日	平 29（ワ）11239	②	38	523
大阪地裁	3 月 31 日	平 30（ワ）10707	②	39	543
神戸地裁	6 月 11 日	平 30（ワ）1740	③	46	642
神戸地裁	6 月 18 日	平 29（ワ）1687 平 30（ワ）1774	③	55	744
京都地裁	6 月 24 日	平 30（ワ）3797	③	60	801
最高裁（1 小）	7 月 9 日	平 30（受）1856	④	61	815
名古屋地裁	7 月 14 日	平 27（ワ）4394	④	63	872
名古屋地裁	7 月 17 日	平 29（ワ）694	④	65	903
名古屋地裁	7 月 31 日	平 29（ワ）3424	④	70	961
大阪地裁	8 月 19 日	平 30（ワ）7813	④	71	973
大阪地裁	9 月 11 日	平 30（ワ）6477	⑤	82	1092
東京地裁	10 月 21 日	平 30（ワ）39306	⑤	93	1259
大阪地裁	11 月 10 日	令元（ワ）4423	⑥	107	1422
名古屋地裁	11 月 20 日	令元（ワ）4034	⑥	111	1473
さいたま地裁	11 月 24 日	平 31（ワ）366	⑥	112	1483
名古屋地裁	12 月 14 日	平 30（ワ）3292	⑥	119	1574

2 眼

名古屋地裁	1 月 28 日	平 28（ワ）4426	①	7	86
神戸地裁	2 月 20 日	平 30（ワ）110	①	15	215
東京地裁	10 月 21 日	平 30（ワ）39306	⑤	93	1259

3 口

大阪地裁	3 月 30 日	平 29（ワ）11239	②	38	523

4　胸・腹・腰部・臓器（外生殖器を含む）

大阪地裁	1 月 28 日	平 30（ワ）2116	①	…… 6 …………	75
横浜地裁	3 月 19 日	平 29（ワ）3774 平 30（ワ）610	②	…… 29 …………	399
東京地裁	3 月 27 日	平 30（ワ）34527	②	…… 36 …………	502
京都地裁	6 月 17 日	平 30（ワ）717	③	…… 52 …………	705
京都地裁	6 月 24 日	平 30（ワ）3797	③	…… 60 …………	801
大阪地裁	8 月 19 日	平 30（ワ）7813	④	…… 71 …………	973
神戸地裁	8 月 24 日	平 30（ワ）682	④	…… 72 …………	979
金沢地裁	8 月 31 日	平 28（ワ）439	④	…… 78 …………	1046

5　体幹（せき柱及びその他の体幹骨）

大阪地裁	2 月 12 日	平 28（ワ）11560	①	…… 11 …………	157
大阪地裁	3 月 31 日	平 30（ワ）10707	②	…… 39 …………	543
京都地裁	6 月 17 日	平 30（ワ）717	③	…… 52 …………	705
名古屋地裁	12 月 14 日	平 30（ワ）3292	⑥	…… 119 …………	1574

6　上　肢

大阪地裁	2 月 5 日	平 30（ワ）867 （ワ）6775	①	…… 8 …………	117
大阪地裁	3 月 2 日	平 29（ワ）1198	②	…… 21 …………	313
東京地裁	3 月 9 日	平 30（ワ）5347	②	…… 23 …………	337
横浜地裁	3 月 26 日	平 30（ワ）1647 （ワ）2924	②	…… 33 …………	470
横浜地裁	5 月 28 日	平 30（ワ）1284	③	…… 42 …………	582
大阪地裁	6 月 10 日	平 29（ワ）9149	③	…… 45 …………	630
東京地裁	6 月 12 日	平 30（ワ）29882	③	…… 47 …………	655
東京地裁	6 月 15 日	平 30（ワ）18262	③	…… 49 …………	676
神戸地裁	6 月 15 日	平 30（ワ）1893	③	…… 50 …………	688
名古屋地裁	6 月 17 日	平 29（ワ）2349	③	…… 53 …………	722
東京地裁	6 月 23 日	平 30（ワ）24282	③	…… 57 …………	779
名古屋地裁	7 月 17 日	平 29（ワ）694	④	…… 65 …………	903
大阪地裁	8 月 27 日	平 31（ワ）2004	④	…… 75 …………	1006
金沢地裁	8 月 31 日	平 28（ワ）439	④	…… 78 …………	1046
大阪地裁	9 月 8 日	平 30（ワ）10774	⑤	…… 81 …………	1076
大阪地裁	9 月 11 日	平 30（ワ）6477	⑤	…… 82 …………	1092
東京地裁	11 月 16 日	平 30（ワ）38550	⑥	…… 109 …………	1454

東京地裁	11 月 26 日	平 30（ワ）4440	⑥ …… 115 ……… 1531		

7 下 肢

名古屋地裁	2 月 12 日	平 28（ワ）5372	① …… 12 ……… 174		
神戸地裁	2 月 27 日	平 30（ワ）221	① …… 19 ……… 280		
大阪地裁	2 月 28 日	平 30（ワ）8440	① …… 20 ……… 298		
東京地裁	3 月 9 日	平 30（ワ）5347	② …… 23 ……… 337		
大阪地裁	3 月 26 日	平 30（ワ）10978	② …… 35 ……… 489		
東京地裁	5 月 29 日	平 30（ワ）27479	③ …… 43 ……… 596		
東京地裁	6 月 12 日	平 30（ワ）29882	③ …… 47 ……… 655		
名古屋地裁	7 月 1 日	平 30（ワ）4980	④ …… 62 ……… 851		
神戸地裁	7 月 16 日	平 31（ワ）122	④ …… 64 ……… 894		
名古屋地裁	7 月 17 日	平 29（ワ）694	④ …… 65 ……… 903		
神戸地裁	10 月 8 日	平 30（ワ）1599 令元（ワ）2131	⑤ …… 92 ……… 1237		

8 精神・神経系統

横浜地裁	1 月 9 日	平 29（ワ）5185	① …… 3 ……… 35		
名古屋地裁	1 月 28 日	平 28（ワ）4426	① …… 7 ……… 86		
大阪地裁	2 月 5 日	平 30（ワ）867 （ワ）6775	① …… 8 ……… 117		
東京地裁	2 月 21 日	平 31（ワ）3217	① …… 17 ……… 252		
横浜地裁	3 月 26 日	平 30（ワ）1647 （ワ）2924	② …… 33 ……… 470		
東京地裁	3 月 27 日	平 30（ワ）34527	② …… 36 ……… 502		
大阪地裁	3 月 31 日	平 30（ワ）10707	② …… 39 ……… 543		
東京地裁	5 月 29 日	平 30（ワ）27479	③ …… 43 ……… 596		
最高裁（1 小）	7 月 9 日	平 30（受）1856	④ …… 61 ……… 815		
名古屋地裁	10 月 7 日	平 29（ワ）4005	⑤ …… 91 ……… 1209		
名古屋地裁	11 月 20 日	令元（ワ）4034	⑥ …… 111 ……… 1473		
大阪地裁	11 月 25 日	平 29（ワ）5637 平 30（ワ）10052	⑥ …… 114 ……… 1505		
名古屋地裁	12 月 14 日	平 30（ワ）3292	⑥ …… 119 ……… 1574		

2　等　級　別

◆1　級

・1級1号

			<号数>	<番号>	<ページ>
横浜地裁	1月9日	平29（ワ）5185	①	…… 3	…………… 35
大阪地裁	3月31日	平30（ワ）10707	②	…… 39	………… 543
名古屋地裁	11月20日	令元（ワ）4034	⑥	…… 111	……… 1473
さいたま地裁	11月24日	平31（ワ）366	⑥	…… 112	……… 1483

◆2　級

・2級1号

東京地裁	11月26日	平30（ワ）4440	⑥	…… 115	……… 1531

◆3　級

・3級3号

最高裁（1小）	7月9日	平30（受）1856	④	…… 61	………… 815

◆4　級

・併合4級〔5級2号／11級7号／併合11級〕

名古屋地裁	12月14日	平30（ワ）3292	⑥	…… 119	……… 1574

◆5　級

・5級5号

大阪地裁	3月26日	平30（ワ）10978	②	…… 35	………… 489

◆7　級

・7級12号

大阪地裁	11月10日	令元（ワ）4423	⑥	…… 107	……… 1422

◆8　級

・8級相当

大阪地裁	2月12日	平28（ワ）11560	①	…… 11	………… 157
京都地裁	6月17日	平30（ワ）717	③	…… 52	………… 705

・併合8級〔9級10号／併合9級〕

名古屋地裁	10月7日	平29（ワ）4005	⑤	…… 91	………… 1209

・併合8級〔9級16号／12級／14級2号〕

大阪地裁	3月30日	平29（ワ）11239	②	…… 38	………… 523

◆9　級

・9級10号

横浜地裁	3月26日	平30（ワ）1647 2924	②	…… 33	………… 470

・9級11号

| 神戸地裁 | 8月24日 | 平30(ワ)682 | ④ | …… 72 | …… 979 |

・9級16号相当

| 横浜地裁 | 2月10日 | 平30(ワ)1433 | ① | …… 10 | …… 143 |

・併合9級〔9級16号／14級9号〕

| 東京地裁 | 2月21日 | 平31(ワ)3217 | ① | …… 17 | …… 252 |

・併合9級〔10級7号／12級13号〕

| 東京地裁 | 11月16日 | 平30(ワ)38550 | ⑥ | …… 109 | …… 1454 |

・併合9級〔10級8号／12級6号／12級13号〕

| 東京地裁 | 3月9日 | 平30(ワ)5347 | ② | …… 23 | …… 337 |

・併合9級〔10級10号／10級11号〕

| 東京地裁 | 6月12日 | 平30(ワ)29882 | ③ | …… 47 | …… 655 |

・併合9級〔10級11号／12級／14級5号〕

| 大阪地裁 | 2月28日 | 平30(ワ)8440 | ① | …… 20 | …… 298 |

◆10 級

・10級10号相当

| 大阪地裁 | 9月8日 | 平30(ワ)10774 | ⑤ | …… 81 | …… 1076 |

・併合10級

| 神戸地裁 | 10月8日 | 平30(ワ)1599 令元(ワ)2131 | ⑤ | …… 92 | …… 1237 |

◆11 級

・11級7号

| 大阪地裁 | 3月19日 | 平30(ワ)6184 7107 | ② | …… 30 | …… 420 |

・併合11級〔11級1号／14級9号〕

| 神戸地裁 | 2月20日 | 平30(ワ)110 | ① | …… 15 | …… 215 |

・併合11級〔11級7号／14級9号〕

| 金沢地裁 | 8月31日 | 平28(ワ)439 | ④ | …… 78 | …… 1046 |

・併合11級〔12級12号／12級13号〕

| 東京地裁 | 5月29日 | 平30(ワ)27479 | ③ | …… 43 | …… 596 |

◆12 級

・12級相当

| 神戸地裁 | 2月27日 | 平30(ワ)221 | ① | …… 19 | …… 280 |
| 神戸地裁 | 6月11日 | 平30(ワ)1740 | ③ | …… 46 | …… 642 |

・12級5号

神戸地裁	6月15日	平30(ワ)1893	③	…… 50	…… 688

・12級6号

大阪地裁	8月27日	平31(ワ)2004	④	…… 75	…… 1006

・12級7号

名古屋地裁	7月1日	平30(ワ)4980	④	…… 62	…… 851
東京地裁	7月22日	平30(ワ)38770 平31(ワ)9038	④	…… 67	…… 932

・12級8号

東京地裁	6月15日	平30(ワ)18262	③	…… 49	…… 676

・12級13号

名古屋地裁	2月12日	平28(ワ)5372	①	…… 12	…… 174
大阪地裁	3月2日	平29(ワ)1198	②	…… 21	…… 313
大阪地裁	8月27日	平31(ワ)2004	④	…… 75	…… 1006
大阪地裁	9月11日	平30(ワ)6477	⑤	…… 82	…… 1092

・12級14号

名古屋地裁	1月28日	平28(ワ)4426	①	…… 7	…… 86

・併合12級〔12級13号／14級9号〕

東京地裁	3月27日	平30(ワ)34527	②	…… 36	…… 502
名古屋地裁	6月17日	平29(ワ)2349	③	…… 53	…… 722

◆13　級

・13級6号

大阪地裁	6月10日	平29(ワ)9149	③	…… 45	…… 630

◆14　級

・14級

東京地裁	6月23日	平30(ワ)24282	③	…… 57	…… 779
大阪地裁	11月25日	平29(ワ)5637 平30(ワ)10052	⑥	…… 114	…… 1505

・14級相当

大阪地裁	9月25日	平30(ワ)7444	⑤	…… 86	…… 1135

・14級9号

名古屋地裁	1月28日	平28(ワ)4426	①	…… 7	…… 86
大阪地裁	2月5日	平30(ワ)867 6775	①	…… 8	…… 117

横浜地裁	3月19日	平29（ワ）3774 平30（ワ）610	②	…… 29	………… 399
大阪地裁	3月19日	平30（ワ）6184 　　　　　7107	②	…… 30	………… 420
神戸地裁	7月16日	平31（ワ）122	④	…… 64	………… 894
大阪地裁	8月19日	平30（ワ）7813	④	…… 71	………… 973
東京地裁	10月21日	平30（ワ）39306	⑤	…… 93	………… 1259

◆非該当

横浜地裁	5月28日	平30（ワ）1284	③	…… 42	………… 582

交通事故民事裁判例集

（第 53 巻　索引・解説号）

定価（本体 3,000 円＋税）　　前金第53巻分（1号～6号, 索引・解説号）
送料　実費　　　　　　　　　購読料定価（本体21,000円＋税）
　　　　　　　　　　　　　　送料当社負担

令和 4 年 12 月 20 日　発行

編　集　　不法行為法研究会

発　行　　株式会社 ぎょうせい

〒 136-8575　東京都江東区新木場 1-18-11
URL：https://gyosei.jp

フリーコール　0120-953-431
ぎょうせい　お問い合わせ　検索　https://gyosei.jp/inquiry/

〈検印省略〉

印刷・製本　ぎょうせいデジタル㈱　　　©2022　Printed in Japan

ISBN978-4-324-10946-5（3100010-53-007）
〔略号：交通民集 53 索引・解説号〕